九州文库

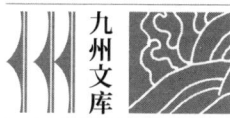

"三权分置"下农地经营权信托的运行机制研究

南光耀 著

九州出版社
JIUZHOUPRESS

图书在版编目（CIP）数据

"三权分置"下农地经营权信托的运行机制研究／
南光耀著 . -- 北京：九州出版社，2024.9. -- ISBN
978-7-5225-3378-0

Ⅰ. F832.49

中国国家版本馆 CIP 数据核字第 2024EW7593 号

"三权分置"下农地经营权信托的运行机制研究

作　　者	南光耀　著	
责任编辑	李文君	
出版发行	九州出版社	
地　　址	北京市西城区阜外大街甲 35 号（100037）	
发行电话	（010）68992190/3/5/6	
网　　址	www. jiuzhoupress. com	
印　　刷	唐山才智印刷有限公司	
开　　本	710 毫米×1000 毫米　16 开	
印　　张	16	
字　　数	287 千字	
版　　次	2025 年 1 月第 1 版	
印　　次	2025 年 1 月第 1 次印刷	
书　　号	ISBN 978-7-5225-3378-0	
定　　价	95.00 元	

前　言

当前我国正处于工业化、城镇化快速发展时期，农村剩余劳动力持续向二三产业转移，农业经营活动日益分散、弱化，造成农村土地资源利用效率低下，甚至闲置浪费，严重阻碍我国农业农村现代化进程和乡村振兴战略的有效实施。通过完善农村承包地"三权分置"制度，健全土地要素市场化配置机制，创新土地经营权流转机制，以及农业生产融资和基础设施建设投融资机制，促进土地经营权规范、有序流转，发展多种形式适度规模经营，已成为实现农业农村现代化的基本路径。从实践来看，虽然近年来土地流转初具规模，农业规模化经营也已初见成效，但是仍面临不少难题，如土地流转程序不规范、流转交易成本高、流转效率低下；土地流转与金融资源配置不平衡，农业规模经营主体生产经营融资困境与农地整治和基础设施建设项目投融资困境并存，这严重制约了农地资源市场化配置效率的提高和农业经营主体的进一步发展壮大。

国家在政策法律层面确立和推行农地"三权分置"产权改革，在坚持农村土地农民集体所有、农户家庭承包经营基本制度不变的前提下，一项重要创新在于"放活土地经营权"的产权制度设计，目的在于：一是赋予稳定且有保障的土地经营权，激励和保障土地经营权在更大范围内流转，拓展农地"耕者"范围和规模，提高农地资源市场化配置效率和合理利用；二是赋予农地经营权抵押、担保等权能，激活农地的资本价值，允许通过土地资本化的途径来缓解农业经营主体的融资难题。在此背景下，农地经营权信托通过构建土地市场化流转机制和创新农地金融供给融资机制，为保障农民土地财产收益、提高农地资源配置效率、拓宽农业规模经营的融资渠道开辟了一条新的实践路径。农地经营权信托内含的"土地流转"和"金融供给"功能有效契合了"三权分置"制度改革的内在要求，丰富"三权分置"的有效实现形式。因此，对"三权分置"下农地经营权信托的形成机理、运行机制以及治理结构等关键问题进行系统研究，有助于实现农地产权制度改革和农业现代化发展目标，促进乡村振兴战略有效实施，具有较强的理论和现实意义。

本书以农地产权制度改革和农业现代化发展为研究背景，以土地经营权流转和农业规模化经营中出现的现实问题为出发点，以农地经营权信托为研究对象。立足于农地经营权信托实践中已有的特征事实和呈现的问题，运用不完全产权契约理论、博弈论与演化博弈论、交易成本理论、治理结构理论等基础理论，借助机制设计的基本思想与分析框架，对本书研究问题、内容、涉及的研究理论进行整合，构建农地经营权信托运行机制研究的总体思路和理论框架。采用文献分析、博弈分析和案例分析方法，沿着"现实问题—实践模式—形成机理—运行机制—政策建议"的逻辑主线，围绕农地经营权信托"土地流转"和"金融供给"两大核心内容，系统分析"三权分置"下农地经营权信托的形成机理和运行机制问题，以及人、地、资本等要素资源配置过程中的治理结构选择问题。在此基础上，以实现农地"三权分置"产权制度改革和农业现代化发展的目标为导向，为完善农地经营权信托的运行机制提出系统性政策优化建议。

目　录
CONTENTS

第一章　绪　论 ·· 1

　第一节　研究背景和问题提出 ·························· 1

　第二节　国内外研究综述 ······························ 5

　第三节　研究意义 ···································· 22

　第四节　研究目标与研究内容 ························ 24

　第五节　拟解决的关键问题 ·························· 26

　第六节　研究思路与技术路线 ························ 27

　第七节　研究方法 ···································· 29

　第八节　内容章节安排 ································ 30

第二章　概念界定和理论基础 ·························· 33

　第一节　核心概念界定 ································ 33

　第二节　理论基础 ···································· 37

　第三节　基于机制设计的理论分析框架 ················ 44

第三章　"三权分置"下农地经营权信托的内涵、功能及意义 ······· 50

　第一节　"三权分置"改革的历史逻辑与制度设计 ········· 51

　第二节　"三权分置"下农地经营权信托的基本内涵与价值功能 ······· 61

　第三节　"三权分置"下农地经营权信托践行的意义 ········· 65

　第四节　本章小结 ···································· 67

第四章　"三权分置"下农地经营权信托的典型实践模式与特征 ······· 70

　第一节　政府主导下农地经营权信托的典型实践模式 ········· 71

　第二节　市场主导下商业信托参与农地流转的典型模式 ········· 78

　　第三节　不同农地经营权信托实践模式的特征总结比较 ………………… 92

　　第四节　本章小结 ………………………………………………………… 98

第五章　农地经营权信托的形成机理 …………………………………… 100

　　第一节　理论分析 ………………………………………………………… 101

　　第二节　政策制定阶段：地方政府与信托机构的博弈分析 ………… 104

　　第三节　组织动员阶段：地方政府、村集体与农户的博弈分析 …… 111

　　第四节　实施运行阶段：农户、信托机构与规模经营主体的博弈分析 … 124

　　第五节　实证案例：基于信阳市淮滨县农地经营权信托实践 ……… 135

　　第六节　本章小结 ………………………………………………………… 145

第六章　农地经营权信托土地流转的运行机制与治理结构 ……… 147

　　第一节　农地经营权流转中的"政府失灵"与"市场失灵" ……… 148

　　第二节　农地整治投融资中的"政府失灵"与"市场失灵" ……… 154

　　第三节　农地经营权信托流转机制设计：修正"双重失灵" ……… 156

　　第四节　实证案例：基于河南省邓州市农地经营权信托实践 ……… 162

　　第五节　本章小结 ………………………………………………………… 177

第七章　农地经营权信托金融供给的运行机制与治理结构 ……… 179

　　第一节　农地金融创新的理论基础、实践成效与困境 ……………… 180

　　第二节　农地经营权信托金融供给的融资机制设计 ………………… 188

　　第三节　实证案例：农地经营权信托融资的典型模式与运行机制 ……… 192

　　第四节　本章小结 ………………………………………………………… 206

第八章　总结与政策建议 …………………………………………………… 208

　　第一节　研究结论 ………………………………………………………… 208

　　第二节　可能的创新、不足与展望 …………………………………… 212

　　第三节　政策建议 ………………………………………………………… 214

参考文献 ……………………………………………………………………… 219

第一章 绪 论

第一节 研究背景和问题提出

一、研究背景

（一）农地流转和规模经营已成为实现农业现代化的基本路径

改革开放初期，家庭联产承包责任制作为中国农村土地制度改革的一项重大创新，对激活农民的生产积极性，解放农村生产力，解决农民的温饱问题发挥了巨大的作用。但是，随着经济社会的不断发展，家庭联产承包责任制的局限性逐步显现，由此形成的土地细碎化、农户小规模分散经营、生产成本高收益低等问题成为现代农业朝着规模化、产业化、专业化方向发展的掣肘（王敬尧等，2016）。在农村剩余劳动力向二三产业的转移速度不断加快，农民非农就业收入比重不断提高的条件下，当前农业经营普遍面临"农业副业化""农民兼业化""务农老龄化"等问题，导致农地利用效率低下，土地闲置、撂荒现象严重（林本喜等，2012；罗必良等，2012；纪月清等，2016）。在农村劳动力持续减少和农业经营活动分散、弱化的大背景下，通过土地产权制度创新推动农村土地经营权流转（以下简称农村土地流转或农地流转），实现规模经营已成为中国实现农业现代化的基本路径。

近些年，农地流转的规模和速度不断加快，形式也不断创新，除了出租、转包、互换、转让等传统形式外，一些地方还尝试股份合作、土地托管经营、联耕联种等新的农地流转和经营模式。农业经营主体也呈现多元化的趋势，专业大户、农民专业合作社、家庭农场、农业龙头企业等新型经营主体不断涌现并蓬勃发展。根据中国农业部公开的数据显示，截至 2019 年底，全国土地经营权流转面积达到 5.5 亿亩，占整个二轮承包面积的 41%；全国各类新型经营主体数量达到 300 多万家，培养新型职业农民 1700 多万人。同时，围绕新型经营主体形成的各类服务组织比以往有了明显的增长。截至 2019 年底，全国共有 36.9 万家社会化服务组织为农民提供生产性服务，服务农户 5000 多万户①。这有力地助推了农业规模化经营，对减少农村土地撂荒、提高农业生产率、增加农民收入等起到了重要作用。

（二）农地流转和规模化经营实践中仍然面临诸多难题

然而，从当前全国农村土地流转市场发展的总体情况来看，仍然存在诸多问题。一是土地流转程序不规范、流转效率低下（李跃，2010；杨玉珍，2016；宋宜农，2017）；二是农地的资产价值在土地流转市场并没有显化，农民土地流转收益偏低（王春超，2011；钟涨宝等，2013；李韬，2015 等）；三是农地经营虽初具规模，土地细碎化并未有大的改观，不利于农地集约化利用、规模化经营、机械化推广（孙顶强等，2016；仇叶，2017），难以真正实现农业现代化。而实现土地集中连片流转则面临较高的交易成本，严重降低了土地的流转效率；四是，随着农业经营主体土地经营规模的扩大，对金融形成了量的需求，但是农村土地流转与金融资源配置并不平衡，"融资难"成为制约新型农业经营主体进一步发展的瓶颈（林乐芬等，2015；仝志辉等，2015；汪来喜等，2016；阚立娜等，2016）。以家庭农场为例，截至 2017 年底，经农业部认定的家庭农场总数达到 54.9 万个，其中获得财政资金支持的家庭农场有 3.2 万个，占家庭农场总数的 5.7%，平均每个家庭农场获得财政扶持资金 5.5 万元。获得贷款支持的家庭农场共有 3.5 万个，仅占家庭农场总数的 6.4%②。如何破解当前农地流转中"融资难"等诸多问题，成为下一步要着力探索实践的新课题。

（三）"三权分置"制度安排下信托参与农村土地流转的实践探索

为解决农地流转中存在的问题，特别是农业生产经营中融资困境，国家在政策和法律层面给予了政策回应。2014 年中央一号文件首次提出"三权分置"的指导思想，"在落实农村土地集体所有权的基础上，稳定农户承包权、放活土地经营权，允许承包土地的经营权向金融机构抵押融资"，2015 年和 2016 年相

---

① 清华大学中国农村研究院.《推进具有中国特色的农业现代化》. https：//mp. weixin. qq. com/s/qnjMIMfv6yty7qtOdlI0mQ. 2021-01-15.

② 农业部农村经济体制与经营管理司. 中国家庭农场发展报告（2017 年）［M］. 北京：中国社会科学出版社，2017.

继发布的《关于开展农村承包土地的经营权和农民住房财产权抵押贷款试点的指导意见》和《农村承包土地的经营权抵押贷款试点暂行办法》对农村承包土地经营权抵押试点做出了顶层设计与具体制度安排，赋予农村承包土地的经营权抵押融资功能，以适应和满足农地流转和农地金融创新的现实需求。2016 年银监会主席尚福林在信托业年会上明确将土地流转信托①定位为信托支持实体经济的探索业务方向之一，积极探索土地流转信托，助力农业供给侧结构性改革。信托公司有机会参与到土地经营权确认和流转环节，发挥制度优势，提高农业资源的流动性和利用效率，提高农业生产率②。2017 年中央一号文件提出"推进农地金融创新，加快农业供给侧改革"。2017 年 4 月农业部发展计划司全国农业资源区划办公室提出，在农业供给侧结构性改革政策推动下，国家持续加大农业领域投入，推进农村投融资体制机制创新，优化社会资本"入农"投资环境。鼓励采用土地证券化、资产抵押、信托流转等新型融资方式，扩大企业、合作组织等农业经营主体的融资能力和资金渠道③。

在不改变农村土地用途和农村土地集体所有制，保护耕地红线，以及农民土地权益不受损的三重前提下，信托机构参与农村土地流转，将信托制度与土地流转制度结合，不仅创新了土地经营权规范有序流转的新模式，而且对农村土地经营机制的深化改革具有重要意义④。我国的土地经营权信托探索尝试最早可以追溯到 2001 年，浙江绍兴县通过政府组建县、镇、村三级土地流转信托服务机构，保持农户土地承包权不变，将土地经营权在承包期限内有偿转让，以解决大量农村劳动力向非农就业转移后普遍存在的土地弃耕、撂荒问题，取得了一定成效。随后 2001 年到 2010 年间，宁夏平罗县、湖南益阳市、福建沙县等地区也开展了土地经营权信托的实践探索，并形成具有地方特点的土地经营权

---

① 中国现行的《土地管理法》第二条第三款规定，农村的土地归农民集体组织所有，任何人不得处分。任何单位和个人不得侵占、买卖或者以其他形式非法转让土地。换言之，按照法律规定，农村土地所有权属禁止处分之财产。因此，凡涉及农村土地信托的说法均不严谨，在农地"三权分置"制度设计下，除农民承包土地有偿退出或征收外，无论以何种形式流转土地让渡都是"土地经营权（或使用权）"。因此，本书研究中所提及的"农地流转信托"指的是信托介入农村流转市场的具体方式，表述为"农地经营权信托"。

② 新浪网 . http：//finance. sina. com. cn/roll/2016-12-26/doc-ifxyxqsk6762608. shtml. 2016-12-26.

③ 农业部网站 . http：//www. moa. gov. cn/sjzz/jhs/touzi/201704/t20170424_ 5581397. htm. 2017-04-24.

④ 中国信托行业发展报告（2017）：业务篇之财产权信托 . http：//trust. jrj. com. cn/2017/12/26160023852905. shtml.

信托模式，积累了丰富的实践经验。随着农地产权制度的不断健全，以及农村金融创新政策支持力度不断加大，自 2011 年开始，中粮信托、北京信托、中信信托等商业信托机构开始进入农地流转市场，开始了新一阶段的土地经营权信托探索。通过全国各地实践，农地经营权信托在解决当前的农地流转中土地细碎化程度高，土地流转不规范、市场化程度低，农民土地财产权实现难等问题方面取得一定成效。特别是利用信托的金融工具属性、发挥信托的制度功能以及资源配置功能，为农业生产经营主体提供融资造血功能和其他金融支持，在解决其"融资难"问题方面发挥了重要的作用①。

二、问题提出

诚然，农地经营权信托作为土地产权制度创新的一种具体实现形式，无论是实践探索还是理论研究都尚处于初级阶段。当前全国多地对农地经营权信托进行了有益尝试，但实践中也暴露出多方面的问题。

首先，农地经营权信托涉及土地归集整理、流转交易和投融资平台建设、土地再流转以及流转后的新型经营体系构建、财政金融政策支持等内容，因此牵涉农业、金融等多个职能部门，具有很强的专业性和操作的复杂性。加之我国特殊的农地产权制度和严格的土地用途管制制度，农地经营权信托实践中面临较多制度、法律方面的障碍。在缺乏足够的认识，以及没有充分的前期调研和科学论证的条件下，一些地方盲目设立土地流转信托项目，导致项目推进缓慢，同时也加大了项目运行面临的风险和失败的可能性。如果项目运行失败导致农民的土地信托收益无法兑现，这将极大损害到农民的土地权益，这是直接关系到农民生活、农村稳定和农业发展的重要问题。其次，农地经营权信托运行过程涉及多方利益主体，利益联结和权责关系较为复杂。如果缺乏对其运行机制的把握导致无法建立稳定且规范的运行规则，没有在各参与主体之间建立合理的权责利分配关系，建立有效的激励约束机制，形成良好的信托契约安排，那么势必会影响到农地经营权信托项目持续稳定地推进。

因此，在信托机构不断介入农地流转市场的条件下，为保障农地经营权信托稳定运行，使其助力于"三权分置"产权制度改革和农业现代化发展目标的实现，需明晰和回答以下几个方面问题。一是我国农地经营权信托的形成机理是怎样的？其产生和发展的内在动因是什么？微观参与主体有着怎样的行为逻

---

① 人民网．http：//theory. people. com. cn/n/2015/1123/c217905－27845519. html. 2015－11－23.

辑和利益诉求？二是不同农地经营权信托模式运行中所形成的信托契约安排在交易结构、利益联结、收益分配方面有何差异？这些差异对农地经营权信托运行又会产生什么影响？政府和市场作为资源配置的两种重要方式在农地经营权信托运行中的角色定位和职能范围？存在哪些问题？三是信托机构参与农地流转，在推动农地金融制度创新和解决农业融资难题方面有哪些新的可行路径？其适用范围如何？四是如何做好配套政策供给保障农地经营权信托的持续稳定健康发展？

第二节　国内外研究综述

相较于国外，中国农村土地经营权信托无论是实践探索还是理论研究方面都起步较晚，属于较新的课题。对国内外现有的土地信托相关研究进行梳理、总结和分析评述。

一、农地经营权信托内涵的相关研究

土地信托（Land Trust）最早起源于英国，教徒将自己所有土地信托转赠与第三者所有，并明确赠予的目的和土地的特定"用益权"人。而后土地信托发展为：土地所有人将土地委托给专业信托机构，发行信托计划来筹集资金，然后将资金用于土地经营，最后将经营利润分给受益人的财产管理制度①。随着土地信托的发展，越来越多的国家开展土地信托，将其作为提高土地使用效率的一种方式。国内研究中关于"农地经营权信托"的概念界定，多是借鉴《中华人民共和国信托法》第二条对"信托"的规定：信托是指委托人基于对受托人的信任，将其财产权委托给受托人，由受托人按委托人的意愿以自己的名义，为受益人的利益或为特定目的，进行管理或者处分的行为。依照此规定，当前研究者对"农地经营权信托"有不同的阐释，比较具有代表性的观点如下。张丽华、赵志毅（2005）认为农村土地承包经营权信托是指以受托人的信任为基础，委托人作为农村土地的承包方将其持有的土地承包经营权转移给受托人，受托人以自己的名义对土地承包经营权及该权属下所对应的土地实施占有、使用、管理和处分等活动，并将获得的收益归属于特定受益人②的一种制度。马验

---

① Wikipedia https：//en. wikipedia. org/wiki/Land_ trust.

② 通常是委托人即受益人（农户），属于自益信托。

（2008）认为农村土地承包经营权信托是指在坚持"两权不变"的前提下，信托服务机构接受农户的委托，按照土地使用权市场化的要求，以相应的程序，将农户作为承包者所拥有的土地经营权（或是土地使用权）在一定的期限内依法进行经营管理，并且定期向委托人农户支付土地信托收益的行为。以上是早期研究者对该概念的界定，可以看出两者的观点分歧在于农地流转中信托的标的物是"土地承包经营权"还是"土地经营权（或是土地使用权）"。当然这主要归结于先前中国农村土地产权归属不清晰、权能不完整。

近年来，随着农地土地产权制度改革的不断推进，以及农地经营权信托实践深入开展，研究者对该概念有了新的阐释。杨明国（2015）认为农地经营权信托是以稳定的土地流转契约为基础，通过信托金融工具参与流转，将土地经营权集中于对资本、技术、人才等生产要素更具整合能力的市场组织①手中的一种土地改革新模式。此概念表述结合了当前农地经营权信托的实践情况，指出了信托参与农地流转中发挥的金融服务功能，并认为农地经营权信托是土地制度改革的创新形式。张传良（2017）认为依据《中华人民共和国农村土地承包法》第二章第三十二条规定，信托应该属于土地承包经营权流转的几种法定形式外规定的"其他方式"，因此准确的表述应该"农村土地承包经营权流转信托"，简称"农地流转信托"。此概念从法理层面，对概念的具体表述形式的准确性进行了探讨。综上所述，农地经营权信托形式上是以信托的形式进行农地流转，而实质是一项农地财产管理制度和农地金融创新机制，是活化农地经营权和实现农民土地财产权的具体形式。

二、农地经营权信托制度的相关研究

（一）农地经营权信托制度法律层面的研究

国内关于农地经营权信托制度的研究，大多从法律的角度，集中于对我国农地经营权信托制度实施的法律依据和可行性，委托人的法律主体资格、法律地位以及农地信托标的物的探讨。（1）关于农地流转信托的法律依据和可行性。赵立新、梁瑞敏（2014）认为根据中国《农村土地承包法》农村土地流转的信托方式应该属于《农村土地承包法》规定的"转包、互换、转让"之外的"其他方式"；而根据《信托法》，"农村土地使用权属于农民的一种合法财产权利，且土地承包权人有权自主决定土地流转方式。因此，在现行农村土地承包经营

---

① 包括商业信托机构，以及当前实践中存在由政府出资成立、负责农地经营权流转的土地信托公司。

制度之下农村土地使用权完全可以成为信托财产，将土地使用权设立为信托财产有合法有据。"可见，在农村土地承包经营制度之下，土地使用权可以成为信托财产（徐海燕、冯建生，2016）。李有星、杨得兵（2016）从法学角度系统梳理当前农地流转信托中委托人、受托人和受益人三者之间土地用益法律关系结构，论证了农地流转信托在当前农村土地制度改革中的现代价值凸显，并分析的其在现行立法和实践上的可行性。（2）关于农地经营权信托中委托人的法律资格及其主体地位问题。一些研究者（鄢斌，2016；尚旭东，2016）关注到当前农地流转信托实践中存在政府（集体资产管理公司、村委会）作为直接委托人，而农民作为土地承包经营权人其委托人的法律地位并没有得到保障，权益易受侵害的问题。李莉（2015）认为政府、集体资产管理公司作为委托人，仅限于在集体所有的土地设立信托时才是适格主体；对于已经承包给家庭或者通过招标等方式承包给其他承包经营人和法人的土地，实践中的做法实质上是政府主导农地经营权信托的具体体现，并非长久之计。待条件成熟时，还应该将承包经营人即农户确定为委托人。（3）关于农地流转信托中转移的信托标的物究竟是农地承包经营权还是农地经营权（或使用权），形成了两种不同的观点。一种观点认为土地信托的标的应该是农地承包经营权这一完整的权利而不是其中的权能或部分权利（马晓丽、智素平，2010）；这显然与当前农地"三权分置"制度改革和农地流转中保障农民的土地权益不受损的目标不相符。另一种当前比较主流的观点认为，农地流转信托转移的标的和财产是农地经营权（黄建水，2011；谢根成、付露露，2011；刘志仁，2007；白玉琴，2012），其背后的法律逻辑是农地"三权分置"产权细分和各层级产权权能的完善，使得土地经营权具有独立财产权的特征和用益物权属性，其与土地承包权的生存保障功能分离后，为土地经营权设立财产信托或活化经营权的其他创新形式提供了法理依据（房绍坤、任怡多，2020）。

（二）农地经营权信托制度构建的研究

一些研究者对我国当前的农地经营权信托制度进行研究，从外部制度供给、配套机制完善等方面为农地经营权信托制度的构建和完善提出政策建议。如高锐（2005）、马验（2008）以农村土地信托制度为研究对象，在借鉴西方土地信托制度的基础上，对我国发展完善信托制度所必需的相关内部和外部措施建设进行分析，提出建立包括科学的利益保障机制、打造具有竞争力的信托公司、建立农村土地信托登记制度等内部措施；外部措施包括建立健全的农村土地信托监管体系、明确政府在农村土地信托中的职能、允许农村土地信托公司拓宽融资渠道等。庞亮（2013）运用成本与收益分析法，对农村土地流转信托制度构建进行研究,对信托三方当事人之间的交易行为进行了博弈分析,并以此为依据,设计了作为土地信托主体的委托人、受托人的权利义务体系结构;在产权以及其他配套机制设计上,构建了一个以土地流转信托为核心的机制运行和服务保障体系;并提出构建和完善与农地流转信托相配套的特殊法律制度,以及构建农地流转信托服务体系的建议。鄢斌(2016)从法律的角度,运用比较分析方法,认为由于现行农地经营权信托制度是出于对农地保护和农地社会保障功能的需要,对农地信托人实施了特别保护。这种对农地所有人实行偏向性保护使得中国当前农地经营权信托制度在运行中存在权利失衡的问题。中国农地经营权信托制度重构要沿着农地所有权、自主管理权和收益权的分离运行的方向,在信托财产独立的前提下,将农地信托人主体权利从控制性转向监督性。

三、农地经营权信托模式的相关研究

(一) 国外土地信托模式的划分及对比研究

国外对于土地信托模式的研究大多针对具体的国家和地区进行的个案研究,但各国以及不同的地区具有不同的土地制度、政策规制和社会经济环境,因而没有公认的所谓固定模式。按照土地信托组织设置的目的,国外的土地信托模式分为两类:一类是土地保护信托(Conversation Land Trust),又称保护地信托,是以保护自然生态资源、生物多样性以及土地的可持续利用等为目的的非盈利性组织机构,其全部或部分宗旨是通过各种方式积极保护土地(Wright J B,1992)。受托土地包括土地信托机构购买实施永久保护的土地和生态区域等,以及以捐赠方式获得的土地或接受捐资购买的土地(Corey J,2009;Davidson E,2012;Davis J E,2012)。向土地保护信托组织捐赠土地或地役权遗赠的捐赠人,可以获得所得税的减免(Brewer R,2003;Merenlender A M,2004;Lieberknecht K,2009;Parker D P and Thurman W N,2011)。地役权保护是土地保护信托一种重要形式,主要通过限制土地开发利用提供可持续的土地利用和农业环境保护。Bastian C T et al(2017)探讨土地所有人(作为潜在地役权提供者)与土地保护信托机构(作为潜在地役权需求者)对保护地役权的偏好差异。研究结果表明,在新兴市场中,增加保护地役权的交易频率,降低搜索和交易成本,提高地役权保护的接受度,以及提高环境保护等方面都存在着重大机会。土地保护信托机构在协商谈判时,应该在土地所有者所关心的监督管理、公众知情权、信任机制和经济补偿等方面问题给予充分关注。也有研究关注到土地信托保护组织的慈善筹款、捐赠收入。Rachel F & Maria F et al(2018)采用社会人

口统计学方法，预测了影响美国土地保护信托基金慈善捐赠的相关因素，结果显示，教育水平比收入、政治观点和其他通常被认为重要的因素对捐赠行为有更大的影响，是解释捐赠倾向和预测捐赠收入的主要因素。人口稠密、土地稀缺是亚洲很多国家的国情的共同特征，确保土地的生产能力和可持续利用更为重要。Hossain M & Yoshino N（2019）对孟加拉国实施土地信托解决农业基础设施融资和土地可持续利用管理问题进行研究，认为开展土地信托可以有效遏制土地价格的螺旋上升，有效利用土地，并确保土地经营获得更高的回报。同时也指出孟加拉国实施土地信托在法律和监管缺乏、土地治理等方面存在的问题，提出应扩大传统土地保护信托的范围，克服农业基础设施投融资面临的难题。

另一类是社区土地信托（Community Land Trust），简称"CLT"。社区土地信托主要通过将受托土地用于建设住房或提供公共资源（Bassett E M，2005）。社区土地信托组织获得并持有受托土地，出售的仅是土地上的住房或商业建筑（Davidson E，2012；Bunce S，2013；Baldwin B and Wool J，2015）。对符合承租条件的房屋租赁者签订长期租约，并且承租人可以将租约转让给其继承人。在大多数西方国家社区土地信托可以看作是经济实用性住房组织，向社区成员提供稳定和可负担得起的有限产权住房，保证低收入居民或弱势群体的住房准入和负担能力（Kelly Jr J J，2009；Rissman A R and Butsic V，2011；Alexander L and Hess G R，2012）。社区土地信托除了保障原本可能被排除在房地产市场之外的人有机会获得住房所有权，其作用还在于保护土地用于密集型的住房开发用途，而非转变为农业耕作（Campbell M C and Salus Danielle A，2003）。Bunce S & Aslam F C（2016）探讨了加拿大土地信托实践，指出加拿大大多数土地信托的重点在于保护农业用地和荒野地，但鉴于加拿大城市居民人数的不断增长、房地产价值的不断上升等问题日益凸显，非政府性质的信托机构在经济适用住房和其他社区福利提供方面的作用变得越来越重要。因此，应鼓励以非政府和社区为主导的城市土地管理，以抵制不断攀升的土地价值，并提供必要的社区福利，以促进公平和公共秩序。Crabtree L（2020）认为社区土地信托作为一种永久负担得起、社区主导的财产和发展模式，代表了当代共有财产的表现形式，可以为社区居民解决提供稳定和负担得起的住房问题，支撑多样化、繁荣的社区和经济。Martin D G et al（2020）认为在美国过分强调住房是一种经济投资，使得住房价值膨胀、隔离加剧、经济分化和止赎危机等问题日益严重。通过对美国明尼苏达州 CLT 承租者和员工的访谈，分析显示 CLT 房屋的使用价值为不同的生活选择创造了机会。CLT 承租者称稳定和自主是拥有房屋的主要益处。研究结论指出 CLT 既能强化房屋所有权作为提供安全和自主权的主导意义，同时也能促进低收入居民获得住房准入。Aernouts N & Ryckewaert M（2020）将社区土地信托基金（CLTs）作为管理"住房公地"的模式，通过集体财产权制度设计为城市弱势群体提供可负担的住房和城市土地。通过研究欧洲大陆第一个城市 CLT 项目的形成原因，分析了 CLT 项目的设立及运行对相关群体产生的影响，以及集体行动、公众参与在土地信托机构设计中的作用。

（二）国内土地经营权信托模式①的划分及对比研究

近年来，国内一些研究者对当前不同地区农地经营权信托实践案例从不同学科角度进行分析，并针对个案中存在的问题提出了一些发展思路和建议。根据当期农地经营权信托实践和国内学者的相关研究，对农地经营权信托模式的划分并无统一的标准，早期研究中多以实践"地域名"对不同模式加以区分，随着商业信托机构的介入，农业经营权信托的实践内容更为丰富，交易结构、运行机制也更为复杂，研究中出现如"土地财产权信托"、"财产权信托+资金信托"等以信托标的物的类型对不同模式加以概括，以及以信托收益分配方式、土地经营权委托人和受托人的特征、土地流转信托实践中的主导力量等为划分标准的模式对比总结。比较具有代表性的研究成果有：刘卫柏、彭魏倬加（2016）采用案例分析方法，对湖南省沅江市政府主导下的农地经营权信托模式的运作过程以及参与利益主体的行为特征进行分析，研究认为在"三权分置"的条件下政府主导的土地流转信托是实现农村产业结构调整，达成土地集中成片规模经营目标的重要创新，能够有效解决当前农地流转中农民存在顾虑、土地细碎化严重和资金投入不足等问题。

尚旭东、叶云（2014）将当前我国农地经营权信托模式分为国有独资信托公司模式、政府委托人模式、合作社委托人模式三种，对其源起背景与实践阶段、政府定位及作用发挥、流转规模与经营用途、农民收益形式及分配所得方面异同进行了比较。分析认为现行农地流转信托主体身份、信托关系能否被法院承认接受有待核准，信托公司作为金融机构介入尚处试验期、诸多问题不明晰，承租人担心农户违约、缺乏有效融资渠道是信托公司介入的内在驱动力，农民土地承包经营的知情权、监督权和财产权难以保障，每一模式各有利弊，评判优劣还需因地制宜、因势利导。邸敏学、郭栋（2016）和杨明国（2015）等研究者同样以湖南益阳草尾镇农地流转信托实践为研究对象，比较分析了信托与其他土地流转方式的比较优势和制约因素，并从政府引导、服务平台建设

---

① 下文中出现的"农地流转信托""土地经营权信托""农地经营权流转信托"都与"农地经营权信托"有着统一的内涵，都是农地经营权信托模式的具体表述形式。

等方面提出了对策措施。李停（2017）对江苏无锡和安徽宿州两地农地流转信托实践中的市场化模式进行比较分析，认为江苏无锡的"双合作社"模式和安徽宿州的"二次代理"模式有着不同的运行机制、交易流程和适用范围；并针对农地流转信托实践中存在的委托人、受托人的身份问题、信托财产的集中问题、收益分配等提出了发展的思路和建议。

也有一些研究者通过分析农地流转信托模式，以及与其他农地流转形式进行对比，明晰了农地流转信托模式的特点、制度优势以及存在的问题。徐卫（2015）从法学角度，分析了当前农村土地流转中践行的流转方式（如转让、转包、出租、入股、抵押等）在增加农民收益、实现规模化经营及保障农民利益等土地流转目标上存在固有的缺陷，进而提出农地承包经营权集合信托[1]的新模式，并从政策、法律角度分析，认为土地承包经营权集合信托制度的构建，应围绕集合信托的主体结构、设立和运行、受益人利益的保障等做好制度设计。杨钊（2015）总结梳理了国外（英美日）的土地信托模式，并从参与农户、信托公司和政府角度分析了我国农地经营权信托的现实基础，但指出处于模式初探阶段的土地经营权信托还在法律框架、农业经营风险与农民持续稳定收益以及信托公司专业运作能力等方面面临多重掣肘，在此分析基础上提出了构建新型农村土地承包经营权信托模式的设想。孟文辉（2015）基于交易成本理论和委托代理理论，运用对比分析方法，分析了土地流转信托与其他几种土地流转模式的差异，指出农地流转信托的意义所在；进而对比了湖南益阳政府主导型和安徽宿州市场主导型的农地经营权信托模式在运行模式、收益分配、风险分担等方面的异同点；并进一步指出土地信托在产权边界、法律、中介服务和监督机构缺失等方面存在的问题。王方等（2017）将农地流转信托模式与互换、出租、反租倒包等土地流转模式进行对比分析，认为农地流转信托模式更具有规范性和保障性。同时也在北京"江苏无锡"项目和中信"安徽宿州"项目对比分析中指出当前农地流转信托模式存在流程设计不合理和流转土地非粮化比例增加等问题，提出未来设计和改进土地信托流转模式结构方面的建议。李停（2017）研究认为农地流转信托是农地证券化的一种实现形式，兼有土地流转和土地金融双重属性，指出土地信托模式在解决规模经营问题、农业生产融资问题、增加农民财产性收入等方面所具备的制度设计优势。

---

[1] 我国的农村土地流转信托模式主要是集合信托，即众多农户而非单一农户（委托人）将自己的土地经营权集中委托给信托投资机构（受托人）。

四、农地经营权信托运行机制及风险研究

（一）农地经营权信托运行机制和制约因素的研究

国内关于农地经营权信托运行机制的研究，大多是对一些地方农地流转信托实践模式的运行的过程和制约因素进行分析，在此基础上提出完善其运行机制的政策建议。如杨鑫（2013）结合我国浙江绍兴和湖南益阳的土地流转信托模式的相关案例，对其运行机制进行分析，指出现有的实践案例中存在的不足和缺陷，进而从产权结构、治理机制与监督机制等方面为土地流转信托提出改进建议。罗洁（2015）以福建沙县的农地流转信托实践为例，分析了其运作过程中存在国家财政支农政策、涉农风险保障、金融支农等一些外部制约因素。在借鉴国内外农村土地信托实践经验的基础上，提出建立健全利益保障机制和风险保障机制以及创新金融支农机制等进一步健全外部机制的政策建议。王珅琪（2015）以河南省信阳市淮滨县农地流转信托实践为研究对象，采用盈利矩阵模型分析论证了信托契约的交易成本优势，并从政府角度提出在土地确权登记、健全农村社会保障体系和加强对农业经营主体以及信托机构监管等方面完善农地流转信托运行机制。

（二）农地经营权信托运行机制中参与主体之间的关系研究

国外一些研究成果揭示了土地信托运行中私人土地信托与政府的土地保护行为之间的关系。Dominic P P & Walter N T（2004）的研究观点认为，私人土地信托与政府土地保护行为之间存在替代关系。美国联邦土地保护计划会减少私人土地信托中提供相同的设施。Mahendra R & Padma L（2002）的研究得出相似的结论，斐济政府将国家土地流转给信托机构会降低政府的公信力，也不利于公民生活水平的提高。不过，也有研究认为，私人土地信托弥补了政府土地保护模式的不足，二者之间的关系是互补的。Julie A G（1999）认为，传统的政府土地保护模式是试图强制人们去执行政府的土地保护政策、发展控制、农业税收政策等，但出于多重原因，实际结果往往与政策目标相背离。土地信托则是通过利用市场机制有效促进土地流转的同时保护土地资源。也有研究分析指出，由于政府科层较高的组织成本，需要信托机构发挥组织运作以及募集资金用于土地保护的专业优势，私人土地信托机构数量越多，市场竞争越充分，土地保护的市场效率就越高。但是，如果考虑到政府土地保护的正外部性，私人土地信托组织的数量应该根据市场需求确定最优数量，而非越多效率越高。国内一些研究从农地经营权信托运行中农民委托人的法律地位和参与行为等角

度进行分析，认为农民作为农地流转信托的直接委托人和受益者其权益和参与意愿应该得以保护。李莉（2015）从法学的角度，分析认为当前土地承包经营权信托流转实践中，农民作为承包经营权人其委托人地位并不明晰，政府（集体资产管理公司、村委会）作为委托人的做法并非长久之计。从保护农民承包经营权的角度，应在立法方面确认土地承包经营人收益权和保障受益权并进行制度构建。

（三）农地经营权信托运行风险的相关研究

现有关于农地流转风险的研究不胜枚举。随着农地流转规模不断扩大，农地流转的形式不断创新，很多研究者开始关注到农地经营权抵押等土地资本化过程中的风险问题（曲福玲，2013；孙月蓉，2015；李玲、2016；罗颖、2017；陈振、欧名豪等，2018），也有少数研究者将关注点聚焦到农地经营权信托模式运行中的风险问题。一些研究对国内外农地经营权信托项目运行中存在的风险问题进行剖析，并从不同的角度提出了防范风险的建议。对相关文献进行梳理总结，比较具有代表性的研究如下。

一是农地利用影响的角度。国外研究较早关注到土地信托流转制度对农地利用产生的影响以及可能引发的风险。Brabec E & Smith C（2002）的研究中指出，城市扩张造成农地日益细碎化，影响到土地的农业生产能力。土地保护信托通过购买开发权（PDR）、发展权转让等政策工具，增加了受保护的耕地数量，减少了地块被隔离的可能性，增加了农地的相邻性和毗连性，并保持了农地良好的耕作状况，有利于扩大农地生产规模。Wunderlich K A（2002）在新制度经济学的框架内探讨了美国科罗拉多州社区土信托制度的有效性。研究认为土地信托制度以较小的交易成本、较高的交易效率在保护备受公众重视的自然资源方面发挥了重要作用。

土地规模流转往往出现社会资本进入农地市场，资本逐利往往导致土地非农化、非粮化利用等问题（胡大武、孙平平，2010；祝洪章，2016；刘丹、巩前文，2017），有学者关注到农地流转信托是否会对粮食生产产生影响，从而危及国家粮食安全问题（聂良鹏、宁堂原等，2013）。周建军等（2017）以湖南省益阳市的农地信托流转实践为例，考察了信托流转土地前后机械化利用水平、农药化肥施用、耕地数量及质量和农业劳动人口转移等对粮食生产产生的影响。研究结果表明，农地流转信托提高了粮食生产在耕种、排灌、收割等环节的机械化水平；一定程度上减少了化肥农药的施用量，有利于促进生态农业发展；耕地数量增加、质量提升对粮食生产也有明显的促进作用，并且促进了农村劳动力的转移速度。但也存在农业经营主体种粮比较收益低、成本高等问题。从总体上看，农地流转信托对粮食生产起到一定促进作用，并不必然影响到国家粮食安全。

二是项目管理的角度。宋华、周培（2015）对发达国家（美日德）土地信托过程中在经营管理方面可能存在的风险及其防控措施进行研究，总结了国外土地信托风险防控方面的经验。在项目初期，土地信托机构的主要风险防范工作包括了解委托人意图，根据委托人的真实意图明确信托目的，对信托的土地进行详尽的调查，主要调查内容包括土地地形、位置、面积以及四周的环境等；对当地政府法规的调查，主要是调查当地政府对土地开发的限制。项目运行程中的风险主要是信托项目实施过程中，由于客观环境的变化而导致信托计划与现实情况脱节的风险。为了防范信托项目实施过程中的风险，信托机构会根据客观情况实时调整信托计划，对信托计划的实施过程进行严格监控，尤其是资金流的监控。项目后期的风险主要是后续服务工作未到位导致的风险，信托机构应建立完善的后续服务监督体系避免风险发生。

三是法律、制度建设的角度。陈志、梁伟亮（2016）研究认为当前农地经营权信托模式运行中存在农民对农地流转信托认知不足、相关主体间权责配置不清，以及各方利益缺失平衡等方面的风险，从而阻碍了农地经营权信托的顺畅实施。为达致农地经营权信托的宗旨，需在法律上通过明晰产权、明确权责，还需控制制度实施中的各种风险并使其规则化，才能更好地实现其保障农民权益、促进农村经济发展的目标。张燕、王欢（2015）对湖南益阳土地流转信托实践情况进行分析，明确了其运行过程中面临的制度供给不足、市场化信托机构短缺及监管不完善等风险。从法律、制度层面指出健全农村土地流转信托登记制度，构建公益信托机构，建立所有权人监管制度，创建"政府引导型"农村土地流转信托机制等促进农村土地规范有序流转的建议。

四是从信托业务开展角度。李停（2017）研究指出农地流转信托业务可能会面临农业生产的自然风险、农产品价格的市场风险和资金紧张导致的兑付风险，以及信托财产在信托期内被征收的风险等，这会影响信托计划运作的安全性、稳定性和长久性；从减少中间环节、开展集成信托业务和规范土地流转信托业务几个方面提出防范以上风险的对策建议。王莹（2016）对安徽省宿州市农村土地流转信托的构成要素、运作流程和利益分配等进行分析的基础上，对其存在的法律风险、市场风险、道德风险等进行分析，从完善信托法律、推进土地流转信托市场化发展、完善监督机制以及信托代理人的竞标和激励机制等方面提出对策建议。

五、农地产权制度改革与农地经营权信托相关研究

(一)"三权分置"制度改革与农地经营权信托的法律问题研究

"三权分置"改革为农地金融化提供了制度基础,赋予了土地更大的流转价值和实践空间。自"三权分置"改革实施以来,国内学界围绕"三权分置"制度体系下农地流转相关问题的研究不断涌现。农地经营权信托作为一种新的土地流转制度安排和新模式也受到研究者的重视。

一些研究者以法学理论为基础,围绕农地经营权信托的制度构建、立法完善、监督管理等内容进行探讨。比较具有代表性的研究成果有:陈敦(2017)从法律关系角度分析农地经营权信托与"三权分置"改革之间的关系,旨在厘清农地经营权信托的法律构造,通过完善信托立法制度,发挥信托制度在农地产权制度变革中的积极作用。研究具体分析了"三权分置"改革下土地经营权信托在信托目的、信托财产、当事人法定权利与利益关系、信托的变更与终止等法律构造方面发生的改变;指出土地经营权信托在农地经营模式创新、农民权益保护以及农地经营监督机制建立等方面发挥的制度功能。并从信托制度立法角度提出明确农地各项权利内容、厘清权利边界,建立土地经营权信托登记制度、信托财产和信托关系公示制度等立法建议,为完善土地经营权信托制度推进"三权分置"改革提供法律层面的理论支持。王绎维(2018)采用比较分析方法,先是对比美国和日本等资本主义国家的土地信托制度,论证了土地信托在保留土地社会保障属性和提高农地资本化程度方面的重要性,认为在"三权分置"下土地经营权保留了财产权的属性,并具"去身份性"的特征,这是农地经营权信托的前提性条件;然后对我国农地经营权信托试点地区的实践进行分析阐述,得出相较于出租、转让、互换、入股等其他流转形式,农地经营权信托在农地流转市场化、适度规模经营、土地资源配置效率以及农业投资渠道等方面所体现出的制度优势。

吴宕(2018)对"三权分置"下农地经营权信托制度的构建进行分析,研究明确了土地经营权可作为独立权利进行信托流转的可行性;并对农地经营权信托中委托人(农户)、受托人(信托机构)和受益人等主体之间的权利、义务、客体、程序等具体内容进行分析,指出一些地方政府主导下设立信托机构参与农地经营权信托流转实践中存在的问题,包括农民在信托流转关系中的地位被"边缘化",以及农地经营权信托运行中缺乏监督机制等,提出应加强农地经营权信托制度的立法构建,加强规制和管理。徐旗(2019)认为,农地经营

权是从土地承包经营权中派生出来的独立的财产权利，可参与农地市场化流转。农地经营权信托是"三权分置"下以土地经营权为信托财产的新型土地流转方式，对提高耕地利用效率和财产价值具有重要作用。研究以湖南益阳、安徽宿州、北京密云等地区农地经营权信托实践为例，分析了实践中存在的法律供给不足、主体资格不明确、政府与市场作用边界不清等问题，并提出相应的政策建议。刘福临（2019）研究认为"三权分置"下农地经营权信托发挥了信托制度应有的时代价值，其实践有助于推动农地金融发展，保障农民的土地权益和金融权益，促进乡村振兴战略目标实现。研究同时也指出，农地经营权信托涉及多元主体、收益分配复杂，存在利益的交叉、组合和排挤，是多方流转主体共同参与博弈的过程。研究结合国内部分地区已有的土地经营权信托实践，重点对实践中出现的主要法律问题及其产生原因进行分析，指出当前农地经营权信托实践中存在参与主体权责边界不清、合作协调监督机制不健全、信托机构综合服务专业水平不高等问题，从实践、政策、法律三个层面相协调，提出完善农地经营权信托流转的法律制度完善和保障信托流转制度运行的措施。

（二）"三权分置"制度改革与农地经营权信托的社会经济问题研究

也有少数研究者从经济学和管理学的角度对农地经营权信托的实践模式、制度功能以及发展中存在问题等内容进行了研究。刘卫柏、彭魏倬加（2016）以湖南沅江市的土地流转信托实践为例，分析了"三权分置"下农地经营权信托模式运作流程、基本特征，参与主体土地产权权能及其资源配置情况，认为依托政府信托构建土地流转信托平台在一定程度上解决了土地细碎化和资金投入不足的难题，有利于农业产业结构调整，实现农业规模化经营和现代化发展的目标；也针对农地经营权信托运行中存在的，诸如过分依赖政府信用、土地经营权抵押贷款的实施难度、模式在不同地区的适用性以及可能出现的流转土地非粮化、非农化等问题和隐患进行总结分析。杨建海（2018）从当前农村养老的现实问题出发，探析了"三权分置"下通过土地经营权信托流转寻求"土地养老"的可行路径。信托的最大制度功能在于提供了一项良好的外部财产管理制度，在保护农民土地财产权、缓解资金约束方面具有良好效果。"三权分置"下土地经营权信托实质是将农民的土地从刚性的非流动性资产转化为可交易、可携带的资产。研究认为，在农地承包经营权长期稳定不变和"三权分置"下农地产权权属清晰、权能完善的条件下，可利用信托机制和金融手段，借鉴"以房养老"制度，通过信托流转土地的方式，将农民长期持有的土地经营权反向抵押给信托机构，由信托机构评估老年人的健康状况、预期寿命年限，综合考虑土地承包经营期限和土地价值等因素，把未来土地经营权的总收益和溢价收益折现到老年人生存期限内的每一年，即将未来的土地经营权变现为当下的养老保障资金。李泉、李梦等（2019）认为农地经营权信托将土地所有权、经营权和受益权进行分离的特征，与农地"三权分置"改革产权细分的制度安排高度契合，显现了农地经营权信托的实践创新的巨大可行空间。并对比分析了国内外土地信托的典型模式、运行机制和制度功能，借鉴发达国家土地信托的制度设计，从制度保障、政府职能、金融支持及风险防范等方面，提出完善我国农地经营权信托制度的政策建议。

六、农地产权制度改革与农地金融创新的相关研究

（一）农地金融创新的理论与实践研究

随着城镇化的不断推进，土地流转的速度和规模也随之加快，土地规模化经营、农地现代化发展需要金融服务支持。特别是新型农业经营主体如专业种养殖大户、家庭农场等经营规模较大，资金需求也更为迫切（黄祖辉，2010）。然而，农业产业生产周期长、高风险、低利润的固有特征与传统金融机构的资本逐利、规避风险的属性相冲突。此外，缺乏必要的抵押担保物也成为农业经营主体面临信贷约束的一个关键因素（马九杰等，2010）。因此，土地流转和经营规模扩大需要大量的资金支持，和当前以传统商业银行为主导农村金融体系无法满足其旺盛的资金需求已经成为阻碍农业现代化发展中的主要矛盾之一。国内外很多学者已对农地流转和金融支持问题给予高度关注。其中不少学者认为，农业经营者拥有土地却难以获得资本，究其原因并非是天然缺乏抵押担保物品，而是产权制度和抵押制度缺失，限制了抵押物的范围（德·索托，2001；Besley T J & Ghatak M，2009）。因此，通过产权制度改革赋予土地等资源必要的权能，增强市场可交易性和流动性，促使资源资产化、资本化，这是解决农业经营中融资约束的一个重要路径（高圣平、刘萍等，2009；厉以宁，2008）。

一些国家特别是发展中国家的农村土地改革正是沿着农地确权赋能的方向，通过农地金融化拓展农业经营者抵押品的范围。然而，不同国家推行农地抵押融资缓解农业金融支持不足问题的效果却截然不同。如 Feder G（1988）、Lopez R（1997）等研究者分别在泰国、洪都拉斯等地区开展农地产权政策对农地抵押融资信贷影响的研究，结果表明明晰土地产权关系、保障土地所有权安全有助于缓解农业融资信贷约束。但也有学者研究发现，农地抵押贷款并未达到解决农业经营主体融资问题的目的，Pender J L & Kerr J M（1999）在印度南部的两个村庄对土地交易限制对农户信贷获取、土地投资和种植决策的影响，结果

显示农户家庭的某些特征是影响信贷供求以及土地改良投资的关键因素，政府的土地交易政策对农户信贷获得影响并不大。Boucher S R 等（2005）在洪都拉斯、尼加拉瓜等国家的研究也表明，在信息不对称、道德风险约束的条件下，土地产权在农地抵押融资中只会部分奏效，并不会显著提高抵押物的价值而有助于农户获得贷款。Besley T & Ghatak M（2008）研究认为，农地作为有效抵押担保物的前提是需要有安全的产权，这是防范信贷违约风险的重要因素。稳定的土地产权（叶剑平、蒋妍等，2006）、可转让的土地产权、较低的土地交易成本（Klaus D 等，1999）等制度安排是农地作为抵押物被金融机构接受的必要条件。

（二）产权制度改革下我国农地金融创新的实践成效与问题研究

同样，我国农村土地产权制度改革也遵循着明晰产权关系、土地确权赋能，旨在提高农地的可流动性、增强农地的金融属性。但是，由于我国农地产权制度的特殊性以及农地承载生产、保障等多种功能属性，农地抵押贷款从提出以来就备受质疑。特别是在2013年农地"三权分置"改革之前，土地承包经营权作为一个整体如果用于抵押融资，一旦农户信贷违约将面临失去承包土地和生活基本保障的风险，危及社会稳定（黄祖辉、王朋，2009；陈锡文，2010）。"三权分置"制度设计下，土地经营权从土地承包经营权中分离出来，赋予农地经营权物权化属性，皆可以解决农地作为抵押物缓解农户尤其是新型农业规模经营主体融资约束问题，也保障农户保有土地承包权避免失地可能造成的高风险。因此，无论是农户还是规模经营主体，在农地产权关系明晰、权利界定清晰、权益保障严格的条件下，通过土地承包合同或规范的土地流转合同获得一定期限的土地经营权，都可以作为抵押物获得贷款。2015年8月，国务院发布《关于开展农村承包土地的经营权和农民住房财产权抵押贷款试点的指导意见》，开始推进"两权"抵押贷款业务，其中农村承包土地的经营权抵押贷款试点232个县级行政区。自试点地区开展农地抵押贷款以来，国内研究者对试点地区实践效果一直保持密切关注。

从当前农地抵押贷款试点地区的成效来看，小农户和规模经营主体将农地作为抵押物直接向金融机构申请贷款都存在较大难度（罗兴、马九杰，2017）。首先，土地承包农户拥有承包期限内完备产权，权属清晰、权能完整。但单个小农户经营面积有限且较为分散，农地经营权抵押价值低、价值评估难度大，交易成本高、不易变现，因此降低了农地抵押物的价值，银行等传统金融机构对农地抵押融资存在一定程度的排斥（林一民、林巧文，2020）。而小农户自身的农地抵押融资意愿也不强烈，农地作为其基本生存保障，抵押后出现风险是难以接受的。其次，规模经营主体通过流转获得一定期限的土地经营权，土地流转的方式（如租赁、入股等）影响到农地经营权的物权属性和担保属性，而"租金年付"影响到农地经营权的抵押性能（郭忠兴、汪险生等，2014）。规模经营主体往往因农地经营权的担保物权不完整、金融机构难以处置抵押物等问题难以获得贷款支持。在实践中，各地区"异化"出不同的农地经营权抵押融资模式，如"担保+抵押""保险+抵押""风险基金+抵押"等多种农地抵押模式（黄惠春、徐霁月，2016）。这表明引入担保机制才是农地抵押融资成功的原因，农地抵押权并未真正发挥作用。

（三）农地金融创新融资机制的相关研究

针对我国农地抵押贷款融资中出现的问题，学者们也提出一些改进或创新融资机制的建议，如政府行政干预、财政支持可以提升农地经营权抵押融资的有限性（马九杰、吴本建等，2016；翟黎明、夏显力等，2017；黄惠春、范文静，2019）；规范土地流转合同、减少非正式流转带来的确定性，保障农地经营权的排他性（吴一恒、马贤磊等，2020），提高土地流转率，降低土地经营权流转成本和处置成本，能够有效减少农地抵押融资面临的不确定性（包宗顺等，2015；罗兴、马九杰，2017）。

也有学者前瞻性地提出农地抵押替代融资模式。随着农业产业化发展、农业生产组织形式不断创新，农业生产要素在整个产业链组织范围内的一体化配置使得全产业链融资成为抵押替代融资的发展方向（黄惠春、陶敏，2020）；互联网金融的便捷、高效、普惠等特点也将渗透到农村地区，利用互联网金融创新元素，能够不断探索创新农村抵质押模式，将土地、农产品纳入抵质押物的范围，有效解决农村抵质押担保难问题（丁廉业，2018）。刘西川、程恩江（2013）采用案例分析方法，对我国农业产业链融资典型模式进行比较和经验总结，研究认为，产业链融资主要借助农业产业链条上不同主体之间的交易关系，通过保险、担保、抵押等多种元素突破了传统农户贷款缺乏抵押物的障碍，也降低了农业贷款的高风险；以合作社为平台，采取对小农户批量放贷，也降低了融资供求双方的交易成本。同时，研究也指出，农业融资模式创新的根本保障离不开政府的积极支持和发挥主导作用。陈红玲（2016）分析总结了我国农业产业链融资的发展现状，指出在政府财政投入、农村金融信用环境、信贷担保体系、市场竞争机制，以及农业融资服务体系和农村金融法律体系方面存在的问题。同时，也对日本农业产业链融资模式的经验进行总结，提出诸如发展非盈利性的合作金融支持农业发展，保护农民的权益，发展政策性金融弥补市场失灵或合作金融不能满足农业发展资金需求时发挥作用，形成多渠道农业金融供给体系，筹集资金用于支持农业产业链发展。

（四）土地经营权信托融资机制创新的相关研究

"三权分置"改革对促进土地流转和农业适度规模经营都有积极作用，探索出既让农民安全转出土地并获得稳定收益，又有助于规模经营主体转入土地后获得足够金融支持的土地利用新模式是"三权分置"下需要解决的关键问题。一些研究者对全国不同地区商业信托机构参与农地经营权流转的运作模式、收益分配、运行绩效，以及金融创新的新路径等进行对比分析，研究认为土地信托流转是实现金融资本和产业资本融资发展的创新路径，能够有效提高金融资本支持农业产业化发展的能力（钱仁汉、解红等，2014）。信托机构筹集资金用于土地流转费用支付以及土地整理等基础设施建设，缓解了农业经营主体、地方政府等主体在土地流转和农地整治项目等方面的资金投入压力（张莎，2016），通过土地经营收益权质押融资、产业链信托融资等融资机制创新（马九杰、周向阳等，2011；辛瑞、辛毅，2019），激活了土地的资本属性，也在一定程度上消融了传统农业金融服务供给不足的问题（李冬霞，2018）。张晨（2012）关注到当前我国土地整治资金来源渠道单一，在资金筹措方面存在的问题，提出可通过拓宽资金筹集渠道，开展诸如 BOT 模式、PPP 模式、ABS 模式等融资创新，以及土地证券化、土地基金、土地债券、土地信托等模式，分散或转移融资风险。陈慧（2016）提出了土地整治项目"BOT-TOT-PPP 集成融资模式"，拓宽土地整治资金来源渠道、引入社会资金，提高政府的控制力、协调各方利益，保障土地整治项目实施质量。

七、文献评述

通过对农地经营权信托相关文献的梳理发现，信托作为一种财产转移和财产管理制度，在提高土地利用效率、创新投融资机制以及保护土地资源等方面发挥了重要的作用，已成为世界各国解决土地问题时普遍采用的一种有效市场工具。目前，国内外很多学者对农地经营权信托问题开展了大量的研究，并取得了兼具理论和实践价值的丰硕研究成果，这为进行相关研究积累了坚实的文献基础。由于不同的土地制度和政策环境下，土地信托的具体实践模式和制度功能具有很大差异，加之我国农村土地制度的特殊性，不可能照搬国外的土地信托模式。但是，国外的研究成果和土地信托实践对我国开展农地经营权信托研究和实践仍具有一定的参考借鉴价值，如如何利用土地信托在政府土地保护政策之外寻求保护农村土地资源及自然生态环境永续可持续利用的市场化路径，保护土地生产能力的同时，开拓农业基础设施建设和土地整治的投融资渠道等。

国内关于农地经营权信托的研究内容主要集中于以下三个方向：一是从法律制度层面探讨农地经营权信托的实施的法律依据和可行性，委托人的法律主体资格、法律地位以及农地信托标的物，以及如何构建完善我国的农地经营权信托制度，并从法律制度供给、配套政策完善等方面提出政策建议。由于我国农地经营权信托尚处于实践探索阶段，明晰法律结构、构建完善制度有利于更好的处理农地经营权信托参与各方的权利义务关系，保障信托当事人特别是土地财产委托人农民的利益，建立有效的监督管制制度保护农地资源不受损害。二是从实践层面对比分析不同农地经营权信托模式的特点和运行绩效，影响其运行的制约因素，潜在风险及防范等。通过研究基本明晰了不同农地经营权信托模式的构成要素、交易结构、模式选择及适用范围，财政、金融、保险、农地产权和农村社会保障等外部制约因素和农民参与意愿等内在制约因素，以及可能出现的法律风险、市场风险、社会风险等，为农地经营权信托模式的实践提供了较为全面的参考借鉴。三是从产权制度改革层面研究农地经营权信托的法律问题、经济社会问题，以及农地金融创新问题。通过分析农地"三权分置"改革的产权构造及政策实施目标，明确了农地经营权信托实践的制度基础，以及农地产权制度改革下农地经营权信托在改善农地资源市场化配置效率和创新农地金融投融资机制方面的探索尝试和存在的问题。

总体来看，现有的研究成果对我国农地经营权信托已做了全面且较为深入的分析，为农地经营权信托的制度完善、模式选择、运行机制优化及创新等提供了有益启示。但也存在以下不足之处有待进一步研究探讨。

第一，对于最基本的农地经营权信托的内涵，目前还没达成一致的界定，这一基本概念经常与"土地托管"①、"土地合作经营"等混淆。只有在明确农地经营权信托概念的前提基础上，才能进一步讨论农地经营权信托的模式、交易结构、运行机制及其治理等更深层次的问题。

第二，尽管现有的研究也关注到农地"三权分置"改革是农地经营权信托实施的制度基础，但缺乏从产权理论角度对农地产权改革与农地经营权信托的

---

① "土地托管"是农地合作经营的创新形式之一，在不流转"农地经营权"的前提下，将土地生产经营的全部或部分环节交由专业的农业服务商，该模式无论是在形式还是内容方面，显然与农地经营权信托模式不同。尽管在实践中，一些信托机构也提供土地全托管服务（扣除服务成本外以实物或货币形式支付给委托人收益），但是这与农地经营权信托并不存在实质差别。在一些研究中（刘福临，2019）将"土地托管"或"土地合作经营"等同于"农地经营权信托"明显存在概念混淆。

内在关联进行理论阐释，因而无法明晰农地经营权信托的内涵及其所具备的制度功能价值和实践价值。

第三，当前研究中对农地经营权信托实践模式的划分标准尚不统一、名目纷繁众多，不利于横向对比分析不同模式的特征差异，也不利于该模式运行机制的优化和配套制度的完善。

第四，当前对农地经营权信托形成机理的研究虽有涉及，但多是从宏观角度分析政府政策环境、农村社会保障水平和经济社会发展等外部制约因素对该模式形成过程产生的影响，缺乏从微观参与主体角度进行考察，全面解析农地经营权信托形成过程中参与主体的利益目标、动因和决策行为。因而无法识别哪些因素影响到参与主体的行为选择，以及其对农地经营权信托模式的形成和运行产生的影响，不利于在参与主体之间形成稳定的土地流转信托契约关系。

第五，"土地流转"和"金融供给"是农地经营权信托运行机制的核心内容，当前研究中多是对不同模式土地流转运作过程的描述和经验介绍，而对其在交易结构、权责分配、利益联结、风险分担等运行机制核心要素方面进行深入分析的成果较少，将"土地流转"机制和"金融供给"融资机制进行整合研究的成果更少，只有将二者统筹考虑才能构建完善的农地经营权信托运行机制。

第六，提高农地资源市场化配置效率、解决农地金融供给不足的难题是农地经营权信托实践的要义所在。完善农地经营权信托运行机制设计，合理确定"政府"和"市场"发挥作用的边界范围，降低"土地流转"和"金融供给"的交易成本是实践目标达成的关键。当前仅有少量研究关注到政府在农地经营权信托运行中的作用机制和存在的问题，而未针对其运行中的治理结构问题进行全面、系统的分析。

第三节 研究意义

2020年11月，习近平总书记对新时代推进农村土地制度改革、做好农村承包地管理工作作出重要指示强调[1]，要不断完善农村承包地所有权、承包权、经营权分置制度体系。根据实践发展要求，丰富"三权分置"的有效实现形式，促进农村土地资源优化配置，积极培育新型农业经营主体，在坚持家庭经营的

---

[1] 新华网.《习近平对推进农村土地制度改革、做好农村承包地管理工作作出重要指示》. http://www.xinhuanet.com/2020-11/02/c_ 1126687111.htm. 2020-11-02.

基础上发展多种形式的适度规模经营，提升粮食和重要农产品供给保障能力，不断为促进乡村全面振兴、实现农业农村现代化创造有利条件。在深入推进农地"三权分置"改革制度背景下，农地经营权信托作为促进农地市场化规范有序流转、创新农地金融供给机制，实现农业现代化、适度规模经营的创新实践形式，已成为实现农地产权制度改革目标的新路径。因此，对"三权分置"下农地经营权信托的形成机理、运行机制以及治理结构等关键问题进行系统研究，有助于实现农地产权制度改革和农业现代化发展目标，促进乡村振兴战略实施，具有较强的理论和现实意义。具体而言：

一、理论意义

目前，学界对农地经营权信托已经给予了不少关注，并积累了颇多研究成果，但从研究学科背景来看，更多的是基于法学理论层面的探讨，研究内容集中于"土地经营权"在法理上是"物权"还是"债权"的讨论，是否能够得以入股、设立担保或信托等土地资本化的方式开展融资创新，"三权分置"改革背景下农地经营权信托制度在构造上有何变化，农地经营权信托的变更与终止，以及参与主体之间的权利义务，如何完善农地经营权信托制度以最大程度发挥信托制度在农地产权制度改革中作用等问题进行探讨。然而，以经济学、管理学等学科理论开展的研究却寥寥可数。

本书主要以经济、管理学科的理论为基础，从理论层面对以下问题进行研究：一是对农地"三权分置"制度改革背景下农地经营权信托的理论内涵进行分析阐释，明晰农地"三权分置"产权结构的设置、制度改革的目标定位与农地经营权信托之间内在关联；二是在梳理总结不同农地经营权信托模式实践经验的基础上，揭示出农地经营权信托实践模式已有的特征事实和发展演进逻辑；三是综合运用案例分析、博弈分析等研究方法和分析工具，从参与主体利益博弈的角度，揭示农地经营权信托的形成机理和内在动因，深化对其运行机制的微观行为解释。四是构建了农地经营权信托"土地流转"机制和"金融供给"机制运行的一般性理论分析框架，借鉴机制设计理论、博弈理论和新制度经济学的理论和分析方法，对农地经营权信托运行机制设计，以及多元主体共同参与的治理结构，以及如何完善运行机制、形成合理的治理结构以提高资源配置效率、降低交易成本等问题进行探讨。

这一方面拓展了对产权制度改革下农地经营权信托研究的学科领域，丰富和完善了对农地经营权信托相关研究的理论视野和体系内容；另一方面深化了对农地经营权信托形成及运行过程的理论认识，为农地经营权信托稳定健康发展提供一定的理论指导。

二、现实意义

"三权分置"制度改革的重要突破和创新在于"放活土地经营权",并对土地"还权赋能",目的在于激活土地的财产性功能和资本价值,在保障农民土地权益的同时盘活土地资源要素市场,使土地经营权在更大范围内实现优化配置,以及通过土地资本化的方式破解农业融资难题。农地经营权信托是践行"三权分置"制度改革的有益尝试,基于农地经营权信托实践模式已有的事实经验和运行中存在的问题开展案例研究能够为我国各地方农地经营权信托实践提供经验借鉴,也能为政府部门引导和规范农地经营权信托运行中的制度规则和市场秩序,使其助力农业现代化发展目标实现提供政策参考建议。

具体现实意义体现在:一是明晰不同模式在组织运作、交易结构,参与主体利益联结、权责分配等方面的特点和问题,能够为各地方推行该模式提供实践经验借鉴。二是厘清土地经营权信托制度安排下多元产权主体的权责关系和收益分配关系,有助于构建稳定的农地经营权信托流转机制,规范土地流转程序,保障农户财产收益权和规模经营主体的经营权利,减少土地流转中的矛盾纠纷。三是为解决土地规模流转和农业规模化经营中出现的金融供给不足问题提供新的思路。四是通过研究农地经营权信托的"土地流转"机制和"金融供给"机制运行中,如何发挥好治理主体的作用、确定各主体权责边界,形成合理的治理结构,为提高土地、资金、人等资源要素的配置效率提供一定的实践依据。

第四节　研究目标与研究内容

一、研究目标

本书基于农地经营权信托形成发展过程中已有的特征事实和演进逻辑,识别农地经营权信托模式的类型及发展演化趋势,揭示农地经营权信托的形成机理,并从"土地流转"机制和"金融供给"机制两个方面剖析农地经营权信托的运行机制,以及人、地、资本等要素资源配置过程中的治理结构问题。在此基础上,以实现农地"三权分置"产权制度改革和农业现代化发展的目标为导向，为完善农地经营权信托的运行机制提出系统性政策优化建议。具体研究目标：

（1）揭示农地经营权信托的形成机理和内在运行逻辑，深化对其运行机制的微观行为解释。

（2）研究农地经营权信托在解决农地集中流转、农地综合整治及基础设施建设投融资等问题方面机制设计，以及政府和市场的作用机制和职能范围，为提高农地资源市场化配置效率、降低交易成本提供理论和经验借鉴。

（3）把握农地经营权信托融资在解决农业经营主体生产融资中抵押物缺失、征信困难、交易成本高等问题方面的机制设计，对比不同融资路径，揭示不同信托融资机制设计下治理结构的核心特征及问题，为优化信托融资机制设计、降低交易成本和融资风险提供理论和经验借鉴。

二、研究内容

研究内容一：从理论层面对农地"三权分置"改革背景下农地经营权信托的理论内涵进行分析阐释。在分析农地"三权分置"改革历史逻辑、构建的产权结构以及制度目标的基础上，分析"三权分置"与农地经营权信托的内在关联，以及"三权分置"下农地经营权信托的基本内涵和具备价值功能，从农地产权制度改革演进一般规律角度分析当下农地经营权信托具有理论意义与现实意义。

研究内容二：对已有的农地经营权信托实践模式进行梳理分析，明晰农地经营权信托发展历程中不同阶段实践模式的特点，以及不同模式以"土地流转"和"金融供给"为核心内容在组织运作、交易结构、交易成本、风险管控等方面开展的有益探索；以及政府和市场在不同模式运行中的作用机制和作用范围，总结不同模式的实践经验，揭示出农地经营权信托实践中已有的特征事实和发展演进逻辑，旨在为以后章节对农地经营权信托的形成机理和运行机制的研究提供实践事实基础。

研究内容三：从利益主体博弈均衡的角度，以新制度经济学理论为基础，基于农地经营权信托实践模式已有的基本事实，分析农民、村集体组织、地方政府、信托机构、规模经营主体等不同参与主体的利益诉求和行为策略选择；构建不完全信息条件下多方参与的演化博弈模型，刻画农地经营权信托形成过程中相关利益主体博弈的动态演化关系，找出影响利益主体行为策略选择及博弈均衡结果的变量；并以河南省信阳市淮滨县的农地经营权信托实践为典型案例，过程展现农地经营权信托产生和发展的整个动态过程，揭示农地经营权信托的形成机理和内在运行逻辑，深化对其运行逻辑的微观行为解释。旨在为构建长期稳定的合作机制和博弈规则提供理论依据。

研究内容四：以新制度经济学、公共治理理论为基础，分析了农地经营权流转和农地综合整治及基础设施建设投融资中的"政府失灵"和"市场失灵"问题。借鉴威廉姆森关于治理结构选择的理论分析思路，从"政府"和"市场"角度，分析"三权分置"制度改革下农地经营权信托在破解上述问题方面的机制设计，以及二者在土地流转和农地整治等资源要素市场化配置过程中的作用机制及其职能范围，由此形成的治理结构和产生的交易成本。并以河南省邓州市的农地经营权信托实践为例，探讨"政府"和"市场"在农地经营权信托土地流转机制运行中的作用边界以及如何形成合理的治理结构，以提高土地等资源要素配置效率、降低交易成本。

研究内容五：基于新制度经济学的基本理论，结合农地金融理论、产业链金融理论，研究分析当前农业经营主体的融资需求、融资现状和面临的问题，以及阻碍农地抵押贷款融资有效推行的主要障碍。在此基础上重点分析农地经营权信托在满足农业经营主体生产融资需求等方面可行的融资机制设计和实现路径。通过采用案例分析和比较分析方法，分析当前农业产业链信托融资的典型实践模式和运行机制；对比分析农地抵押贷款融资和农业产业链信托融资两种不同融资路径，着重分析在农地经营权信托金融供给创新中，不同融资机制设计下的治理结构及特征；总结分析信托融资机制设计如何突破农地抵押贷款有效抵押物不足等限制，在降低融资交易成本、防范交易风险、提高融资效率等方面的实践经验和存在的问题。

第五节　拟解决的关键问题

本书以现阶段农地经营权流转和规模化生产经营中出现的现实问题为逻辑起点，立足于农地经营权信托实践模式已有的特征事实，借助机制设计理论的基本思想和分析框架，整合不完全产权契约理论、博弈论、交易成本理论等相关理论，搭建"机制目标设定—客观现实约束—运行机制设计—治理结构选择"的理论分析框架，探究农地经营权信托的运行机制。具体而言，本研究拟解决和回答以下三个方面的问题：

（1）农地经营权信托的形成和发展遵循怎样的理论和实践逻辑？农地经营权信托运行中各参与主体行为选择逻辑和利益均衡动机是什么？

（2）农地经营权信托流转契约达成和运行中有哪些核心要素和关键环节？不同农地经营权信托模式存在哪些差异？农地经营权信托在土地流转环节机制设计中如何有效解决信息有效性和激励相容性两方面的核心问题？怎样的治理结构才能提高农地资源市场化配置效率、降低交易成本、平衡各方利益，保障农地经营权信托土地流转机制规范、稳定运行？

（3）在现行的农地产权结构和制度框架内，如何借助信托机构中介平台和投融资平台属性，破解农业生产经营融资中抵押品缺失、交易成本和信贷风险较高等症结问题？影响农地经营权信托融资机制创新的关键要素？信托融资的可行路径有哪些？不同的融资机制设计下信托融资治理结构呈现出哪些特征？

第六节　研究思路与技术路线

一、研究思路

本书以农地产权制度改革和农业现代化发展背景下农地经营权信托为研究对象，以农地经营权信托形成和发展中的现实问题为导向，以优化完善农地经营权信托的运行机制为出发点，沿着"现实问题—实践模式—形成机理—运行机制—政策建议"的逻辑主线。首先，从宏观层面分析了"三权分置"产权制度改革背景下农地经营权信托运行的制度环境，基于农地经营权信托已有的实践模式，揭示农地经营权信托模式已有的特征事实和发展演进逻辑。其次，从微观参与主体角度，通过构建不完全信息条件下多方参与的演化博弈模型，刻画农地经营权信托制度形成过程中相关利益主体博弈的动态演化关系，揭示农地经营权信托的形成机理和运行的内在逻辑。然后，重点研究农地经营权信托"土地流转"的机制设计，分析政府和市场在土地等资源要素市场化配置中的作用边界和治理结构选择问题；以及通过制度比较分析产权制度改革下农地经营权信托"金融供给"的机制设计和可行路径，分析信托融资的典型实践模式、运行机制以及治理结构问题。最后，基于上述研究提出完善农地经营权信托运行机制的政策建议。

二、技术路线

研究思路　　　　　　　　　　研究内容　　　　　　　　　　研究方法

问题提出

文献研究 → 背景及现实问题 ← 调查研究

研究问题

"三权分置"下农地经营权信托的运行机制研究

文献分析

理论研究

"三权分置"下农地经营权信托的内涵、功能及意义

经验研究

"三权分置"下农地经营权信托的典型实践模式与特征

归纳分析

实证研究

农地经营权信托的形成机理

利益主体
· 地方政府　· 村集体
· 农户　　　· 信托机构
· 规模经营主体

利益冲突

利益博弈

制度均衡

博弈分析 + 案例分析

农地经营权信托的运行机制

土地流转机制设计

农户　　　信托机构

信托流转 → 土地整治

经营权再流转

规模经营主体

金融供给机制设计

· 信托资产证券化
· 信托收益权质押
· 信托增信担保

运行机制分析

信息有效性维度
· 制度规则
· 交易结构
· 交易成本

激励相容性维度
· 利益联结
· 权责分配
· 风险分担

治理结构分析

治理结构
· 政府
· 市场
· 混合治理

结构选择

治理目标
· 降低交易成本
· 提高配置效率
· 平衡各方利益

理论分析 + 案例分析

政策研究

结论及政策建议

归纳分析

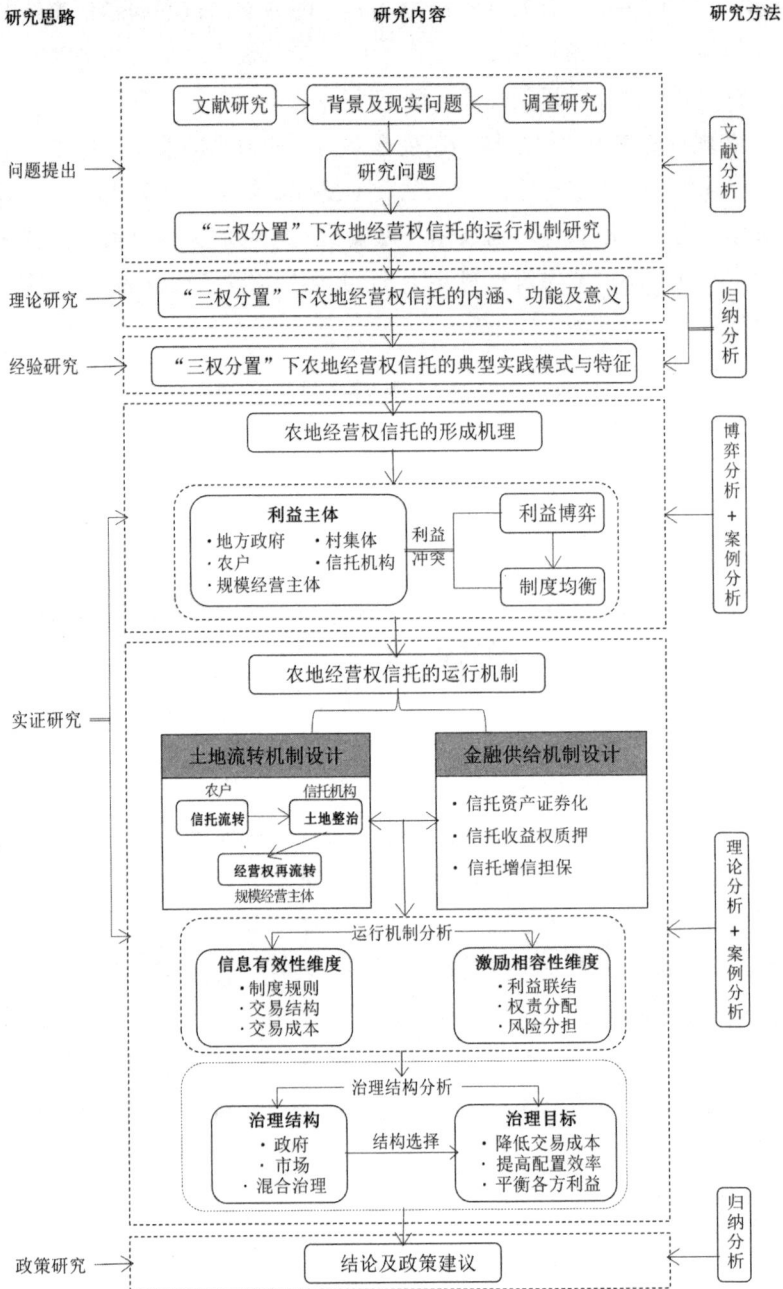

图 1-1　技术路线图

Fig. 1-1　Technology Roadmapld

第七节 研究方法

一、文献分析法

立足于本书的研究问题和研究目标，对"三权分置"产权制度改革的相关政策文件和文献进行广泛分析和研读，梳理总结"三权分置"改革的历史逻辑、不同层级产权的功能、目标导向，并围绕"农地经营权信托"这一核心研究对象，对农地经营权信托的内涵、制度功能、实践模式、运行机制以及"三权分置"改革下农地经营权信托土地流转和金融供给的融合发展机制和实现路径等相关文献进行搜集、整理、归纳，总结提炼当前产权制度改革下农地经营权信托研究的具有理论价值和实践意义的关键问题。并对研究涉及到的新制度经济学、博弈理论和治理理论等经典理论和学术成果进行研究借鉴，构建本书的理论分析框架，为具体问题分析提供理论支撑。

二、博弈分析法

采用博弈分析方法，构建不完全信息下农地经营权信托主要参与者①地方政府、农民、村集体、信托机构、农业规模经营主体的三阶段动态博弈模型。分析不同博弈阶段参与主体的角色定位、利益诉求和博弈关系，多元主体为实现各自利益目标所实施的博弈行为和可能实现的博弈均衡结果，以及影响利益主体行为策略选择及博弈均衡结果实现的关键因素。从而揭示农地经营权信托的形成机理和内在动力机制，深化对其运行逻辑的微观行为解释。

三、案例分析法

本书在对当前农地经营权信托形成和运行中的核心问题进行总结提炼的基础上，采用案例分析方法，先从时间纵向维度上梳理分析了农地经营权信托不同发展阶段的典型模式、运行机制和核心特征，以及从区域横向维度上通过案例对比分析各阶段不同典型模式在运作流程、交易结构、交易成本、风险管控

---

① 尽管当前农地流转信托实践模式不尽相同，运作流程和参与主体也有具体差异，但博弈的主要参与者来自农民、信托机构、地方政府（包括地市级政府和乡镇基层政府）、村集体和规模经营主体。

等运行机制核心要素方面的差异，分析农地经营权信托发展中已有的特征事实和发展演进逻辑，为以后章节的研究提供基本实践事实；然后，以实地调研的案例材料和数据为主，采用博弈分析和案例分析相结合的方法，分析了农地经营权信托的形成机理；探讨了农地经营权信托"土地流转"和"金融供给"机制设计及其运行中的治理结构问题，通过较为翔实的案例分析为完善农地经营权信托运行机制提供实证案例支持。

第八节　内容章节安排

第一章绪论。介绍了本书的研究背景、研究问题的提出，并对当前的相关研究文献进行总结梳理和分析评述，突出本书选题"三权分置"产权制度改革背景下农地经营权信托运行机制研究的理论和现实意义。同时，提出本书研究目标，明确研究内容和拟解决的关键问题，以及研究方法、研究思路、技术路线和内容章节安排。

第二章概念界定和理论基础。对本书涉及的核心概念，包括信托、农地流转、三权分置、农地经营权信托及运行机制进行阐释界定。然后，简要梳理总结了本书研究中所依据的基础理论，分别为不完全产权契约理论、博弈论与演化博弈论、交易成本理论、治理结构理论。最后，借助机制设计理论的基本思路与分析框架，结合农地经营权信托实践，对研究问题、内容、涉及的研究理论进行整合，构建农地经营权信托运行机制研究的总体分析思路和理论框架。

第三章"三权分置"下农地经营权信托的内涵、功能及意义。首先，从理论层面梳理分析了农地"两权分离"到"三权分置"改革的历史过程，明确"三权分置"产权结构设计以及不同层级产权的目标定位，明晰农地经营权信托运行所处的宏观制度环境。然后，分析"三权分置"制度改革背景下农地经营权信托的基本内涵，体现出的制度功能、经济社会功能和金融功能；以及农地经营权信托实践在促进土地经营权规范、有序流转，提高农地资源市场化配置效率方面，和对农地经营权进行金融化和资本化改造以拓宽农业经营融资渠道等方面具有的意义。旨在明晰"三权分置"产权制度改革与农地经营权信托二者之间的契合关系。

第四章"三权分置"下农地经营权信托的典型实践模式与特征。从实践层面对已有的农地经营权信托实践模式进行了梳理分析。具体内容一是对政府主导和商业信托参与的市场主导下的两种不同模式围绕"土地流转"和"金融供给"两个方面的核心内容开展的探索尝试；二是对不同模式在组织运作、交易结构、权责分配、利益联结和风险管控等方面体现出的核心特征进行对比总结；三是通过揭示农地经营权信托模式已有的特征事实、实践经验以及发展演进逻辑，为以后章节分析农地经营权信托的形成机理和运行机制的研究提供实践事实基础。

第五章农地经营权信托的形成机理——基于参与主体利益博弈均衡分析。借助演化博弈理论的思想方法和分析工具，从农地经营权信托形成过程中参与主体利益博弈角度去分析其形成机理。通过构建三阶段博弈模型对农地经营权信托形成过程中多元参与主体的不同角色定位、利益诉求和博弈关系进行分析，刻画农地经营权信托形成过程中相关利益主体博弈的动态演化关系，揭示农地经营权信托的形成机理。最后，以信阳市淮滨县为例，过程性描述农地经营权信托形成和实践中参与主体基于不同行为动因和利益诉求，不断动态调整自身策略，最终在信托契约安排结成利益联结关系以寻求多方利益均衡的结果。旨在为农地经营权信托运行中在参与主体之间构建稳定的信托契约关系提供理论和实证案例支撑。

第六章农地经营权信托土地流转的运行机制与治理结构。内容围绕农地经营权信托在"土地流转"中的土地经营权流转和农地综合整治两个核心环节展开。首先，理论分析了农地经营权流转以及农地综合整治和基础设施建设投融资中的"政府失灵"和"市场失灵"，以及由此导致农地资源配置效率损失的问题。然后，借鉴威廉姆森关于治理结构选择的理论分析思路，从"政府"和"市场"角度切入，分析"三权分置"制度改革下农地经营权信托在破解上述问题方面的机制设计，以及二者在土地流转和农地整治等资源要素市场化配置过程中的作用机制及其范围，由此形成的治理结构和产生的交易成本。最后，以河南省邓州市的农地经营权信托实践为例，分析探讨了如何选择合理的治理结构，确定政府和市场发挥作用的边界范围，完善运行机制从而实现降低土地流转交易成本、提高土地资源配置效率和农业项目投融资效率等目标。

第七章农地经营权信托金融供给的运行机制与治理结构。内容围绕农地经营权信托在"金融供给"中融资机制设计和可行路径展开。首先，分析了当前农业经营主体融资需求、金融支持现状、农业生产融资政策诉求，以及在现有的农地产权制度设定下农地经营权抵押融资理论和实践中遭遇的现实难题。然后，分析了在信托流转的基础上可行的信托融资创新路径，以及以信托土地资产证券化、信托收益权质押、信托增信担保等为主要融资方式的典型实践模式及运行机制。最后，通过对比分析农地抵押贷款融资和农业产业链信托融资两种不同融资路径，重点分析在农地经营权信托金融供给创新中，不同融资机制设计下的治理结构及特征；总结分析信托融资机制设计如何突破农地抵押贷款有效抵押物不足等限制，在降低融资交易成本、防范交易风险、提高融资效率等方面的实践经验和存在的问题。

第八章总结与政策建议。基于以上各章节理论和实证案例的研究结论，对本书研究结论进行总结提炼。并通篇回顾全文，总结本书研究的创新点、存在的不足和未来研究展望。最后，综合全文内容和研究结论，从保障农民土地权益和信托财产收益，提高农地资源配置效率，降低土地流转和金融供给的交易成本和交易风险等方面提出政策建议，旨在为完善农地经营权信托"土地流转"和"金融供给"的运行机制，助力实现"三权分置"制度目标和农业现代化发展目标。

第二章　概念界定和理论基础

第一节　核心概念界定

一、信托

"信托（Trust）"起源于中世纪英国的"尤斯制"，尤斯（Use）意为用益，即"为他人的利益而占有财产"，是 13 世纪初期教徒为规避亨利三世颁布的《没收条例》①，完成死后向教会捐赠自己持有土地的目的而创设的一项财产权转让制度。尤斯制的具体做法是：教徒通过生前订立遗嘱的形式，将自己所有的土地转赠与第三者所有，遗嘱中明确赠与目的是保障教会对土地的"用益权"。这样土地所有权归第三者所有，依照《没收条例》政府不得没收土地，教会拥有土地的实际使用权和收益权，从而完成了教徒向教会捐献土地的心愿并维护了宗教团体的利益。"尤斯制"形成的三方之间的土地财产权转让关系经过不断发展，到 19 世纪初期在欧美国家陆续兴起，该制度的利用范围也不断扩大，逐渐演化成其现代形态，就是人们所称的"信托"制度。在当今世界各国，信托制度已经成为一种重要的财产管理制度（姜永砺，1989）。

关于信托的概念，由于各国的法律体系的差异性和信托实践的灵活性，对信托的定义也不尽相同。比较具有权威性和代表性的概念阐述有以下几种：《牛津法律大辞典》中"信托"的定义表述为"持有并管理财产的一种协议。据此

---

① 大多虔诚的教徒死后会将自己的土地捐献给教会，由于当时的法律规定教会的土地免征役税，导致教会的土地激增，而封建领主的地租收入减少，英国国王亨利三世颁布的《没收条例》就是为了防止这种情况发生。

财产或法定权利的所有者信托人将财产和权利交给另一个人或几个人受托人，后者据此代表或为另一方受益人或为其他人、或为某一特定目的或为几个目的而持有财产和行使权利。信托概念的本质在于法定所有权与收益所有权之间的分离。①"《现代汉语辞海》中对"信托"的释义为"以自身的信用接受他人委托，代为经管财物、代理经济事务或在授权范围内办理投资业务等的行为。"英国权威著作《不列颠百科全书》对信托给出的定义为"信托是为第三人利益而管理处分他人财产的一种法律关系。"我国《信托法》的第二条规定，"信托，是指委托人基于对受托人的信任，将其财产权委托给受托人，由受托人按委托人的意愿以自己的名义，为受益人的利益或者特定目的，进行管理或者处分的行为。"

从以上不同释义可以看出，虽然各国基于不同的历史传统和经济背景对"信托"的概念表述各有侧重，但是其概念共有的核心要素有以下几点：一是信托主体。委托人、受托人和受益人三方主体以信任为基础，以财产权的管理和分配为核心所构成的权利义务关系，是一种法律行为。二是信托对象。信托起源于对土地财产权的信用委托，随着世界各国信托不断深入实践，信托财产的范围不断扩大，信托对象既包括有形财产，如股票、债券、银行存款以及土地、房屋不动产等，也包括无形财产，如保险单，专利权商标、信誉等。三是信托目的。信托是按照委托人的意愿，为指定的受益人或特定的目的而设立的。四是信托的基本原理和最终结果。通过信托实现了信托财产的所有权、管理经营权和收益权"三权分离"。结合以上核心要素，借鉴现有对"信托"较为规范的表述，本书将"信托"的概念定义为：以信任为基础，委托人将其财产权委托给受托人，由受托人按照委托人的意愿以自己名义，为实现指定受益人的利益或特定目的，对财产进行经营管理或处分的法律行为。

当前，在我国社会经济中，信托不仅是一种特殊的财产管理制度和法律行为，也是一种金融制度，其基本职能包括财产经营管理、资金融通；沟通和协调经济关系，作为中介发挥横向经济联系的桥梁和纽带作用；运用信托业务手段参与社会投资活动，以及服务社会公益事业等等。

二、农地流转

农村土地（简称农地）一般包括农业用地、非农建设用地及未利用地。由于农村土地的范围较广，不同类型的农地产权规则和行政管制有很大差异，如

---

① ［英］沃克. 牛津法律大辞典［M］. 李双元，译. 北京：法律出版社，2003：1124.

果将农村土地作为研究对象，无疑会增加研究的复杂性。结合当前的农地流转实践和具体研究内容，本书将"农地"的范围限定为农业用地中的耕地，即农户通过家庭承包取得的耕地。我国《土地承包法（2004）》中规定，农村土地归农民集体所有，赋予农民长期而有保障的土地使用权，依法保护农村土地承包关系的长期稳定①。农民通过承包获得的土地承包经营权可以依法流转，但同时规定了农地流转不得改变土地所有权的性质和土地的农业用途，流转的期限不得超过承包期的剩余期限，受让方须有农业经营能力等内容②。从现行的法律可以看出，农民个体并不是土地所有权主体，其作为集体成员只享有有限期的土地承包经营权，包括对土地的占有权、经营权和经营收益权以及经营收益的处分权，因而"农地流转"是指坚持农村土地集体所有和农民家庭承包经营权"两权"不变的前提下，将承包期内的直接经营或使用土地的权利依法转让给其他农户或经济组织的行为。

三、三权分置

所谓农村土地"三权分置"，是指在原有集体土地所有权和农民家庭承包经营权二权分离的基础上，将农户家庭土地承包经营权分解为承包权和经营权，从而实行所有权、承包权、经营权三权分置并行。2014年中央"一号文件"关于"深化农村土地制度改革"的内容中提出，"稳定农村土地承包关系并保持长久不变，在坚持和完善最严格的耕地保护制度前提下，赋予农民对承包地占有、使用、收益、流转及承包经营权抵押、担保权能。在落实农村土地集体所有权的基础上，稳定农户承包权、放活土地经营权，允许承包土地的经营权向金融机构抵押融资"。此后，连续多年的中央"一号文件"持续关注农村土地权利主体的相互关系和具体实现形式问题，其中，2016年中央"一号文件"中明确提出农地"三权分置"的改革思路，"稳定农村土地承包关系，落实集体所有权，稳定农户承包权，放活土地经营权，完善"三权分置"办法，明确农村土地承包关系长久不变的具体规定"。2017年中央"一号文件"关于深化农村集体产权制度改革中提出要"落实农村土地集体所有权、农户承包权、土地经营权'三权分置'办法。加快推进农村承包地确权登记颁证，扩大整省试点范围"。2018年中央"一号文件"提出"完善农村承包地'三权分置'制度，在依法保护集体土地所有权和农户承包权前提下，平等保护土地经营权。农村承包土地

---

① 中共十九大报告明确提出，第二轮土地承包到期后再延长三十年。

② 《土地管理法（2004）》中的第一条、第四条和第三十二条等内容。

经营权可以依法向金融机构融资担保、入股从事农业产业化经营。"并将"三权分置"的政策实施范围和内容体系扩展到农村闲置宅基地和闲置农房，探索宅基地所有权、资格权、使用权"三权分置"。2019 年中央一号文件提出要"深化农村土地制度改革，完善落实集体所有权、稳定农户承包权、放活土地经营权的法律法规和政策体系"。从近些年政策文件关于"三权分置"农地制度改革的内容来看，从政策提出，到实践探索，再到政策法律层面的完善，内容和要求不断深化，已为新一轮土地制度改革确定了基本方向和改革思路。

四、农地经营权信托

我国探索实践的"农地经营权信托"① 是将信托制度引入农村土地流转市场，是农地流转的一种新形式。目前学界关于"农地经营权信托"的概念界定并不明确，表述方面也不一致，已有文献中出现的类似概念较多表述为"土地信托""土地信托流转""土地流转信托"、土地承包经营权信托等。一些研究将农地"反租倒包"以及"农地托管经营"等形式也混同于"农地经营权信托"。本书需要明确的是，农村土地集体所有这一基本土地制度决定了我国不可能设立如西方国家以土地私有制为基础的土地（所有权）信托，"农地经营权信托"是在坚持土地公有制和现行土地法律法规下进行的农地经营权信托尝试。因此，"农地经营权信托"比"土地信托"等表述更符合我国现实国情，也更契合本书的研究主题。

本书借鉴以往的研究成果（杨明国，2015；张传良，2017；房绍坤、任怡多，2020），采用"农地经营权信托"的表述形式，将此概念界定为：农地经营权信托是指在坚持"两权"不变的前提下，按照依法、自愿、有偿的原则，农民（或其代理人）将承包期内的土地经营权作为信托财产委托给信托机构，由

---

① 在"三权分置"改革之前，全国范围内很多地区已经开展以信托和其他形式流转土地经营权的尝试，可以说实践走在了理论前面。由于土地承包经营权在《物权法》中明文规定为用益物权属性，符合信托财产的一般要件。因此，农地"三权分置"提出前很多研究中都以"土地承包经营权信托"进行表述（张丽华、赵志毅，2005；岳意定等，2007；马验，2008）。但事实上，土地承包权在土地流转信托中从未曾农户手中剥离，一直都是农民的生存保障权，流转的只是一定期限的土地经营权。"三权分置"之后，大多法学研究者认为土地经营权分离出后具有独立的财产属性，实质上具备了用益物权的本质特征（潘俊，2014；李国强，2015；陈敦，2017），作为实际经营农地的权利具备信托财产的要求。因此，本书研究中将我国国内不同时间阶段的土地流转信托实践统一表述为"农地经营权信托"，这既符合实践事实，也符合"三权分置"的内涵和基本要义，而国外土地信托实践按照当前学术界通用的表述为"土地信托"。

信托机构作为土地交易平台和投融资平台对受托土地资产进行管理、开展土地综合整治和农业产业用地规划，并按照规范的程序将土地实际经营权（或使用权）转让给农业经营主体用于农业生产经营，最终将经营收益分配给受益人（农户或信托投资者）的一种新型农地流转机制。而"农地经营权信托模式"是指按照农地经营权信托的基本操作要求，构建一种可推广、可借鉴的农地流转新范式。因此，农地经营权信托形式上是以信托的形式进行农地资本化流转，而实质是一项农地财产管理制度和财产权信托法律行为，是活化农地经营权和实现农民土地财产权的具体形式。

五、运行机制

"机制"原指机器的构造和工作原理，或有机体的构造、功能和相互关系，也泛指一个工作系统的组织或部分之间相互作用的过程和方式。无论是机器、有机体还是工作系统，都是由具有不同功能、承担了不同任务的若干部分组成的，只有各个部分相互协调才能保障一项机制的有效运行。因此，理解一项机制首先应该明确的是，该项机制由几个部分组成？每个部分在机制运行中发挥怎样的功能和作用？各个部分是如何相互作用的？由此可见，运行机制是系统运行的内在机理及其运行方式的总称，具体而言是指影响系统运行的各因素的结构、功能及其相互关系，反映这些因素相互作用、联系、依赖和制约及功能发挥的作用过程及运行方式。

农地经营权信托的运行机制是指在一定制度约束条件下，为实现"三权分置"制度改革和农业现代化发展目标，在农地经营权信托项目运行过程中，农民、信托机构、农业经营主体以及地方政府等参与主体围绕土地、资本、劳动力、技术和管理等生产要素的优化配置和重新组合所形成的基本运行规则和相应的制度安排，具体包括土地流转机制和信托融资机制中的交易结构、利益联结、风险分担以及权责分配等核心内容。

第二节　理论基础

一、不完全产权契约理论

（一）契约与产权契约

"契约"（Contract）又称"合同""合约"，作为一种构建社会制度和社会秩序的"中介性范畴"的组织性工具（于立深，2007）①，其订立目的在于满足人们的人们追求实现"社会合作"和"合作秩序"的需求（高磊，2010）②。"产权契约"属于人们在社会经济活动中因利益关系的复杂性而形成的众多契约关系的一种具体形式③（王洪，2000），是一定的产权制度安排下，各产权主体之间在产权交易过程中按照自愿、平等和公正等契约原则，就产权的界定、调整、分配、转让与履行等所形成的权利配置规则和交易行为规范，并由此在产权主体之间形成激励约束机制和利益分配格局。因此，产权契约可看作是微观层面的产权制度。新制度经济学基于"正交易成本"和"外部性"等经济现实，认为产权契约的订立和履行能够降低交易成本，改善资源配置效率，促进经济增长；通过明晰产权，引入市场机制，实现外部性的内在化；规范和约束产权主体的交易行为，在交易者间形成稳定的预期，减少不确定性等兼具激励与约束的产权功能（曲福田，2011）④。

（二）"完全契约"向"不完全契约"的理论演变

回溯契约理论的发展历程，其诞生之初是以完美市场为前提假设的"完全契约理论"，以瓦尔拉斯—阿罗—德布鲁一般均衡交易模型（Walras-Arrow-Debreu general equilibrium model）为范式。该模型将所有契约看作是简单的价格—数量交易，是在参与人完全理性、外部环境完全确定、信息对称且获取无需付出任何成本等情况下完成的，认为"缔约双方完全能预测契约期内重要事件"，并能够实现市场在帕累托意义上的最优契约。完全契约理论所预设的完美市场交易状态类似于经典物理学所描述的真空状态，是为了便于分析而给出的一种理想状态（拉斯·沃因，1992）⑤。当完全契约理论的假设条件与经济事实并不吻合，理论的适应性和模型的解释及预测能力也必然受到反思与批判。

许多经济学家重新考量"完全契约理论"，将其完美假设条件逐一地回归经济事实，推动了契约经济理论从"完全契约理论"向"不完全契约理论"的发展演变。首先，"不完全信息"与"有限理性"的引入。传统经济理论中的理性经济人具有清晰且稳定的经济性偏好，并且具备完整的认识能力和计算能力，

---

① 于立深．契纳方法论［M］．第1版．北京：北京大学出版社，2007：4-5，12.
② 高磊．产权效率的演进逻辑与考量研究［D］．大连：东北财经大学，2010.
③ 王洪．作为不完全契约的产权：一个注释［J］．改革，2000（05）：53-57，72.
④ 曲福田．土地经济学［M］．第3版．北京：中国农业出版社，2011：240-242.
⑤ ［瑞］沃因.《阿罗—德布鲁范式与现代契约理论：涉及信息和时间特定问题的讨论》评论［M］//［瑞］沃因，［瑞］韦坎德．契约经济学．李风圣，主译．第2版．北京：经济科学出版社，2003：53-57.

能够找到备选行动方案中的"最优"标准，量化实施目标，将理念尽快转换为现实，进而使得资源配置状态达到最优。而实现这一目标的前提是参与者对于交易环境具有充分的信息，即每一个参与者都拥有其他参与者的行为、特征、策略集合以及收益函数等方面准确的信息，且无需付出任何成本。然而，新制度经济学家西蒙认为，人虽然意欲理性，但是只能做到有限理性（Simon，1982）。有限理性使得人们不可能完全预期到未来发生的种种情况，不可能完全弄清楚各种情况下契约双方利益的变化，因而不可能确切知道哪一种契约是最有利的，他们只能按照过去的经验做出判断（尹希果等，2012）①。现实中，人们面临的交易环境往往是复杂、不确定的，交易频次越多，不确定性越大，信息也就越不完备。更重要的是人并非无所不知，有限的认知和计算能力，不完备的知识使得契约参与者的"完全理性"根本无从发挥作用，导致在契约设计、执行过程中难免出现遗漏、疏忽行为，从而无法预测缔约事后全部信息，以及出现偶发事件后契约双方重新谈判的种种"局限性"。

其次，"交易成本"的客观存在性。"完全契约"依赖产权的"界定清晰"，在交易成本为零且产权界定清晰完整的前提下，通过市场自由交易可达到资源的最佳配置。而当考虑到交易成本的时候，契约安排常常因成本过高而无法达成最佳契约（Coase，1960）。Y·巴泽尔（1997）认为由于经济人有限的认知能力，以及完全信息的获取和成本固有，产权很难"界定清晰"，只存在相对意义上产权"清晰界定"在相对时刻达到"产权界定均衡"状态。缔约过程中交易成本的客观存在性成为契约"不完全"的一个重要诱因。无论是产权界定，还是产权制度的运行，亦或产权的更迭都有包括产权界定成本、信息搜集、权利重构、谈判协商、监督实施等在内不可忽视交易成本结构。而受现实契约环境条件和个人约束，诸如外部性存在、资产的专用性（Williamson，1979），以及因个人有限理性、信息不完全、环境不确定性等诱发的机会主义行为，不可避免地导致了"契约缺口"，成为"不完全契约"理论的逻辑结点。

二、博弈论与演化博弈论

（一）博弈论及其理论假设

博弈论（Game Theory）亦称"对策论"或"赛局理论"，主要研究个人或群体在特定的局势条件下，局中各方为了各自目标和利益，利用相关方的行动

---

① 尹希果，马大来. 农民和企业合作经营土地的演化博弈分析：基于不完全契约理论 [J]. 农业技术经济，2012（05）：50-60.

策略，力图选择和实施对自己最为有利、最合理的对应策略和行为方案。博弈论作为应用数学的一个分支，在其他数学分支学科如概率论、统计和线性规划中得到应用。而将博弈论引入经济学，进行系统化和形式化的理论研究开端于20世纪50年代，数学家冯·诺依曼（von Neumann）与经济学家奥斯卡·摩根斯坦（Oscar Morgenstern）将其发展成为经济分析的主要工具之一，借助博弈论研究经济主体之间关于竞争和合作问题，以及其之间的相互联系与辩证关系。该理论创立发展不仅拓宽了传统经济学的分析思路，而且助推了产业组织理论、委托代理理论、信息经济学等相关经济理论的发展。

在 von Neumann 与 Oscar Morgenstern 合著的《Theory of Games and Economic Behavior》一文中，将博弈论所包含的基本要素概括为参与者（player）、策略集（strategy set）、收益（payoff）三个方面。在博弈过程中，每个参与者都被假设成完全理性的个体，具备"无限回归推理（limitless regression ratiocination）"能力和"理性的共同知识（common knowledge of rationality）"，如在复杂的、多层次的交互推理中，参与人不会犯错误，所有个体都知道其他个体也是理性的并且会采取个体最优策略①。约翰·福布斯·纳什（John Forbes Nash，1950）在研究非合作博弈中，描述了理性个体在交互过程中做出最优决策的均衡状态——"纳什均衡（Nash equilibrium）"，该状态下会出现"任何博弈方都不值得单独改变自己的策略"的境况，导致了合作困境发生②。随着经典博弈理论在经济领域的迅速发展，对其前提假设"完全理性"的质疑和探究也越来越多。在现实经济生活中，博弈参与者很难做到完全理性，一方面由于信息不完全的约束，博弈双方不可能总是对潜藏在对方内心影子般的效用函数获得完备的信息；另一方面，博弈参与者的行为决策会受到诸多如情感、直觉、意志、习惯等暂时性的非理性因素的干扰，从而可能破坏博弈参与者对对方的理性预期，导致最优行动策略不会一开始就能找到，博弈均衡结果也未必能够通过一次性选择来实现。大多数博弈参与者在实践中均是反复调整和改进的结果，遵循着"试探、学习适应、成长"的行为逻辑。

（二）演化博弈论的发展及应用

演化博弈理论（Evolutionary Game Theory）的起源和发展也正是基于对经典博弈理论"完全理性"基本假设的质疑开始的。该理论从个体"有限理性"这

---

① 即没有个体可以通过单方面改变自身的策略而增加收益。

② 典型的三种合作困境为：囚徒困境（prisoner's dilemma）；雪堆博弈（snow drift game）；猎鹿博弈（hunter's game）。很多现实经济社会活动中的参与者间的交互场景都能够用这三种模型来刻画。

一基本事实出发，利用动态演化的思想，研究群体行为的动态演化过程，解释群体为何达到某一均衡状态以及如何达到这一状态。不同于经典博弈理论强调静态均衡和对静态均衡的比较，演化博弈论更加注重动态均衡的实现。这种动态演化博弈思想最早起源于 20 世纪 60 年代生态学家 Lewontin 对生态现象的研究①。随后，在 20 世纪 70 年代，John Maynard Smith 和 George R. Price 将经典博弈论的博弈分析思想与生物进化论的动态演变思想结合起来，利用博弈论来解释和预测动物之间的有限冲突的某些结果，并提出"演化稳定策略（Evolutionarily Stable Strategy，简称'ESS'）"的基本均衡概念。但这一概念仍然是一个"静态"的概念，它反映出更优的策略具有更快的复制（或增长）速率的均衡结果，并不涉及具体的动态博弈过程。Taylor & Jonker（1978）在研究生态演化现象时创新性地提出了"复制者动态（Replicator Dynamic，简称'RD'）"这一基本动态概念。演化稳定策略（ESS）与复制者动态（RD）成为演化博弈理论中两个重要核心概念，它们分别表征演化博弈的稳定状态和向这种稳定状态的动态收敛过程，而两个概念的拓展和应用共同构成了演化博弈理论的主要内容。

演化博弈理论为解释和预测参与主体行为，提供了更具现实性且更能准确的研究方法，更具适用性，该理论的应用范围逐渐从生态学延伸到经济学、管理学和社会学等研究领域。中国最早对演化博弈理论进行关注和研究是在 2000 年以后，国内学者张良桥较早介绍了该理论的核心概念、主要内容，并从理性假定、研究对象及方法、动态概念、均衡概念、达到均衡的过程等方面对比阐述了经典博弈理论与演化博弈理论之间的区别与联系（张良桥，2001），也拓展了理论在社会经济实践中的研究和运用，如通过构建演化博弈模型来分析制度设计、形成与演化问题，为减少制度设计的执行成本，提高制度效率、减少制度实施中的冲突发生提供理论依据（张良桥、冯从文，2001）；也利用该理论对区域经济合作的稳定性问题进行了讨论（贺正楚、张良桥，2006）。当前，作为一种理论分析工具，演化博弈方法得以更为广泛的应用，如针对现行的环境规制问题，将央地两大参与主体纳入分析框架，根据复制动态方程探讨参与主体的行为演化特征和行为演化稳定策略（姜珂、游达明，2016）；也有学者采用演化博弈方法研究土地流转制度改革中普惠金融发展的问题，构建农户、金融机构等参与主体在内的非对称博弈模型，分析土地流转改革促进普惠金融发展的

---

① LEWONTIN R C. The Effect of Differential Viability on the Population Dynamics of T Alleles in the House Mouse [J]. Evolution, 1968, 22（02）：262-273.

条件（陈宗义，2015）；还有学者关注到不完全契约条件下，农民和企业合作经营土地中参与主体的合作策略选择及影响因素问题（尹希果、马大来，2012）；以及产业精准扶贫中，企业、贫困户和政府等多元主体共同参与过程中，如何提高扶贫资源的配置效率和实现可持续减贫目标，通过构建三方演化博弈模型，分析相关主体的行为选择是如何进行演化博弈，以及影响多元主体行为选择的因素等问题（林艳丽、杨童舒，2020）。

三、交易成本理论

交易成本理论是新制度经济学的核心理论工具之一。Coase（1937）在《企业的性质》中指出，市场和企业在生产要素配置过程中作为两种不同的组织劳动分工方式具有不同的交易成本，当企业组织劳动分工的交易成本低于市场组织劳动分工的交易成本时，企业便产生了。因此，企业存在的目的在于能够节省交易成本，减少市场风险，这是组织创新的结果。而交易成本具体包括产权的界定和保护成本、交易对象和交易价格发现成本、谈判和缔约成本，以及契约履行和监督成本等。在《社会成本问题》中，Coase 进一步明确了"交易成本（Transaction Costs）"的概念，提出产权权利的让渡是交易的实质，对权利的界定和保护对交易成本具有重要意义。而后 Williamson（1985）对交易成本产生的原因进行研究，认为在一定的制度框架和交易环境下，交易要素客观特性和交易主体主观因素是造成交易成本差异的主要影响因素。交易要素客观特性主要包括资产专用性、交易的不确定性和交易频率，交易主体主观因素包括人的有限理性、机会主义行为倾向等。这些主客观因素共同决定了交易的缔约方式和选择的治理结构。

尽管学界不同学者对交易成本的研究视角各有差异，也并未对交易成本形成统一的定义，但至少达成以下几点基本共识：首先，交易成本可视为一种机会成本。在有限理性条件下，人们选择某种交易方式就意味着放弃了其他交易成本相对较高的交易方式，在经济理性的诱导下，人们总是寻求交易成本尽可能小的"最优"交易方式。其次，交易成本因交易中的"摩擦力"而产生。交易主体之间的摩擦主要受两方面因素的影响，一是主体之间信息、知识、经验等方面的差异造成的信息不对称，无法零成本获取交易对象、交易标的物等相关的全部信息；二是交易各方基于追求自身利益最大化而选择采取规避责任、投机欺诈等行为，降低彼此之间的信任程度，往往产生逆向选择和道德风险问题，这些因素会增加交易中摩擦，成为交易主体追求效用最大化的限制条件。最后，交易成本不可能完全消除。在交易活动中，交易成本或多或少都会产生，且无法通过技术措施完全将其消除，人们只能通过完善法律制度、交易契约等正式制度，以及借助习俗、惯例等非正式制度抑制和引导交易主体的利己之心和机会主义行为，有限度地降低交易成本。

四、治理结构理论

治理结构是威廉姆森在契约理论研究中，关于如何选择适应各交易方的契约关系来解决交易中存在的潜在冲突问题提出的。不同的契约关系意味着交易主体之间差异化的权责利安排，对应着不同的治理结构（Williamson O E. 1985）。治理结构选择在公司治理、项目治理以及社会治理中都得以推广和应用。作为交易成本经济学的重要理论支撑之一，治理结构的逻辑可理解为，由于人的有限理性，交易中缔约条款难以预测到所有未来可能发生的情况（蔡荣、马旺林，2014）。因此，不完全契约总是存在。正因如此，交易各方为谋求自身利益往往会诱发机会主义行为从而提高交易成本，不确定性的存在也会影响到契约的执行，导致各方合作难以长久持续。

之所以会产生不同的治理结构，主要受到交易活动中的资产专用性、交易频率、交易的不确定性等因素的影响，威廉姆森具体分析了这些相关因素不同组合确定的交易属性如何适用不同的治理结构（Williamson O E, 1979）。如果交易中资产的专用性程度越高、价值越大，交易频率和不确定越高，专用性资产所有人越可能受到其交易对象的机会主义行为侵害，一旦交易对象不再与其保持交易关系或中断交易，专用性资产所有人将承受巨大损失。该交易类型属于非标准型交易，此时发生的是关系型契约，应选择适用科层治理（或企业治理）来保持交易双方关系的稳定性，降低交易成本（吴彬、徐旭初，2013）。此外，当资产专用性较低或没有，交易类型属于标准化交易时，对应发生的是古典契约关系，采取市场治理结构；资产专用性不高但交易频率较高，交易类型为混合型交易时，契约类型为关系型契约，采用的是双边治理结构；资产专用性较高而交易频率较低，交易类型为混合型交易时，契约类型为新古典契约关系，采用的是网络治理结构（或三方治理结构）。不同的治理结构适用的交易属性、契约法则、激励机制与管控手段等方面都有不同（韦克游，2013）。

政府、市场、科层以及混合形式等多种治理结构的出现，体现了治理主体的日益多元化（郭宇，2010）。不同治理主体承载了不同的价值，发挥着不同的优势和作用。政府作为公共管理领域重要的治理主体，具有激励强度弱、协调能力强、行政控制严、官僚主体成本高等特点，单独依靠政府治理往往会出现政府作为合法暴力使用者的身份凌驾于其他治理主体之上，导致治理主体之间不能良好合作而出现"不良治理"（鲍勃·杰索普、漆燕，2019）。市场作为治理主体在激发公众动力、创造社会财富、降低交易成本，以及促进公平分配方面具有重要作用。当前独立与政府和市场之外的第三方组织，作为政府和民众沟通的平台，是公众表达和追求自身利益的重要通道，也开始在治理中发挥着不可替代的作用①。但从治理现状来看，虽然市场、社会组织等主体越来越多地参与到治理中，但政府仍发挥着主导作用。良好的治理结构需要改变政府职能，增进公众参与，通过多元治理主体平等协作、合作管理，促进公共利益的最大化，实现"善治"目标（王臻荣，2014）。因此，应根据交易属性、契约关系特点，合理确定参与治理主体之间的权责利关系，选择交易成本最小的治理结构。

第三节　基于机制设计的理论分析框架

一、机制设计理论的基本思路与分析框架

一项改革或制度安排的目标达成关键是通过良好的机制设计，使得参与者个体利益与社会目标（或机制设计者的既定目标）相统一。机制设计理论（Mechanism Design Theory）是利奥尼德·赫维茨（Leonid Hurwicz）在20世纪60年代创建的。由于经济机制的运行总是伴随着信息的传递，信息维度往往是影响机制运行成本的一个重要因素。因此，Hurwicz（1973）将"机制"看作是信息交换和调整的过程，机制设计的目标在于简化信息交换、传递的过程。按照诺斯的制度经济学中所采用的成本收益分析方法，在信息不对称的条件下，信息效率（或信息成本）是衡量制度成本的一个重要内容，而社会目标的实现则是制度收益。机制设计理论研究聚焦于，在信息不对称、个体有限理性，以及分散化决策条件下，如何通过机制设计将经济活动参与主体的个人利益与机制设定者的预期目标达成一致。而后罗杰·迈尔森（Roger Myerson）、埃里克·马斯金（Eric Maskin）以及奥利弗·哈特（Oliver Hart）、本特·霍尔姆斯特伦（Bengt Holmstrom）等经济学者发展和逐渐完善机制设计理论。如 Eric Maskin（1977）将博弈论引入机制设计，对不同情形下什么样的社会选择规则是可执行

---

① ［美］萨拉蒙. 全球公民社会：非营利部门视界［M］. 贾西津，等译. 北京：社会科学文献出版社，2002：561.

的问题进行了探讨，并系统性地研究经济制度的设计和这些制度是如何影响人们的互动行为和配置结果的，并通过其论文"纳什均衡和福利最优化"，提出了纳什均衡实施的充分和必要条件。Roger Myerson（1981）将机制设计理论应用到拍卖问题、监管问题等具体的经济问题研究中，其对最优合约安排的研究为公共物品提供、最优拍卖、破产立法等诸多社会经济领域的制度设计和政策制定奠定了基础。

阿马蒂亚·森（Amartya Sen）认为，20 世纪 40、50 年代以来，现代社会科学分析的两个主要发展是博弈理论和社会选择理论的蓬勃发展，这两个理论形成了现代社会科学分析的统一框架。现代社会科学的所有分支都试图解决三个相关关联的问题：对手头的问题进行积极或描述性的分析解释，并产生能够描述和解释社会如何形成和运行过程的行为理论，甚至可以一定程度预测这些过程的结果；以及规范性问题（Normative Issues）和与价值判断（Value Judgments）相关的问题。基于上述问题，站在制度设计者的立场上，通过制度规范来约束某一特定领域的行为或调整相应的社会关系，形成一套特定的能够产生相应行为激励的游戏规则，连同参与个体的知识、信仰等，导致通过社会博弈最有可能实现的均衡结果。从本质上看，博弈理论和个体理性决策是与积极的或描述性、解释性相关的问题，而社会选择理论是与规范性、与价值判断相关的问题。具体而言，博弈理论描述了人们在一个或多个博弈规则（制度）下做出的行为决策，以及这些行为在不同情形下会产生什么样的社会结果。从本质上看，博弈理论和个体理性决策是与积极的或描述性、解释性相关的问题。社会选择理论是分析理性的社会目标是如何从参与个体表现出的价值标准偏好中逻辑一致地推断出来的，以及如何在相互冲突的价值标准之间达成妥协（合作）。机制设计理论可看作是博弈论和社会选择理论的综合运用。在经济管理学科领域，机制设计可理解为预定目标（如经济目标或组织目标等）下，设计一套博弈规则，使每一个经济活动参与个体在掌握私人信息的情况下出于自身利益行事，其最终结果也能够实现既定目标。

作为国内引入和推动机制设计理论研究的先驱，田国强（2003）认为良好的机制设计需要满足机制设计理论所界定的两个基本约束条件。一是信息效率（Information Efficiency），它是指经济机制实现既定社会目标所需要的信息成本的高低。不同经济活动参与主体追求的利益目标有所差异，同时参与主体之间存在信息不对称，这会使参与主体在追求自身利益目标的过程容易产生逆向选择和道德风险等机会主义行为，导致机制设定的目标难以达成。因此，机制设计需要解决的关键问题之一是要解决信息不对称问题。二是激励相容（Incentive

Compatibility），它是指机制设计实现利益相关主体之间利益诉求均衡的结果，使个人自利的选择和群体利益达成一致。从信息传递的角度看，激励相容是在给定的机制下，如果经济活动参与主体如实报告自己的私人信息成为个体占优策略均衡，那么这个机制就是激励相容的。更多研究从参与主体博弈的角度看激励相容，认为参与主体基于追求自身收益最大化的原则进行决策，通过机制设计提供影响博弈主体决策的激励，机制运行的结果是要实现所有参与主体的博弈均衡，与此同时博弈均衡也能够最大化地满足机制设计（或制度安排）的社会目标函数。因此，机制设计需要对目标群体实施有效激励，将利益相关主体分散的利益诉求进行整合，寻求参与主体之间的利益趋同点（图2-1）。田国强（2016）将激励相容看作是机制设计的参与性约束条件，即让社会公众从制度改革中获利，形成上下一致的制度改革共识、势能和动力。

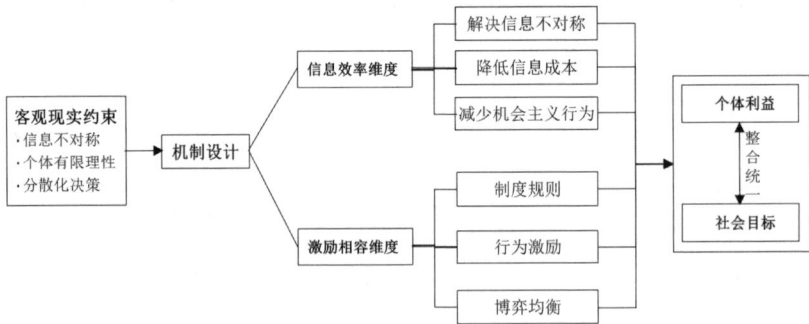

图 2-1　机制设计理论的基本思路与分析框架

Fig. 2-1　The Basic Idea and Analytical Framework of Mechanism Design Theory

二、农地经营权信托运行机制的思路框架

奥利弗·哈特（Oliver Hart）认为，由于个体有限理性、信息不对称、资产专用性以及不确定性的约束，经济活动中不完全契约是必然的，任何一份契约都无法对每一种可能的情况下资产使用的所有方面做出详细规定。不完全契约理论是在新制度经济学交易成本理论基础上发展起来的，该理论是机制设计理论在微观经济领域方面的延伸和拓展，为企业治理以及其他社会治理问题中关于剩余索取权和剩余控制权对信息、激励获得的影响研究提供了重要分析工具。契约中对资源配置产生重要影响的不是可预见、可实施的权利，而是契约中未提及的权利，如资产的剩余索取权和剩余控制权。对产权权利的不同划分决定了不同的制度安排或机制设计，从而形成不同的产权结构和产权制度，最终产

生不同的资源配置结果。机制设计理论将博弈理论、社会选择理论、不完全契约以及新制度经济学等理论进行整合统一，将理性但并不系统的思想和理论重新组织起来，整合到一个严格逻辑统一的分析框架中，使相互冲突的理论能够在更高的抽象层次上得到调和。因此，从实际操作的角度，机制设计理论可以视为分析问题的思路、框架和方法。该理论为分析社会治理问题、做好机制设计（或制度安排）提供一个有益的理论工具。

当前中国农地制度改革从某种意义上是对不完全契约的确认和产权的再划分，涉及中央顶层、地方部门以及经济、社会等各个层面的一系列机制设计。受到个体逐利和信息不对称等客观现实约束，任何一项机制设计都必须解决信息有效性和激励相容性的问题，而其中实际上包含两个层次的问题：一是计划与市场的关系，二是政府与市场的关系。田国强（2016）认为制度改革或机制设计的方向主要是合理界定政府与市场、政府与社会的治理边界。机制设计理论重点探讨了基本制度规则的制定，系统分析资源配置过程，揭示信息、激励等在分散化资源配置中的作用，从而有利于厘清政府与市场、政府与社会之间的治理边界。为了使研究内容具有整体性和一致性，本书借助机制设计理论的基本思路与分析框架，结合农地经营权信托实践，对研究问题、内容、涉及的研究理论进行整合，构建农地经营权信托运行机制研究的分析思路和理论框架（图2-2）。具体而言：

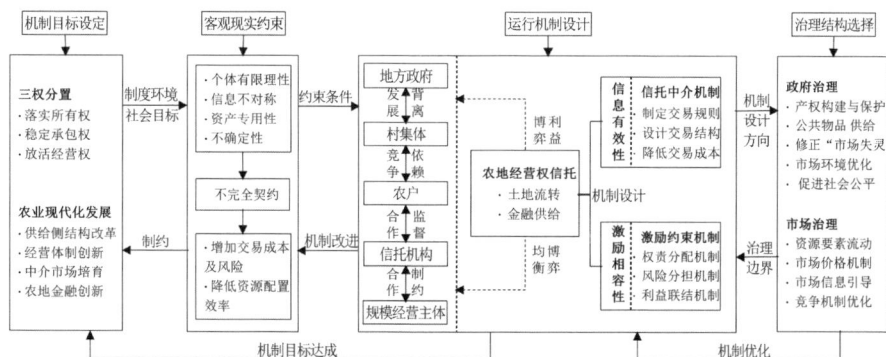

图2-2 基于机制设计理论的农地经营权信托运行机制理论分析框架
Fig. 2-2 The Theoretical Analysis Framework of Land Management Right Trust' Operation Mechanism Based on Mechanism Design Theory

首先，明确机制设计目标。农地"三权分置"产权制度改革和农业现代化发展是农地经营权信托运行的宏观制度环境，二者设定的目标是农地经营权信托实践所要实现的社会目标，也是完善农地经营权信托运行机制、优化治理结构的目标导向。"三权分置"通过农地产权细分、产权赋能，确立了农地所有权、承包权与经营权分置并行的产权结构，厘清了集体经济组织、土地承包农户、农业经营主体之间的土地产权关系，为维护农地公有制性质、保障农民基本生存权利、提高土地资源配置效率等目标实现提供了基本制度保障。农地"三权分置"改革无论是理论创新还是实践探索，其制度设计目标是要促进土地资源合理利用，发展多种形式适度规模经营，推动现代农业发展。而农业现代化发展的目标内在包含了以市场需求为导向推动供给侧结构性改革，推进农业产业结构调整；加强农业基础设施建设，提高农业综合生产能力；创新农业经营体制，发展多种形式适度规模经营；培育促进土地等资源要素优化配置的中介市场，创新农地金融供给机制等内容。

其次，分析客观现实约束。"三权分置"改革和农业现代化发展目标实现的主要路径是通过优化土地、资本、人力等资源要素的市场化配置效率，但实践中则面临诸多客观现实约束。首先，从个体行为层面看，个体具有有限的认知、信息处理和计算能力，行为选择受到经济社会环境的不确定性和复杂性等客观因素的制约。经济主体之间由于专业化差异，各自掌握和支配的资源、时间和精力不同，信息搜寻成本较高，交易过程中往往难以获得完全信息。经济主体之间信息不对称是影响市场机制在实现资源要素的优化配置中发挥作用的一个重要内生性因素，并产生市场失灵、道德风险等问题。其次，从农地资源要素特征来看，农地位置固定、用途专用等特征使其成为一种具有较高专用性特征的资产，加之土地均分导致农地细碎化程度高，众多农户间发生土地经营、转让或用途改变行为时难免影响周边地块的利用，容易产生较高交易成本，引起租值耗散。农地专用性资产特征导致转出土地农户更倾向于选择签订短期的土地租赁合约，或通过掌握剩余控制权来保护其资产免受机会主义的侵害而随时中断合约的实施。而对于转入土地的规模经营主体而言，为避免由于租约期限不稳定导致农业经营专用性资产长期投资可能被"套牢"，会尽量减少专用性投资，并更多采取掠夺性经营的"短视"行为来获取更多收益。由于个体有限理性、信息不对称、资产专用性、外部性等导致不完全契约总是存在，不完全契约存在会增加农地资源配置过程中交易成本和交易风险，从而降低农地资源的市场化配置效率，制约"三权分置"改革和农业现代化发展目标的实现。

然后，研究运行机制设计。根据机制设计理论，评价一项机制设计有效性主要标准为信息有效性和激励相容性。机制设计中提高资源配置效率要求尽可能减少信息成本，降低交易成本，通过激励相容机制设计优化利益相关主体之间利益联结方式，缓解主体之间的利益诉求冲突，实现主体之间利益诉求的博弈均衡结果。本书依据机制设计理论的分析思路和机制设计有效性的标准，对"三权分置"改革下农地经营权信托的形成及运行机制问题进行研究。首先，农地经营权信托形成中地方政府、村集体、农户、信托机构以及规模经营主体等参与主体之间基于不同的角色定位、利益诉求和博弈关系，在既定的客观现实约束条件下，通过多阶段谈判、妥协的重复博弈，将各主体多元分散的利益诉求进行协调和整合，通过构建激励与约束、发展与竞争、合作与监督等机制，进而实现利益博弈均衡的"帕累托改进"结果。实质是从参与主体微观行为角度揭示了农地经营权信托的形成机理和内在动因，深化对其运行逻辑的微观行为解释。其次，围绕农地经营权信托"土地流转"和"金融供给"的核心内容，从"信息有效性"和"激励相容性"两个维度对农地经营权信托运行机制设计问题进行分析。农地经营权信托运行机制设计的"信息有效性"维度，核心内容是构建农地经营权流转的信托中介机制，如何通过制度交易规则，设计交易结构，规范交易程序，从而减少农地经营权交易和金融供给创新中的交易成本，降低交易风险和不确定性。农地经营权信托运行机制设计的"激励相容性"维度，核心内容是在不同参与主体之间构建利益联结、权责分配和风险分担机制，平衡各方利益。分析如何通过构建自由而有激励约束监管的机制设计，从而达成个体利益与社会目标的整合统一。

最后，治理结构选择。一项机制设计最重要的是解决信息有效性和激励相容性的问题，需要系统地分析信息、沟通、控制、激励等在资源配置中的重要作用及其过程，探讨资源配置基本制度规则的确定，厘清和理顺政府与市场、政府与社会之间治理边界（陈旭东、田国强，2017）。农地经营权信托运行中土地流转和金融供给的市场化机制构建，关键要解决在土地资源配置、农地综合整治和农业基础设施建设过程中，因市场机制缺失、政府过度干预或干预不当引发的政府和市场"双重失灵"的问题。农地经营权信托运行机制设计需要处理好政府和市场的关系问题，厘清政府和市场的职能边界，减少了政府过度行政干预对市场机制作用的干扰，更好地发挥信托作为市场机制配置资源要素的功能作用，优化农地经营权信托运行机制，形成合理的治理结构，从而更好地保障机制设计目标的实现。

第三章　"三权分置"下农地经营权
信托的内涵、功能及意义

　　有效的产权制度是促进经济增长的关键，产权制度的形成与变迁一直是产权经济学派研究的核心内容。Demsetz（1967）认为产权作为一种社会工具，其存在的意义在于，通过形成一套具有强制性和约束性的行为规则，帮助人们在交易中形成合理把握的预期。产权制度安排的差异会产生不同的激励和约束作用，这是导致资源配置效率不同的重要原因（Coase，1937）。因此，要提高经济活动效率，促进经济增长，就必须尽可能地明晰产权，最大限度地减少产权残缺可能带来的效率损失（刘守英，1993；Furubotn 等，1972；钱忠好，2005；曲福田，田光明，2011），这已经是学界形成的基本共识。然而，产权制度并非一成不变，制度环境的改变会带来在现存的产权制度安排下经济当事人无法获取的外部利润，从而导致现行制度处于非均衡状态（Davis，1974；诺思，2008）。为获取潜在外部利润、追求自身境况的优化，经济当事人会努力改变现行的产权制度安排，自发组织地推进制度创新（刘芳等，2006；李世杰、刘琼等，2018）。如果制度创新的预期收益大于预期成本，人们便会对产权制度安排进行调整，形成新的产权安排完成制度变迁（王磊，2016）。所以，产权制度安排是经济当事人对制度环境的有效回应（冀县卿、钱忠好，2019）。长期来看，经济发展和社会格局始终在变化，使得经济社会的利益形态和利益关系一直处于动态变化之中。产权制度必须随着社会生产力的发展和经济结构的变化进行调整变革，才能与新阶段的生产力发展水平相适应，这是制度供给的基本逻辑。因此，没有一项制度可以一劳永逸的解决社会经济发展进程中的所有问题，产权制度变革必然发生。

　　农村土地产权制度是我国农村经济制度的核心。可以说，农村土地制度改革是一切农村社会制度变革的基础（郑兴明，2018）。纵观改革开放 40 年来农地产权制度变革的历史，从农地集体所有和集中使用这一高度集中的产权制度和经营体制，到"两权分离"和现行的"三权分置"制度。历次土地产权制度的变革和产权关系调整，都是在农村社会生产力的发展和经济结构变化的条件下发生的,同时又带来了资源的重新分配和利用,以及农村经济社会利益关系的新变化(黄砺,2014)。可以看出,农地产权制度变革的本质和目的在于通过重新界定权利、重置制度安排或变革制度形态来调整经济主体之间的利益分配格局,以适应和促进农业生产力发展,从而提高农村经济运行效率和增进农村社会福利(王磊,2016)。现阶段农地产权制度改革是在原有产权制度安排的基础上,试图通过渐进式改革路径来实现农地产权明晰化和农地产权结构的不断优化,将土地公有制的政治性质、农村基层自治的社会组织性质以及农地法律性质完整地体现到农地产权制度改革实践中的逻辑思路(吴次芳等,2010;钱龙等,2015)。

本章对农地"三权分置"制度改革背景下农地经营权信托的理论内涵进行分析阐释。首先,在梳理分析农地"三权分置"制度改革历史逻辑、构建的产权结构以及制度目标的基础上,明晰农地经营权信托运行所处的宏观制度环境。然后,分析"三权分置"改革背景下农地经营权信托的基本内涵和具备价值功能,以及农地经营权信托践行的意义。旨在将农地经营权信托放置在农地制度改革历程的时间轴上去观察,审视其是暂时满足了农地制度改革道路上某个时间节点的一时之需?还是切合了当下农村经济社会形态演变和利益格局调整的宏观趋势,是符合农地产权制度改革的价值追求和目标定位的制度安排?从而明确"三权分置"产权制度改革与农地经营权信托之间的内在关联。

第一节 "三权分置"改革的历史逻辑与制度设计

自科斯(R. H. Cose)于20世纪30年代提出产权理论后,产权问题得到经济学界的广泛关注。但何谓"产权",制度经济学界对此有不同的界定。配杰威齐(S. Pejovich)等将产权等同于所有权,认为所有权应包括使用权、收益权、处分权以及交易权(或转让权)。也有观点认为将"产权"定义为抽象的"所有权"并不合适,应从产权的实际功能出发去分析和界定其概念。因此,一些学者从产权的功能作用去解释产权,如张五常认为私有产权至少应该涵盖使用权、收益权、自由转让权这三方面功能的权利体系。持有该观点的研究者也有类似的概念表述,如巴泽尔(Y. Barzel)认为产权是对财产进行利用、收益以及转让的权利。可以看出,尽管产权在制度经济学上缺乏一个统一的概念,但从经济功能角度对产权进行分解、分析却得到了学界的普遍接受。总的来说,产权的研究最终都要落实到使用权、收益权、处分权(或转让权)等产权功能上来（马贤磊，2008）。

正是由于产权功能的可分解性特征，使得不同的权利功能能够在不同主体之间进行分配和优化组合，从而提高资源配置效率，并由此形成不同形式的产权分配格局。而产权之所以能够实现资源优化配置、提高经济绩效，是因为产权在减少交易成本方面发挥了作用（North，1990）。威廉姆森、诺斯等进一步指出，清晰的产权界定能够对经济当事人起到行为激励和约束作用，这是提高资源配置效率的前提条件（North，1994）。而产权明晰化即是产权细分、明确产权主体权益边界的过程（Y. Brazel，1989），这对减少不确定性和降低风险，形成稳定的产权制度安排起到关键作用（卢现祥，1996）。

但是，由于人的有限理性、外部环境的不确定性、信息的不对称性和不完全性、技术条件的限制，以及资源自然的多维度属性，任何产权都不能被完全界定，总有一部分价值会留在"公共领域"（Y. Brazel，1989）。不过无论是在理论上还是实践中，产权越清晰越有效率这一规律已得到产权经济学派研究者的深入论证。随着人的认知水平、信息获取能力的提升，技术条件的进步等，明晰产权边界的成本会逐渐下降，产权会被不断地被重新界定，从而缩小"公共领域"以实现产权明晰化（黄砺、谭荣，2014）。

土地是农业生产的基本物质资料和农村经济发展的空间载体，土地问题是关系农业发展、农民利益和农村稳定的重要问题，而土地产权制度作为农村的基础性制度，是土地问题的核心。自新中国成立以来，农村社会的每一次重大变革都伴随着土地产权关系的调整。可以说，农村经济社会发展的历史就是农村土地产权制度变迁的历史。如何明晰农地产权制度、调整产权结构、完善产权权能，最大限度地发挥出产权制度的激励和约束作用，实现土地资源优化配置提高其利用效率，并协调"公平"与"效率"的统一始终是农村经济社会发展的关键问题，也是国家相关政策制定和改革的重要内容。

一、"两权分离"到"三权分置"的改革逻辑

（一）家庭承包制产权结构与制度绩效

新中国成立以后，国家在农村建立了行政权利与经济组织高度结合的人民公社成为农村基层政治经济组织，实行"集体所有、统一经营"农地产权制度。在人民公社时期，以行政层级制作为农地剩余权利的安排形式，实行平均主义的按劳分配制度为当时的计划经济体制提供了必要的制度支撑。截至1979年，国家累积从农村获取了6000亿的农业资金，在较短时期内为支持快速推进工业

化、城市化发展目标计划的实现奠定了资本基础。而这恰是得益于国家对农地产权的高度控制，减少了资源配置上的不确定性，降低了剥夺农业生产剩余所需的庞大交易成本（Futian Qu, Nico Heerink and Wanmao Wang, 1995）。但是，政府完全控制农地剩余权利极大地挫伤了农民的生产积极性，农民普遍采取日常消极怠工、偷懒等方式来表达对这一制度安排的不满，由此造成农村土地利用的长期低效率以及经济的持续低迷与食物短缺，农民生活困难。这种情况一直从1958年持续到1978年改革开放前。可以说，该阶段是在政府主导全力推动下完成的农村土地产权制度变迁。

受饥饿逻辑驱动，1978年小岗村部分农民率先自发地将村集体内的土地以户为单位、按家庭人口分田到户进行承包经营。农民自发地改变制度的"革命性"行为直接导致人民公社时期土地集体所有、集体经营的"两权合一"的农地产权制度瓦解。该举动得到了中央政府的认可和支持，1982年至1984年连续三年的"中央一号"文件对农地承包到户加以引导和规范，如1982年的《全国农村工作会议纪要》开始承认家庭承包到户的合法性，1984年为稳定农户承包集体土地的关系将承包经营期限改为15年。"家庭联产承包责任制"的推行成为我国农村土地制度最大的变革，并自此拉开了改革开放的序幕。

从产权结构上看，家庭联产承包责任制坚持了中国社会主义土地公有制的原则，保持了集体组织继续发挥统筹功能，又迎合了千百年来中国的平均地权传统，符合农民朴素的公平正义价值观念，实现了社会"公平"。在二级产权结构层面，农户以集体成员身份获得的"承包经营权"，可视为一种"准所有权"，具有一定的产权的排他性（罗必良，2014）。承包土地的农户既是土地承包者又是自主经营者，拥有承包土地的占有权、使用权，更重要的是享有一定的土地经营收益权①和处分权。这很大程度上调动了农民的生产积极性，显现出以农户家庭为生产单位分散自主经营的活力与"效率"。

从制度绩效上看，通过细分产权提高了产权效率，有效弥补了"人民公社"制度下的效率损失，降低了生产决策失误的可能性以及因劳动监督成本过高导致的偷懒或生产性努力不足的机会主义行为（耿宁、尚旭东，2018）。事实证明，"两权分离"的农地产权制度改革极大地激活了农村经济活力，释放出巨大的制度绩效。自家庭承包制确立以来，农村生产力快速发展，粮食产量稳定持

---

① 2006年国家进行农业税费制度改革，在全国取消了农业税，承包土地的农户不再需要向国家交纳农业税，农业生产经营产出全部归自己所有，即拥有完全的土地经营剩余索取权。

续增长，解决了农民温饱不足的问题并保障了国家粮食安全，实现了农村社会稳定（Yao Yang, 1998; peter ho, 2001; Zhu Keliang and Roy Prosterman, 2006）。

（二）家庭承包制产生的问题与争议

农地产权制度作为对农地各种产权权利以及权利主体之间利益关系的具体安排，深刻影响着相关产权主体在经济社会活动中的行为，最后传导为对整个农村经济社会运行绩效的作用。进入 21 世纪以来，随着工业化、城镇化进程的不断加快推进，城乡经济社会格局也随之发生了巨大变化，整个经济社会的利益形态和利益关系一直处于动态调整之中。家庭承包责任制在经济社会发展变革中局限性开始显露，其带来的制度绩效开始降低。首先，农地生产利用方面。土地按照人口均分和土地质量均匀搭配造成土地细碎化以及超小规模的家庭经营，这严重降低了农业集中化、规模化生产所获得的规模经济效益的机会（林毅夫，2010），也阻碍了农业机械化和农业现代生产技术的应用和推广，带来极大的效率损失（王秀清，2002; Dijk, 2003; 何秀荣，2009）。较低的农业经营收益使得城乡之间的收入差距不断拉大，促使大量农村劳动力向非农就业转移，农户兼业化、非农化的比例日益提高，农村土地抛荒弃耕现象显著，耕地资源利用效率低下（peter, 2001; Brown, 1995; Zhu Keliang and Roy Prosterman, 2006）。

其次，农地产权问题。一所有权方面，在"三级所有，队为基础"的农地集体所有制的产权制度安排下，农地所有权主体模糊不清，缺乏人格化的产权所有者，导致农地资源配置和利用效率低下乃至造成浪费（曲福田，田光明，2011）。尽管有学者指出，缺乏明确的产权主体大大降低了政府为发展城市和工业过程中对农地进行征收的阻力，较低的农地征收补偿价格降低了土地开发费用以及工业化和城市化的成本。而巨额的土地出让增值收益则成为地方政府财政收入的主要来源，在较短时期内为支持城市经济发展和基础设施建设提供了大量的资本积累，快速推动了城镇化、工业化的发展进程（吴次芳等，2010）。以致有学者认为，农村土地产权制度是国家设计的"有意的制度模糊"（Peter Ho, 2014），通过模糊的产权制度安排，将国家嵌入到农地产权主体结构之中（王金红，2011）。但是，土地所有权不明晰、主体间利益关系模糊以及缺乏严格的法律制度保护往往导致农民在土地利用、产权主体变更过程中权益受到不公甚至非法侵害，这正是城镇化长期低质量发展的症结所在。

二土地使用权方面，承包户所拥有土地承包经营权是基于集体成员的身份获得的，具有天然的"产权身份垄断"，同时却不具有自由地处置权（张曙光，

2012；胡新艳等，2016），这很大程度上限制了农地的市场化流动，使农地资源长期处于低效配置状态（耿宁、尚旭东，2018）。而且自家庭承包制设立以来，土地使用权在主体、地位、权能界限等一直缺乏明确的法律规范，长期以政策规定的形式在运行。导致部分地方政府随意调整土地承包期限、中止承包合同，收回农户承包地高价发包，或以非法征用农地等侵害农民土地权益的事件屡见不鲜。土地使用权不稳定导致农民在土地经营中存在掠夺式利用短期化行为，缺乏对土地进行长期投资和维护利用的激励。

（三）农地产权二次细分的内在逻辑

1. 城乡社会结构转型下农地制度变革的内在需求

改革开放前，以户籍制度为基础的城乡壁垒形成严格的城市和农村相互隔离的静态二元社会结构。农民被定格在封闭的集体村社内部并形成高度固化的人地关系，土地经营几乎是他们获取全部生活生产资料的来源（郭冠男，2019）。改革开放以来，中国农村社会利益形态发生了巨大变化，仅依赖土地获得资源只能满足农民的生存需求，难以满足其在新的经济社会阶段的生活发展需要。"一步跨越温饱线，廿年未进富裕门"，这是家庭承包责任制践行以来中国农村经济社会发展变化的真实写照（陶银球，2011）。在国家放松户籍管制的条件下，越来越多的农村剩余劳动力开始从土地中解放出来，他们中绝大多数随着农业生产的季节性以及国家经济形势的变化在城乡之间候鸟式地迁徙，不断在农、工之间进行身份转化，从而形成社会形态新格局。由此，城乡"静态二元社会结构"逐渐演变为"动态二元社会结构"（图 3-1 ）①。

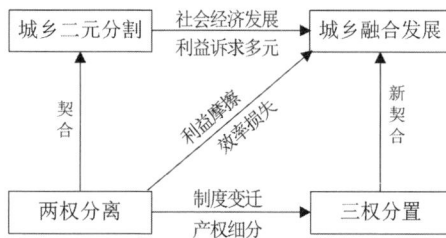

图 3-1 农地"两权分离"到"三权分置"的演变逻辑

Fig. 3-1 The Evolution Logic from "Two Rights Separation"
to "Three Rights Separation" of Farmland

① 郭冠男．"三权分置"内在逻辑研究：制度供给对格局变迁的契合［J］. 宏观经济管理，2019（01）：50-56.

在社会深刻转型的情境下，农民对土地功能及土地权利产生了多元化的利益诉求。农民在城乡间流动"兼业性"的客观结果是土地承包主体与土地经营主体分离的现象普遍存在。这虽然有助于增加农民的非农就业收入，提高生活水平，但是农村劳动力兼业化转移也助长了小农经济糊口农业的过密化经营（黄宗智，1992），固化了超小规模的土地经营方式，降低了农地的利用效率，使农村经济陷入纳尔逊"低水平均衡陷阱"（崔宝敏，2010）。此外，由于非农就业的不稳定性、工资水平偏低、城镇社会保障缺失等因素存在，保有对农地的长期权利以应对市民化过程中的各类潜在风险，通过土地权利的市场化配置获得更多的土地财产性收入，成为"动态二元社会结构"中农民对土地权利的主要诉求。然而，固化的农村土地产权制度结构严重影响了土地资源的优化配置和农民财产性收入的实现。这表明，以农地所有权和使用权"两权分离"为特征的家庭承包经营制度设计并非一蹴而就，继续构建和完善农地产权制度以回应新的社会经济格局中农民对土地产权抵御风险的社会保障功能和资源配置的市场交易功能等多元利益诉求，是农村土地制度又一次变革的重要内涵指向。

2. 农地产权改革创新的制度构想

在农地二元产权主体结构弊端日益凸显的现实情况下，国内学者对农地产权主体结构设计提出了不同的制度改革创新方案。一是主张"农村土地私有制"。张新光等（2004）提出建立农民（或农户）土地私有制，保证农民对土地拥有排他性的土地产权，较强的财产约束和利益激励能够提高土地资源配置效率。但是多数学者认为中国社会主义土地公有制的刚性制度约束决定了不能照搬西方国家的农村土地私有制，这不仅会引起激烈的社会思想动荡，增加农地制度创新过程中的阻力，降低制度创新的绩效，而且也不符合我国人多地少的现实国情。根据国家统计局发布报告数据显示，截至 2020 年底，中国常住人口城镇化率已超过 60%，户籍人口城镇化率也已达到 45%①。预计到 2030 年中国户籍城镇化率将达到 70%左右。即便按照实际城镇化率 70%计算，仍将有 4 到 5 亿农民留在农村，如果 18 亿亩耕地红线继续保持，4 亿农民最多每人仅有 4.5 亩耕地（宋洪远，2008；温铁军，2009）。如此稀少的土地资源禀赋仍然无法满足这些农民的生产发展需要。如果实行农地私有化允许土地自由买卖交易，很可以能引发地方权利和资本结盟进行土地兼并导致大批农民失去土地，其后果是失地农民无法成功转变为市民同时又失去在农村的生存根基，最终成为城

①　中华人民共和国 2020 年国民经济和社会发展统计公报［EB/OL］. 国家统计局，2021-02-28.

市边缘地区的贫困人口（贺雪峰，2013）。根据国际经验，印度从1860年在全国推行土地私有化后，80%的土地通过兼并由1%的人所有，10亿农民中近8成失去土地，农民的土地利益和长远发展机会受到侵害且无法逆转，这直接导致城市边缘大量贫民窟的出现，该情况一直延续至今，很大程度上拖滞了印度整体经济社会的发展（郭冠男，2019）。

二是"农村土地国有制"。周其仁（1995）认为在农地集体所有制的制度框架下，农地所有权主体地位虚置、产权关系混乱，导致农地控制权的分配在政策法律上以及实践中都处于模糊不清的状态。因此，有学者提出"农村土地国有制"的制度改革构想，即将农民拥有部分土地权利通过无偿剥夺或有偿赎买的途径，实现现行的农村土地集体所有制向农村土地国有制的转变（向国惠，2005）。但是，如果无偿剥夺农民的土地必然会引发农民的强烈不满，带来剧烈的社会动荡，具有较大政治风险。而有偿赎买的方式需要国家支付巨额的土地购买资金，且实现农村土地国有化后要解决大量农民生存和就业问题，人多地少的现实条件约束下只能采取农户分散经营的方式，无益于解决农地集体所有制下存在的诸多问题。因此，实现农村土地国有制的两条路径都不具有现实可行性。

三是"农村土地复合所有制"。推行土地国家占有基础上的农民个人所有制改革。主张通过将集体和农户的土地承包关系过渡为国家和农民的承包关系，取消集体土地所有权，国家拥有农地的法律所有权（或终极占有权），农民享有农地的经济所有权，二者分享农地收益（曲福田，1991；钱忠好，1997；吴进明、杨永康，1998），形成国家与农民对土地产权的双重主体关系，并将这种复合产权结构法律化和制度化，以此理顺国家和农户双方的权责利关系。然而，土地作为农村集体经济组织的主要财产，是其经济收入的主要来源。如果取消农村土地集体所有权，无疑剥夺了村集体组织的经济支持，极大弱化农村集体经济发展基础以及村集体（村委会）社会管理、组织生产、提供公共服务等功能，农村集体经济组织面临被架空的危险。

3. 基于产权细分的农地"三权分置"改革思路

上述产权制度改革方案都强调农地所有权的明晰化，旨在构建"归属明晰、权责明确"的农村土地产权结构。但事实经验说明，农村土地所有权性质的变革未必提高资源配置效率的有效路径。张五常认为中国农村土地制度改革的成功之处在于坚持农地集体所有权不变，搞活承包权。家庭承包责任制改革通过将高度集中的农地产权进行权益分割，形成农地所有权和承包经营权分属集体和农户的二元主体产权结构，并借助于"交够国家的，留足集体的，剩下的都是自己的"的制度规则，赋予了农民一定的剩余索取权（农业税取消后农民拥有完全的剩余索取权），使得农业生产效率得到了革命性的提高（黄砺、谭荣，2014）。

由此带来改革启示是，清晰地界定农民个体的权利、义务等内容，赋予农民土地的使用权、收益权和完整的转让权，这种产权结构与私有产权有着同样的效率。产权作为一个复杂的结构，通过产权细分提高产权结构的有效性，使各项权能能够有机搭配和组合，并合理地在不同主体之间进行权利分配，扩展权利主体各自拥有的有限产权的实施能力，按照各自的方式实施自己的权能，同样能够改善资源配置效率和促进经济社会发展（张曙光、程炼，2012）。而且制度变迁总是表现出路径依赖的特征，当前的制度安排是过去的历史经验施加给现在的选择集约束（诺斯，2013），这种"惯性"往往使制度朝着成本较低、最可能实现的方向不断演化（钱龙、洪名勇，2015）。因此，颠覆土地集体所有制进行农地制度改革创新既存在较大的社会风险和成本，也不符合制度变迁"惯性"规律。立足于"二元动态社会结构"中农民对土地权利和功能诉求的变化，以及土地流转和农业规模经营条件下已然形成的农地所有权、承包权和经营权三权分离的地权结构形态等客观现实，在坚持原有的土地集体所有制不变，对土地产权束进行二次细分，并对细分后各项产权的权利内容、权能结构以及权属边界进行明晰和厘定，赋予有相应利益需求的产权主体，以契合当前经济社会新格局对农地产权制度安排的要求，成为农地产权制度改革的基本方向。

二、"三权分置"的复合产权结构及制度目标

产权之作为现代经济运行的核心要素，关键在于其自身具有资源配置的功能。产权结构的改变影响资源要素在不同主体之间的配置状况，并改变资源的流量和流向，甚至决定资源配置的调节机制[①]。将财产的各种属性和完整的所有权完全赋予个人或组织机构所有对经济效率的提高未必是最有效的，而将财产所有权所包含的占有、使用、收益、处分等权利通过权益分割，通过制度设置分属于不同的产权主体进行经营，会产生更好的经济效率（Yoram Barzel，

---

① 如高度集中的产权结构决定计划调节在资源配置过程中发挥主要作用，而多元、复合化的产权结构决定市场调节对资源配置的基础作用。

1997①；冀县卿，2010）。按照产权细分和农地产权市场化改革的思路，农地"三权分置"的制度安排就是构建一种复合主体的产权结构体制，实现生产资料在不同层次上为不同主体所占有，以满足各方的利益诉求，提高资源的配置效率（图3-2）。2014年以来，中央出台了一系列关于农地"三权分置"的政策文件，对政策文本中的相关内容表述进行梳理，以厘清"三权分置"构造的复合产权结构，明晰不同主体在各产权结构层次的权能设置及权利定位。

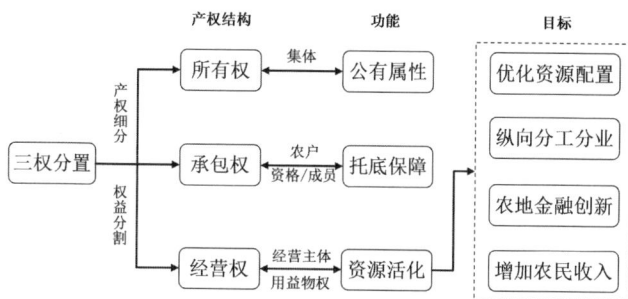

图3-2 "三权分置"下的农地产权结构、功能及目标
Fig. 3-2 The Structure, Function and Goal of Farmland
under the System of "Three Rights Separation"

（一）农村集体的土地所有权——土地公有制属性

2014年中央一号文件首次明确提出农地"三权分置"的政策构想，确立了农地所有权、承包权与经营权分置并行的土地产权结构，同时明确了其运行前提基础是坚持农村土地集体所有制不变，坚守农村土地的公有性质。之后2015年在中共中央办公厅、国务院办公厅印发的《深化农村改革综合性实施方案》进一步全面阐释了"三权分置"的政策内涵，落实集体所有权就是落实"农民集体所有的不动产和动产，属于本集体成员集体所有"的法律规定。其次，强化集体对农地所有权的主体地位，赋予农地集体的土地所有权权能。2016年中央一号文件明确了集体对承包地拥有的各项权能，包括发包权、调整权、监督权、征收补偿权等，旨在通过完善集体土地所有权权能来弥补以往集体土地所有权产权残缺、权利主体虚置等问题。

（二）农户的土地承包权——土地保障功能

实施"三权分置"要稳定农户承包权，即坚持农民家庭经营主体地位，保

---

① ［美］巴泽尔. 产权的经济分析［M］. 费方域，段毅才，译. 第1版. 上海：上海人民出版社，2008：2-4.

证农村土地承包关系稳定并长久不变，使农民形成稳定的土地承包经营预期，并实施土地确权登记，依法公正地将集体土地的承包经营权落实到本集体组织的每个农户。现行《农村土地承包法》以及历年国家出台的相关政策文件对承包土地农户的权利、义务都做出明确规定，如享有农地占有、使用和收益等基本权利，也有法依规自愿有偿退出承包地以及承包土地被征收时获得相应补偿的权利。此外，在"三权分置"的制度框架下，赋予承包土地的经营权进行抵押贷款的权能，强化了承包权的用益物权属性，也为农地资本化提供了政策支持。通过土地承包权和经营权"两权分离"，形成事实上的土地成员权和土地使用权。其中土地成员权的权能具体体现为，一是基于集体成员身份获得分配（取得）土地的权利；二是主动退出承包土地或在土地征收以及因自然灾害导致土地权利灭失被动退出土地权利获得相应补偿。土地使用权的权能则体现为，一是实际占有耕地使用自主组织生产经营和处置产品并获得收益的权利；二是土地交易权的实现，即通过各种形式流转承包地并获得收益的权利。因此，稳定农户承包权兼顾社会"公平"与"效率"，既具有托底性保障性质，为农户从事农业生产经营提供稳定预期，也为其流转土地解除了诸多疑虑。

（三）经营主体的土地经营权——活化土地要素配置

"三权分置"最重要的制度创新在于"承包权"与"经营权"的分离，通过"放活经营权"理性构建农地经营权的权利内容，实现权利运行的充分放开与合理规制（韩学平，2016）。为保障农民基本权益，土地承包权的主体资格仅受限于本集体内的经济组织成员，具有社会福利性质。将经营权从土地承包经营权中分离出来，重新界定和完善土地经营权权能，为充分发挥农地经济效能提供了可能。根据国家出台的相关政策内容，土地经营权的权利法律属性被确认为独立的财产权，具有用益物权的法律属性和权能[1]，其基本权能有占有、使用、收益和针对经营权本身的适度处分权。在"三权分置"制度下对土地经营权的处分权权能进行补充，赋予农地经营主体利用经营权进行入股、抵押以及担保等权利内容，使得土地经营权权能更加丰富和完整。因此，从"三权分置"中土地经营权的法律属性和权能设置来看，放活土地经营权可实现的社会经济目标有以下四个方面：一是被物权化的经营权可以通过市场机制进行高效地配置，促进经营权在更大范围内流转，使土地向适度规模集中，提高资源利用效

---

[1] 当前学界对分离出的土地经营权在理论上存在"物权"和"债权"的不同认识和争论，但在本轮土地制度改革中，国家出台的相关政策文件以及新修订的《土地承包法（2018）》都更强调土地经营权的财产权属性，可入股、抵押、担保或信托，实质上具有《物权法》上用益物权的法律属性，可确认其为用益物权。

率；二是通过经营权共享，将更多市场主体纳入农业生产经营的不同环节（即农业生产环节通过服务外包），提高农业专业化分工水平，促进纵向分工分业，延伸和拓展农业产业链（罗必良、张苇锟等，2019）。三是赋予农地经营权抵押担保权能，激活农地的资本价值，通过土地资本化的方式来缓解农业经营主体的融资难问题；四是使农民通过农业生产经营或其他流转交易获得更多财产性收入。

第二节 "三权分置"下农地经营权信托的基本内涵与价值功能

一、"三权分置"下农地经营权信托的基本内涵

"三权分置"改革是农地经营权信托设立的制度基础和保障。从制度法律层面看，"三权分置"厘清了集体经济组织、土地承包农户、农业经营主体之间的土地产权关系，在坚持农村土地集体所有制的前提下，将土地承包权和土地经营权分离，明确了土地承包权属于成员权（或资格权）的本质属性，保障农民在初始分配中基于集体经济组织成员身份获得承包土地的资格，维护了农民最基本的生存权利。同时，也明确了土地经营权作为一种独立的财产权，赋予其用益物权的权利内容和本质属性，通过"放活土地经营权"的产权制度设计，一方面激励和保障农民依法依规地自由流转土地经营权并获得财产收益，拓展了农地"耕者"范围和规模，促进土地资源优化配置和合理利用；另一方面通过确权赋能，允许土地经营权人通过土地经营权抵押、担保等土地资本化的形式获得农业生产经营所需的融资信贷，实现农地"资源—资产—资本"的价值转化。由此可见，"三权分置"改革一项核心要义是通过制度安排将土地承包承载的保障功能和土地经营权所承载经济功能进行分离，从而破除实现农民社会保障、土地财产权益以及农地产权市场化改革等多元发展目标过程中存在的制度性障碍。作为践行"三权分置"产权制度改革发展目标的重要路径，农地经营权信托的基本内涵有以下几个方面。

首先，"三权分置"下农地经营权信托是以"土地经营权"为信托财产而形成的一种财产管理制度，是委托人、受托人和受益人等信托主体对信托财产进行管理、处分、经营、收益分配的行为。在原有土地承包经营关系不变的前提下，农民自愿将土地的实际经营权在一定期限内委托给信托机构，信托机构作为受托人对土地信托财产行使管理或处分权，将分散于农户的土地进行归集

整理后，实际经营权交由有规模经营意愿和经营能力的农业经营主体从事农业生产经营，并依据土地经营权信托流转合约向委托农民分配信托收益。此时，农民作为财产委托人也是受益人，其对土地由实际占有转变为价值形态的占有，土地成为农民获得稳定的财产性收入的来源，实现了土地资源向资产的转化。信托机构作为受托人行使土地信托财产的"中间管理权"，并负有对土地进行专业规划开发、管理和监督土地利用、向委托人分配土地信托收益等职责。农业规模经营主体转入土地成为土地经营权的实际占有者，可通过农业规模化、专业化的生产增加经营收益，同时也可以将土地经营权向金融机构抵押融资，满足农业规模经营的资金需求，实现土地资本化。

其次，"三权分置"下农地经营权信托平衡了农地保障功能与经济功能之间的关系。在土地承包权和经营权分离的产权结构下，"去身份化"后的土地经营权突破了在集体组织成员内部之间交易的限制，能够自由地进入市场交易。农地经营权信托一方面确保稳定承包权、保障农户对土地的收益权和最终处分的条件下，通过信托制度保护农户土地权益完备且不受损害，另一方面将获得的土地交由农业规模经营主体从事专业化生产，促进土地合理利用并提高土地经营收益。"三权分置"下农地经营权信托构建了一种农地市场化流转机制。通过规范的土地流转程序和契约条款内容，明晰了参与主体之间的权责利关系，减少了土地流转中的矛盾纠纷；通过对信托流转土地的价格评估，以市场价格信息（机制）调节农地流转市场的供求关系，引导土地资源在经营主体之间合理流动，改进土地资源的配置效率。同时，建立市场收益分配机制，在参与主体之间实现收益合理配置从而产生经济激励。"三权分置"下农地经营权信托是农地金融创新的一种实现形式。"三权分置"激活了农地的金融功能，信托机构可利用其融资功能为农地规模经营提供资金支持，拓宽融资渠道，增加资金来源途径。

二、"三权分置"下农地经营权信托的价值功能

"三权分置"下农地经营权信托体现出信托制度在农地产权制度变革中的积极作用，体现出综合性的价值功能：既包括产权分离、权益重构、明晰产权关系的制度功能，以及提高农地资源配置效率、促进规模经营和农业现代化发展，实现保障农民土地权益、监督土地利用实现耕地保护等目标的经济社会功能，和作为投融资平台创新农地金融供给方式的金融服务功能等（图3-3）。具体而言：

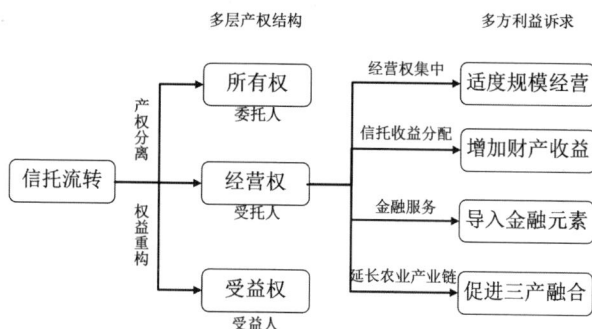

图3-3 "三权分置"下农地经营权信托的制度功能与目标导向

Fig. 3-3 The System Function and Goal Orientation of Farmland Management Right Trust under the System of "Three Rights Separation"

（一）产权制度功能

农地经营权信托实际上是在农地土地集体所有制、坚持维护土地公有制属性的条件下，构建农地"信托共有制"，合理分解农地产权结构，清晰地划分土地所有权、土地经营管理权和土地收益权，通过信托关系实现将土地资源配置到各层次的经济主体，形成产权主体多元化的新格局，彰显产权包容性共生、开放性的特点；并通过进一步明晰农地产权主体的权责边界和收益分配关系，明确集体作为农地所有者"统"的组织作用，保障承包农户对收益和处置权利，合理开发利用农村土地促使土地经营权的自由流动、生产要素优化组合和交易，从而解决长期以来存在的农村集体产权主体虚置、农地配置效率减损、利益分配不平衡等问题。农地经营权信托通过"信托共有制"形成"多元产权主体、多层级合作关系、多种分配方式"并存的社会化生产关系，是对农地"三权分置"产权改革的制度完善。

（二）经济社会功能

"三权分置"改革赋予土地经营权独立的权能，有利于农地经营权信托在更大市场范围内促进土地经营权流转、实现资源优化配置提供了可能。农地经营权信托构建土地流转供求双方的交易平台，解决双方信息不对称问题，促进土地经营权流转，提高土地资源配置效率；通过将农户分散的土地经营权进行整合开发，为土地适度规模经营和农业专业化管理创造基础条件，从而促进农业现代化发展。"三权分置"制度设计"放活经营权"的一个重要目的是让农民获得更多的土地财产性权益、增加农民的土地财产性收入并保障其收益权。农地经营权信托运行中农户将土地经营权委托给信托机构时，土地流转收益受到信托流转合同保障，以及信托机构的资信保障，农民可获得稳定性和安全性较高的土地财产性收入。同时，农地经营权信托并没有改变农户的主体经营地位，有意愿进行规模经营权的农户可以通过转入信托土地的形式，实现规模经营增加收入。此外，土地作为不可再生资源，保障土地的可持续性是土地开发利用的基本原则。然而，当前农户自发流转土地以及农业分散生产经营中存在因土地流转期限较短，农业经营主体在利益驱使下为追求短期利益，过度使用农药、化肥，透支土地肥力，更有甚者擅自改变农地用途等现象，最终导致耕地破坏。因此，土地流转和利用中保护耕地资源具有重要意义。农地经营权信托中信托机构作为受托人出于信托义务的要求，通过规范土地流转合约、建立土地利用监督机制，有利于农地经营主体形成稳定预期、规范经营行为，减少农业生产经营中的损坏耕地的短视行为；也在政府主导下以多层级规划和监管为手段的行政性土地资源保护之外，引入市场保护主体和资源，运用经济补偿等手段提高土地资源保护效率、降低监督保护成本，形成多元化农地资源保护体系，从而实现土地保护中政府、市场、社会等主体共管、共治。

（三）金融支持功能

农地经营权信托本质上是土地资本化、金融化的一种具体实现形式，激活"三权分置"改革中土地的资本属性，为农地经营权流转和农业规模化、产业化经营提供多元金融服务、创新融资机制。一是实现土地权益货币化，将不可移动的土地资产转化为可携带的资本。农民将土地经营权委托给信托机构，由信托机构为其提供土地流转信托收益凭证，可获得土地固定收益和增值超额收益，土地成为农民"可携带"的社会保障，增强人、土地等要素的流动性。二是发挥信托机构投融资平台的金融功能，弥补土地流转和农业经营资金投入不足的困境。在农地经营权信托实践中，信托机构为土地流转项目搭建投融资平台，与地方政府合作，将财政支农资金、银行信贷资金等统筹整合投入土地整治项目。同时，通过市场化渠道发行土地流转集合信托产品，公开募集社会闲散金融资源，将其引入农业生产部门，体现出金融资源市场化分配作用；并借助信托融资灵活性的特点，如通过直接融资贷款、股权投融资、产业基金等方式为农业生产经营提供金融支持。

第三节 "三权分置"下农地经营权信托践行的意义

一、分解农地产权结构，明晰农地产权关系

从中国《信托法》对"信托"释义来看，信托通过委托人、受托人和受益人制度设置，对产权结构进行合理分解，将产权清晰地划分为所有权、经营权和收益权，实现"三权分离"。这有利于解决各产权主体边界不清，权责利不明的问题，契合建立"归属清晰、权责明确、保护严格、流转顺畅"的现代产权制度的基本要求。从经济学意义上讲，产权分离和权益重构是信托的本质特征体现，也是信托最为重要一项制度功能。农地"三权分置"制度安排下，土地经营权获得独立于承包经营权进行信托流转的法律地位（袁泉，2018）。在不改变现阶段农村土地用途和农村土地集体所有，耕地红线不突破以及农民利益不受损的"三重"前提下，将信托制度引入农村土地流转市场，依托信托制度的产权分离原则，在实践中形成原始承包土地农户作为委托人（同时作为受益人）拥有土地收益权和最终处分权，信托机构作为受托人拥有信托合约期内的土地经营权管理或处分权，农业经营主体（包括农户）拥有一定期限内的土地实际经营权和农业生产收益权的新型农地产权关系和利益分配格局。因此，土地经营权信托制度的构建凸显了"三权分置"下多层农地产权主体结构特点，进一步明晰了土地流转中不同主体之间的农地产权关系。

二、引导土地规范流转，促进农业规模经营

农地经营权流转已初具规模，但也暴露出诸多问题，如土地流转程序不规范、流转交易成本高效率低、流转租金不合理、缺乏市场监管导致农地非农化等问题日益凸显。土地经营权信托实际上是构建一种新型的土地流转和农业经营机制，促进土地经营权更加规范、有序流转，从而实现土地资源在更大范围内优化配置。首先，规范土地流转程序。有意愿流转土地的农户将土地经营权作为信托财产委托给信托机构，由信托机构进行统一集中经营管理，双方签订土地流转信托契约，明确土地经营权信托"委托—代理"双方的权责利关系，成本及收益分配方式以及风险承担机制等内容，使农村土地进行规范、安全、合理的流转。其次，合理规划整理土地，解决农地细碎化问题。信托机构依据

整合土地的性质实行土地统一规划和合理开发，按照现代农业发展要求对农业基础设施进行配套建设，并对细碎化的土地进行整理形成一定规模的方田，从而增加有效耕地面积，优化土地利用结构，为土地集中连片、专业化规模经营创造条件。

三、激活农地资本价值，创新农业融资机制

当前金融供给不足成为实现土地规模化经营和农业现代化发展的主要障碍。国家统计局数据显示，2009 年以来，农业贷款占全部金融机构人民币各项贷款的占比始终没超过 5%，这意味着第一产业借助不足 5% 的信贷支持贡献了不低于 7.9%、年均为 9.2% 的国内生产总值。诸多研究显示，农户的信贷需求是普遍的，特别是家庭农场、农民合作社等新型农业经营主体对长期、大额投融资需求旺盛。然而 2009 年以来，农户贷款占全部金融机构人民币各项贷款的比重始终没有超过 7%，这意味着大量的农户投融资需求受到抑制或得不到满足，尽管涉农信贷资金供给的绝对量连年增长，但是其相对于"三农"领域日益增长的信贷需求来说仍然严重不足。因此，加快农业融资机制创新显得尤为迫切和必要。"三权分置"农地产权制度改通过明晰产权关系、赋予农地抵押担保的权能，为农业金融创新提供重要的产权基础和制度保障。"三权分置"后，农地承包权承载的生存保障功能和土地经营权具有的物权资本功能分离开，农地经营权可通过抵押、入股、信托等方式实现土地资本化，这大大提高了农地的可流动性，激活了农地资本价值，为土地资源和金融资本结合提供了可能，为农业融资机制创新创造了条件。农地经营权信托是在土地流转的基础上，借助信托金融工具在实现土地要素的合理流动的同时，对农地经营权进行金融化和资本化改造以拓宽农业融资渠道，具有一定制度优势。首先，信托是一种综合性的金融工具，具有横跨资本市场、货币市场和产业市场的制度优势，可将社会闲散资金集合引流到农业部门，缓解农业自身资金外流和传统金融机构惜贷形成的资金短缺问题，为农业产业化发展提供有效资金安排。其次，信托作为金融集成平台，具有综合金融服务供应商的优势，在农业融资机制创新方面具有很强的灵活性，可运用股权、债权等多种形式，实现农业金融服务形式多元化。

四、弱化人地依附关系，保障农民土地权益

农民对土地较强的人地依附关系是导致农民贫困的主要根源之一。"长期以来，我们 70%—80% 的农村劳动力被束缚在土地上，农村每人只有一二亩地，

多数人连温饱都谈不上。"①"如果不能把农民从土地束缚中解脱出来,农村是不能走向现代化的,农民也绝不可能过上富裕的日子。"②"三权分置"放活经营权的一个重要政策目的就是要将农民从固化的农地依附关系中解放出来,鼓励农民通过土地流转获得财产性收入。土地经营权信托是实现土地资本化的主要形式,它将土地分解为实体资产和价值资产,即将农民对土地的实际占有转变为以信托资本的价值形态占有,实现土地资源向资本的转化。农民作为受益人参与土地信托流转收益分配,并得到法律上的认可和保护,土地真正转变为农民可携带的资产。因此,农民可全身心投入非农产业就业,减少对土地的依赖性,从而弱化对土地的占有观念,从较强的人地依附关系中解放出来。同时,土地经营权信托没有动摇农民法定的农地承包权,土地流转信托合约期满后,土地承包经营权仍归委托人农户所有;也不会改变农业生产中家庭承包经营的主体地位,有意愿经营土地的农民仍然可以家庭为单位或若干农户家庭联合从信托机构获得土地经营权从事适度规模经营,而且通过经营主体的市场化选择保证了土地作为生产资料与农业生产能力较强的经营者结合在一起,最大限度提高土地资源利用效率。因此,土地经营权信托既有利于弱化人地依附关系,保障农民土地财产权的实现,又有利于保证农民土地承包权不丧失和维护家庭承包经营主体地位。

第四节 本章小结

"三权分置"通过农地产权细分、产权赋能,构建了一种复合主体的产权结构,为维护农地公有制性质、保障农民基本生存权利、提高土地资源配置效率等目标实现提供了基本制度保障。"三权分置"改革是对当前农地利用效率低下、农地市场价值难以显化、农民持续增收困难等农村经济社会发展中呈现出的突出矛盾问题的制度回应。"三权分置"确立了农地所有权、承包权与经营权分置并行的土地产权结构,在产权制度设计上厘清了集体经济组织、土地承包农户、农业经营主体之间的土地产权关系。首先,坚持农村土地集体所有制不变,保证农村土地公有制性质,明晰并强化了集体对农地所有权的主体地位,赋予集体对农地调整、监督、处置和收益等所有权权能,弥补以往集体土地所

---

① 邓小平. 邓小平文选:第 2 卷 [M]. 北京:人民出版社,1993:111.
② 邓小平. 邓小平文选:第 2 卷 [M]. 北京:人民出版社,1993:111.

有权产权残缺、权利主体虚置等问题。其次，稳定承包权，明确了土地承包权属于成员权（或资格权）的本质属性，保障农民在初始分配中基于集体经济组织成员身份获得承包土地的资格，维护了农民最基本的生存权利，具有托底性保障性质，兼顾社会"公平"与"效率"。最后，"三权分置"最重要的制度创新在于"承包权"与"经营权"的分离，明确了土地经营权作为一种独立的财产权，赋予其用益物权的权利内容和本质属性。通过"放活土地经营权"的产权制度设计，一方面激励和保障农民长期从事农业生产经营，或依法依规地自由流转土地经营权并获得财产收益，拓展了农地"耕者"范围和规模，促进土地资源优化配置和合理利用。另一方面通过产权赋能，允许土地经营权人通过土地经营权抵押、担保等土地资本化的形式获得农业生产经营所需的融资信贷，为农地"资源—资产—资本"的价值转化提供了制度基础和保障。"三权分置"通过构建这样一种复合主体的产权结构体制，实现土地作为基本生产资料在不同层次上为不同主体所占有，以满足多元主体的利益诉求。

农地经营权信托的制度安排凸显了"三权分置"下多层产权主体结构特点，进一步明晰了土地流转中不同主体之间的农地产权关系，并由此衍生出包括制度功能、经济社会功能、金融支持功能等综合性的价值功能，体现出信托制度在农地产权制度变革中的积极作用。"三权分置"改革一项核心要义是通过制度安排将土地承包权承载的保障功能和土地经营权所承载经济功能进行分离，从而破除实现农民社会保障、土地财产权益以及农地产权市场化改革等多元发展目标过程中存在的制度性障碍。农地经营权信托是顺应农村土地流转市场化改革趋势的实践探索，在坚持集体土地所有权，稳定农户土地承包权的前提下，推动土地经营权流转，赋予农村土地财富属性，唤醒土地要素的资本基因，促进农业现代化发展和规模化经营。

"三权分置"下农地经营权信托的基本内涵包括：一是农地经营权信托以"土地经营权"为信托财产而形成的一种财产管理制度，将土地分解为实体资产和价值资产，即将农民对土地的实际占有转变为以信托资本的价值形态占有，实现土地资源向资本的转化，使农民获得更多土地财产性收入。二是构建了一种农地市场化流转机制。通过规范的土地流转程序和契约条款内容，明晰了参与主体之间的权责利关系，引导土地资源在经营主体之间合理流动，改进土地资源的配置效率。三是农地经营权信托本质上土地资本化、金融化的一种具体实现形式，激活"三权分置"改革中土地的资本属性，创新融资机制为农地经营权流转和农业规模化、产业化经营提供多元金融服务。"三权分置"下农地经营权信托的基本价值功能主要体现为产权分离、权益重构、明晰产权关系的制度功能，提高农地资源配置效率、促进规模经营和农业现代化发展，实现保障农民土地权益、监督土地利用实现耕地保护等目标的经济社会功能，以及通过信托投融资平台创新农地金融供给方式的金融功能等。"三权分置"下农地经营权信托实践有利于分解分解农地产权结构，明晰农地产权关系；促进土地经营权更加规范、有序流转，从而实现土地资源在更大范围内优化配置，实现农地适度规模经营；实现对农地经营权进行金融化和资本化改造以拓宽农业融资渠道；有利于弱化人地依附关系，保障农民土地财产权的实现，平衡好农地社会保障功能和经济发展功能之间的关系。

第四章 "三权分置"下农地经营权信托的典型实践模式与特征

从第三章的分析可以看出，中国农村土地制度变革与经济社会发展所处不同阶段的国情是高度契合的。随着工业化、城镇化和农业现代化进程的不断深入推进，农地承载的社会保障功能逐年降低，而土地财产功能日益凸显。当前农村面临的主要矛盾不再是解决农民温饱的生存问题，而是如何获取与城市平等的发展权，缩小城乡差距的发展问题。从改革开放 40 年来农地制度安排的演变历程来看，其体现的政策内涵主要围绕"实现农地产权结构细分、强调农地的经济发展功能、保障农民微观权利的行使、提高农地要素的配置效率"这四项内容展开，这是对农地利用效率低下、农地市场价值难以显化、农民持续增收困难等农村经济社会发展中呈现出的突出矛盾问题的制度回应。

"三权分置"改革背景下，农村土地经营权信托作为一种新型的土地流转机制，通过创新土地流转机制设计，引导土地、资本、劳动力及技术等要素合理流动和组合配置，在提高农地集约节约利用和规模化经营程度，构建现代农业经营体系以及探索农民土地财产权的有效实现形式等方面进行诸多有益尝试，也为解决农村经济社会发展中存在的"症结"问题提供了新的思路。本章对已有的农地经营权信托实践模式进行梳理分析，明晰在农地经营权信托发展历程中，不同阶段实践模式的特点，以及不同模式以"土地流转"和"金融供给"为核心内容在组织运作、交易结构、风险管控等方面进行的有益探索。总结不同模式的实践经验，揭示出农地经营权信托实践中已有的特征事实和发展演进逻辑，旨在为以后章节对其形成机理和运行机制的研究提供实践事实基础。

第一节 政府主导下农地经营权信托的典型实践模式

一、政府成立土地流转信托机构：福建沙县模式

进入 2000 年以来，随着市场经济的快速发展，浙江、福建等东南沿海地区的工业化进程快速推进形成对劳动力的旺盛需求，大量农村劳动力开始向二、三产业转移。农户外出务工经商造成耕地抛荒现象普遍存在，土地资源闲置浪费严重。与此同时，一些农业经营能手有转入土地扩大生产规模的需求，从而出现农户私下以出租、代耕等形式自发流转土地的行为。但私下流转土地的弊端也日益显现，如土地流转双方供需信息对接不畅，时常出现"要转的转不出、要租的租不到"的情况，土地流转程序不规范，农民的土地租金得不到保证。而土地租赁方则因转入土地零碎化且缺乏稳定的租赁期限，难以实现规模化经营和增加农业生产投入。在此背景下，东南沿海一些地方开始出现由政府牵头设立土地流转信托服务机构，形成地方政府主导下的农村土地流转信托模式。

（一）实践背景

自 20 世纪 90 年代开始，福建沙县外出经营沙县小吃的农民大量增加。据沙县小吃办统计，截至 2006 年底，沙县共有 1.4 万多户、4.8 万余人在全国各地从事沙县小吃经营，这部分人口占该县农村劳动力总数的 50% 以上，部分乡镇（如夏茂镇）90% 的农村劳动力外出经营沙县小吃[①]。大量农民外出经营小吃导致农村土地撂荒现象十分严重。为减少土地抛荒面积、规范土地流转程序，2006 年沙县县委、县政府成立县、乡、村三级土地流转服务机构，开始农村土地集中连片流转试点。随着土地流转规模的不断扩大，2009 年 11 月沙县建成福建省首个县级农村土地产权交易平台，并通过该平台为新型农业经营主体提供农地产权流转交易，农（林）地经营权、农业设施设备等发证及抵押贷款等服务[②]。为保障农民土地流转收益和解决土地流转资金问题，2011 年 5 月由沙县国有资产经营有限公司注资 150 万元，成立"沙县源丰农村土地承包经营权信

---

① 甘满堂，王岩. 农村劳动力升级转移与流出地社会经济激发式发展：以福建省沙县依托沙县小吃业促进农村劳动力转移为例［J］. 石家庄学院学报，2008（02）：11-18.

② 中国农村网.《74.39%：沙县土地流转率为何这么高？》. http://journal.crnews.net/ncjygl/2019n/d9q/cbdsqfz1/123587_ 20190910035354.html

托有限公司"①，同时在 11 个乡（镇、街道）设立农村土地流转信托分公司（如图 4-1 所示)②。

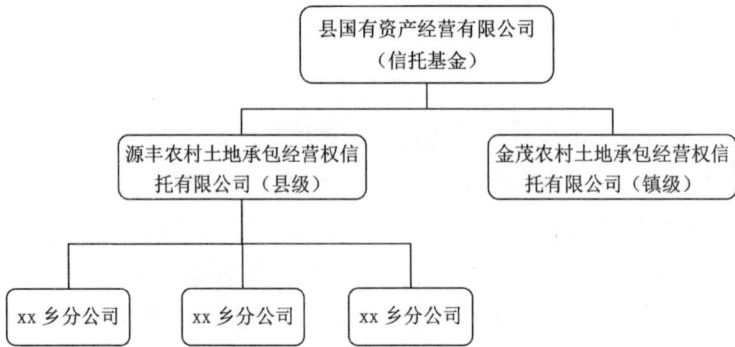

图 4-1　沙县信托机构组织架构图

Fig. 4-1　The Organization Chart of Trust Institution in Shaxian County

（二）运作流程

一是土地流转及信托收益分配。农户作为委托人经村委会签字登记，由村委会同意将土地统一委托给所在乡级农村土地信托公司，然后信托公司负责定期支付土地流转信托收益给流转土地的农户。信托公司获得土地后，严守"农地农用、农地农有"两个基本原则，对集中后的土地调整成片，进行整理开发，再以招标、租赁等方式对外公开发包土地或发展农业项目。土地流转信托收益主要用于返还土地流转信托基金、农户（委托方）分红及信托公司增资扩股。由信托公司对受托管理的土地进行整治、改良所产生的增值溢价部分，农户可享有溢价部分 60% 的二次收益；为支持土地流转后农业经营主体从事规模化经营，三明市、沙县两级政府设有农业项目配套资金，由信托公司负责申请对接该项资金；项目资金的 60% 用于无偿支持农业经营主体从事农业生产，40% 作为信托公司日常的经营管理费用。

二是金融服务供给。为加强金融服务农业适度规模经营的支持力度，沙县县财政局与福建农行联合开展新农村土地流转信托贷款业务。2013 年 9 月农行福建沙县支行向夏茂镇益鑫农业专业合作社发放首笔土地流转信托贷款 60 万

---

① 该公司由县农业局负责组建，县财政拨付 200 万元作为信托基金，拨付 35 万元作为公司工作经费。

② 公司业务范围覆盖信托土地收储、农业产业用地规划、农业项目招标、监督土地使用、土地租金垫付、处置担保资产等。

元，用于购买农用无人机，这是福建省第一例以信托土地承包经营权为担保而获得的银行贷款①。2017年开始沙县为创新融资方式，提升金融服务水平，通过"政府+信托公司+银行"的增信模式，成立"沙县源丰农业支持保护基金"②。源丰公司对以土地承包经营权和农业生产性设施设备等农村产权作为抵押物的农业贷款进行担保，为沙县种养大户、家庭农场等各类新型经营主体，发展农业适度规模经营资金短缺需要向银行贷款时，提供融资担保服务。

　　源丰农业支持保护基金的担保贷款业务流程为（如图4-2所示）：首先，借款人（即新型经营主体）向源丰公司提出担保申请，源丰公司审核担保申请，确认担保额度，经沙县源丰农业支持保护基金领导小组办公室审批通过后，签发《沙县源丰农业支持保护基金担保确认书》；然后，借款人凭《沙县源丰农业支持保护基金担保确认书》向合作银行提交贷款申请，银行开展实地调查、贷款审查；最后，贷款审批通过的，合作银行与借款人签署借款合同，合作银行发放贷款。担保贷款额度方面，从事粮食生产担保额度按每亩600元计算，若粮食或种子订单价值不足，以订单价值作为担保额度；从事粮食经营和其他产

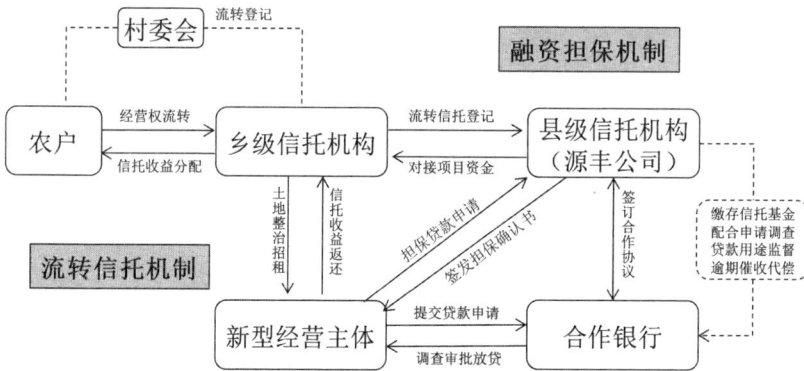

图 4-2　沙县土地经营权信托模式的交易结构与运行机制

Fig. 4-2The Transaction- structure and Operation-mechanism of Land Management Right Trust Mode in Shaxian County

---

① 资料来源：沙县人民政府网站.《沙县人民政府办公室关于印发沙县源丰农业支持保护基金抵押担保管理办法（新修订）的通知》. http：//www.fjsx.gov.cn/zwgk/flfg/zwwj/201907/t20190715_ 1315651. htm。

② 该基金主要源自沙县源丰农村土地承包经营权信托有限公司（文中简称源丰公司）分别在三明农商银行和沙县邮储银行（文中简称合作银行）设立专用于源丰农业支持保护基金运作的资金账户，由原财政已拨付1300万元资本金组成。基金担保主体为沙县源丰农业支持保护基金，由源丰公司代为履行源丰农业支持保护基金的权利及义务，合作银行为三明农商银行和沙县邮储银行。

业生产经营的担保额度按其提供反担保物①的评估价值打 7 折计算。单户担保额度最高不超过 50 万元。

（三）运行绩效

土地流转方面。沙县的土地流转面积从 2006 年的 1.63 万亩，土地流转率不足 10%，增加到 2018 年的 14.75 万亩②，占沙县全部耕地面积的 74.3%；土地流转率达 74.3%，为福建省最高，是全国平均土地流转率的两倍多。其中按土地流转信托程序流转的耕地面积从 2011 年的 3.8 万亩，增加至 2018 年的近 10 万亩，纳入信托管理的土地流转面积占总流转面积的比例从 31% 增加至 67%（图 4-3）。

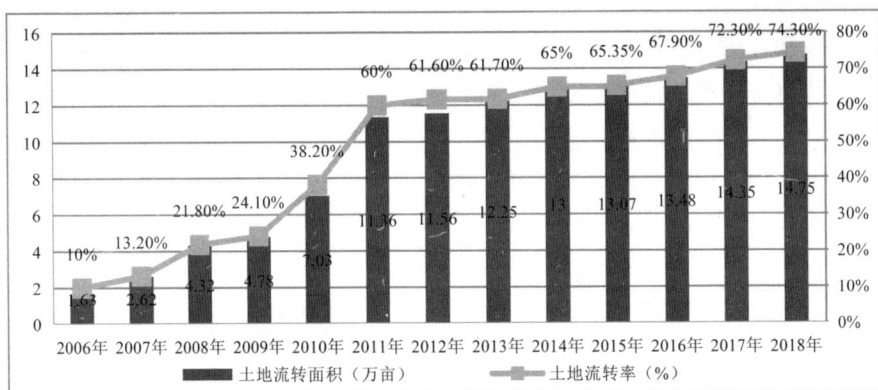

图 4-3　沙县历年土地流转总体情况③

Fig. 4-3　The Annual data of land transfer in Shaxian County

此外，土地流转促进了沙县农机作业条件加快改善，全县农机社会化服务水平不断提升。截至 2019 年底，该县农作物耕种收综合机械化率达到 73%。其中土地流转信托机构也成为农业社会化服务供给的市场主力，如夏茂镇土地流转信托服务中心④，目前管理土地流转面积 5518 亩，主要流转给种粮大户。该社拥有农机 105 台，实现育秧、机耕、插秧、机收烘干等全程机械化生产，还对外输出农机服务等，服务面积达到 7.6 万亩。

金融供给方面。2013 年到 2015 年，沙县累计有 165 个农业规模经营主体，通过金融部门贷款 1.29 亿元，县财政贴息 648.5 万元，投入 100 万元，扶持 227

---

① 借款人在借款时提供的担保物可以是借款人的信誉、土地承包经营权、农业生产设施设备、土地预期收益等。

② 该数据包括以各种形式进行土地流转的面积总量。

③ 根据福建省沙县历年土地流转工作情况及政府工作报告公开数据整理汇总完成。

④ 下设益鑫农业专业合作社，成立于 2008 年。

个农民专业合作社,带动农户1.5万人。自2017年"沙县源丰农业支持保护基金"设立以来,截至2018年底,已为农业经营主体发放土地承包经营权、农业设施设备产权抵押担保贷款91笔,贷款金额共计2167万元。除此之外,沙县县财政每年安排200万元专项资金,以贷款贴息形式支持由信托流转获得农地经营权的农业经营主体发展①,解决了农业经营主体生产经营中的资金难题,并进一步盘活了农村资源资产。

风险控制方面。一是农户土地流转信托收益的兜底保障。为保障农户的土地流转权益,沙县土地流转信托公司在土地招租时对转入土地的农业经营主体的经营能力进行审查,对后期土地用途进行监督管理,降低农业经营风险带来的违约可能性;对集中连片信托流转100亩以上、流转期限5年以上的土地设立信托风险保证金,当农业经营主体发生违约时垫付农户租金保障刚性兑付。二是为防范担保贷款违约,实行"担保+抵押"的方式,借款人提交担保贷款申请时,源丰公司为审核通过的借款人提供担保增信的同时,借款人申请贷款还需向合作银行提供抵押物,包括借款人的信誉、土地承包经营权、农业生产设施设备、土地预期收益等。

二、具备信托功能的"土地银行":河南临颍模式

(一)实践背景

在吸取各地土地流转实践经验的基础上,四川彭州、陕西杨凌、宁夏平罗、河南临颍等一些地方探索出兼有"土地流转"和"农地金融"的土地流转新模式——"土地银行"②,该机构由政策性银行联合地方政府组建,主要通过集中利用效率较低的细碎化土地,并以政策性贷款和整合涉农资金对受托土地按照高标准农田进行土地整治,然后对符合农业经营资格认定标准的规模经营主体签订土地流出(贷出)合同,以土地"零存整贷"的方式为农业规模化、集约化和产业化经营创造条件,具有一定的公益性和较明显的政策性。从本质上来看,土地银行是在政府主导下成立的土地流转交易平台(或农村土地收储机

① 对从事种植业且经营耕地面积在50亩以上,养殖业、农副产品加工业且固定资产投资额在10万元以上的农业经营主体给予贷款贴息支持。

② 我国《商业银行法》第十一条规定:设立商业银行,应当经国务院银行业监督管理机构审查批准。未批准任何单位和个人不得在名称里使用"银行"字样,容易在社会公众中混淆银行概念,为非法吸收社会公众存款提供可能条件。因此,地方政府比较慎重挂牌成立土地银行,类似名称改为"土地流转中心""土地交易中心""土地信用合作社"等,使名称与其性质、内容和运作方式相吻合。

构），无论是从运行机制、机构功能设置，还是从实际运行绩效来看，其与上述沙县等地方探索实践的土地流转信托模式具有异曲同工之处。因此，也可以被认定为是一种典型的政府主导型的土地流转信托模式。

2015 年 3 月，农业发展银行河南省分行与河南省漯河市临颍县人民政府发起成立河南汇农土地流转发展有限公司（又俗称"临颍土地银行"），性质为准公益、非金融类混合所有制经营主体①，公司主营业务范围主要包括土地流转、农村土地整理服务等，其基本组织架构如图 4-4 所示。

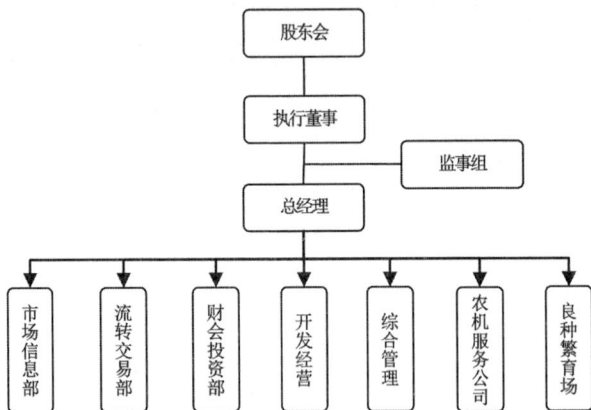

图 4-4　临颍县土地银行组织架构图

Fig. 4-4　TheOrganization Chart of Land Bank in Linying County

（二）运作流程

作为政府主导下的农村土地流转平台，临颍土地银行（以下简称"土地银行"）的主营业务为农地的"存入"和"贷出"，旨在促进农地规范有序流转。但相比一般的政府性土地交易平台其功能有所延伸。基本运作流程为（图 4-5）：首先，有意愿流转土地的农户以村组为单位向土地银行提出流转申请，双方签订土地流转合同；其次，土地银行从农发行河南省分行申请农业用地复垦贷款，对"存入"土地进行整理、复垦；最后，有意愿承租土地的新型农业经营主体（农业合作社、家庭农场、龙头企业等）向土地银行提出土地"贷出"申请，并接受土地银行的资格审查，审查通过后双方签订土地流转合同。对于暂时没有"贷出"的土地，土地银行支持土地所在村组成立集体农场，投入资

---

① 公司注册资本 5000 万元，其中临颍县国有资产监督管理局出资 18940 万，控股 94.7%；临颍县农业发展投资有限公司出资 860 万，控股 4.3%；临颍县城镇建设投资发展有限公司出资 200 万，占比 1.00%。2015 年 10 月增资扩股到 2 亿元，政府控股 87%。

金技术支持高产、高效示范农场建设。此外，土地银行为"贷出"土地的农业经营主体提供生产经营融资服务、田间作业服务、统一采购农资、农产品代储和购销服务等，按市场（或约定）价格收取费用。由此可见，土地银行是一个兼有土地流转交易、农业融资、生产服务和市场信息供给等业务为一体的综合性惠农增值平台。

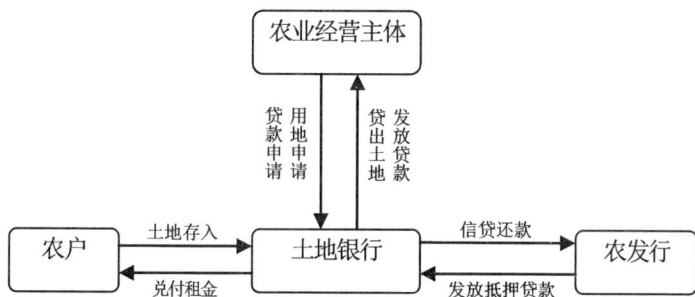

图 4-5 临颖县土地银行的交易结构与运行机制

Fig. 4-5 The Transaction-structure and Operation-mechanism of Land Bank in Linying County

（三）运行绩效

1. 土地流转方面

据统计，自 2015 年 3 月成立以来至 2016 年 9 月，临颖土地银行已经存贷土地总量 25 万亩，涉及农户 4.8 万户，占临颖县土地流转面积的 50%，占全县耕地总面积的 28.5%。土地银行目前连片 50 亩以上，存入期限 5 年以上的超过 80%，100 亩以上、贷出期限 5 年以上的超过 70%，促进了土地流转规模化，提升了规模经营效益。

2. 金融服务方面

土地银行贷出的土地租金按年收取，贷地者交纳租金的 30% 作为保证金，租金的 70% 算作是从土地银行的贷款，年终收获后支付。由于土地租金受粮食价格影响，土地贷出利率会有小幅度的变动。存贷差一般是在农民存地价格基础上每亩增加 30—50 元，该部分算作是土地银行的合理成本收费。截至 2016 年底，临颖县 82 家新型农业经营主体已经从土地银行获得 7300 万元的融资支持，贷款金额最高 200 余万元，最低达到 25 万元。

3. 风险控制方面

为减轻土地转入农户的资金压力，现阶段土地银行为农户垫付的 70% 的土地流转费用。为防范农户还款违约风险，需要公职人员或企业为农户提供担保。

此外，土地银行控制风险措施还包括购买种植业保险、推行的贷款保证保险，以及由政府出资设立风险准备金等。

第二节 市场主导下商业信托参与农地流转的典型模式

一、市场主导下商业信托参与农地流转的实践背景

（一）商业信托参与农地流转的政策背景

农地金融创新是产权制度改革中的一项重要内容。农地"三权分置"产权制度改革的关键在于盘活土地经营权，在保障农民的土地财产权，维护农业经营主体生产经营权的条件下，促进土地经营权流转，实现土地资源的合理高效配置。此外，农业发展中资金投入不足是制约农村经济发展和农民增收缓慢的重要因素，因此，利用土地经营权的灵活性，活化农地金融功能，通过开展农地金融创新为农业农村发展提供更多的资金支持是农地制度改革中盘活土地经营权的一项重要内容。历年中央一号文件都涉及"三农"问题中的重点和难题，其中金融服务"三农"是政策文件中的一贯体现。从相关政策文件内容梳理来看，2004年至2013年，农地金融创新的内容主要集中于发挥政策性银行的作用、运用财政政策扶持、探索农地担保以及提出农业保险制度等措施，解决农业融资困难的问题。但实践中，政策导向效果并未显现，农村金融服务供给不足、农村贷款率低仍未有改观。2013年中央一号文件在"改善农村金融服务"的内容中提出，在充分发挥政策性金融和合作性金融作用的同时，创新符合农村特点的抵押担保模式和金融工具。之后，中央及各部委在加大农地金融创新方面出台了一系列的政策文件。如2013年4月，银监会发布《坚持"四个导向"实现金融创新》指出，"金融创新要主动响应经济结构调整、城镇化、三农等重点领域的金融需求……创新和推广林权、农村土地承包经营权、宅基地使用权等抵质押担保方式"。2013年5月，国务院研究部署深化经济体制改革重点工作时提出，提高城镇化质量、推进城镇化，发展现代农业，规范发展债券、股权、信托等投融资方式。加快农村土地经营制度改革和完善农村金融服务成为相关文件内容不断释放出的政策信号。

政策环境优化为金融机构参与农地金融创新提供了条件。自2014年起，在农村集体产权制度改革不断推进下，农地确权登记和产权赋能为农地金融创新

发展提供了新的金融创新环境和政策支持。2014 年中央一号文件中明确指出,在落实农地"三权分置"的基础上,允许承包土地经营权向金融机构抵押融资,实现了农地产权抵押融资在政策和法律层面的新突破。同时提出,加快农村金融制度创新,强化商业金融对"三农"和县域小微企业的服务能力。在鼓励农地金融创新的背景下,商业信托、基金、券商和保险等作为我国金融体系的重要组成部分,参与农村经济发展,服务新型城镇化建设以及乡村振兴,有利于拓宽农地金融创新的空间领域,激活农地资本功能从而推动农地金融服务发展。2014 年 1 月,农业部发布的《2014 年种植业工作要点》①中提到,选择 10 个高产创建整建制推进试点县,与相关企业和信托投资公司合作,开展粮食生产供应链试点,探索我国粮食生产管理的新路径。这为商业信托参与土地流转搭建直接通道,即以土地经营权流转为依托,介入粮食生产供应链的环节。由此可见,商业信托参与农地经营权流转与当前农地产权制度改革与"三农"政策的目标取向具有一致性。

鼓励信托等金融工具使用成为农地金融创新的新方向。2015 年中央一号文件中关于"加大改革创新力度、全面深化农村改革"中提出,创新农地土地流转和规模经营方式,支持发行"三农"专项金融债、鼓励涉农企业发行债券。2016 年中央一号文件关于农地金融创新的内容提出,"推动金融资源更多地向农村倾斜",提出构建农村金融服务体系,发展农村普惠金融。引导互联网金融、移动金融在农村规范发展,鼓励发展农产品期权期货,完善农业保险制度。2017 年 4 月农业农村部发展政策司在进一步扩大农业投资的建议中提出,继续优化创新农业投融资模式,支持设立产业基金、担保基金、投资基金等融资基金,鼓励采用土地证券化、资产抵押、信托流转等新型融资方式和私募、风投、基金、上市等资本市场交易方式,扩大企业、合作组织等农业经营主体的融资能力和资金渠道。2018 年 2 月国务院关于《乡村振兴战略规划(2018-2022年)》中也指出,鼓励证券、保险、基金、信托、期货、租赁等金融资源聚焦服务乡村振兴。可见,支持金融工具的使用,强化市场机制作用、减少政策性金融对市场的干预成为农地金融创新的新方向。

(二) 商业信托参与农地流转的行业背景

商业信托在制度红利消失、行业竞争加剧下谋求业务转型。2008 年信托业全行业信托资产首次突破 1 万亿元。从 2008 年至 2012 年,商业信托的资产管理

---

① 农业部办公厅.《2014 年种植业工作要点》. http://www.moa.gov.cn/nybgb/2014/derq/201712/t20171219_6104796.htm. 2017-12-04.

规模一直处于高速增长阶段。信托业的快速增长一方面取决于信托投资的灵活性，在金融机构中信托是唯一可以横跨货币市场、资本市场、实业三大领域的金融机构。而另一方面则得益于我国金融分业经营的监管体系为信托业创造的制度性红利。在金融业"分业经营、分业监管"的体制下，银行、保险、信托、证券、基金等金融同业在资产管理市场中，业务经营被限定在一定的范围内，这为信托公司在特定细分市场的竞争中提供了制度优势。如在国家加强房地产市场调控的背景下，银行暂停或者限制了房地产、基建企业的贷款，但信托可以通过通道业务为大量基建、房地产开发提供融资服务。房地产信托和基础建设类信托也因此成为信托业的两大支柱性业务，从而促进了信托行业的快速发展。但是，2012年以后在资管市场竞争的大格局下，金融业进入"泛资产管理时代"，证监会放松了券商、基金公司的各项业务审批限制，这些金融机构都可向银行提供通道业务。换言之，银行、券商、基金、保险等金融机构的资产管理范围和管理形式都在不断扩大，信托公司的制度性红利日益被削弱。根据国家经济增长方式转变和经济结构转型升级的需求，结合国家"十三五"战略中金融市场改革的方向，信托业正不断加大对实体经济的支持力度，通过业务转型来提升自身的行业竞争能力，以适应金融行业的激烈的市场竞争态势。

政策引导下商业信托"脱虚向实"服务"三农"的现实需要。党的十八大以来，从"要把解决好三农问题作为全党工作的重中之重"到"坚决打赢脱贫攻坚战"具体任务的提出，中央多次强调要深入推进农业供给侧结构性改革，推动金融资源继续向"三农"倾斜。这为金融机构"脱虚向实"服务实体经济发展指明了方向。在供给侧结构性改革的大背景下，信托作为一种建立在信任基础上的财产管理制度具有高效的资产配置功能，成为促进我国实体经济发展的重要力量。2019年信托业直接投入实体经济领域的信托规模为13.12万亿元，占当年资金信托总规模的60.73%，基本覆盖了实体经济的各个行业（表4-1）。据不完全统计，2008年至2019年间，信托业全行业投入实体经济的资金累计超过80万亿元，在支持国家重大战略，服务供给侧结构性改革，促进经济结构转型，解决企业融资难、融资贵等方面起到了积极作用，成为实体经济发展的重要支撑。

表 4-1 2015 年至 2019 年信托业支持实体经济行业投向资产余额分布情况

Tab. 4-1 Distribution of Investment Balance of Trusts Supporting Real

Economy from 2015 to 2019

年份 行业分布	2015 年	2016 年	2017 年	2018 年	2019 年
农、林、牧、渔业	977.02	1193.34	1078.31	745.9	945.58
采矿业	2095.37	1878.03	2291.89	2047.25	1866.92
制造业	4097.74	5126.11	5939.89	5712.83	5517.66
电力、热力、燃气及供应业	2714.04	2338.52	2622.95	2231.14	2038.47
建筑业	9855.68	9993.06	13030.08	11905.51	12371.12
交通运输业、仓储和邮政业	5003.17	4666.5	5020.7	4309.51	3263.07
信息传输、软件和信息技术服务业	1044.76	2158.34	2718.79	2384.61	2267.70
批发和零售业	5072.08	7995.65	10672.1	8676.89	7820.04
住宿和餐饮业	694.67	598.24	743.17	588.61	548.99
金融业	53120.72	73569.56	96694.51	71779.49	60696.30
房地产业	13882.19	15297.12	23582.44	27411.45	27694.41
租赁和商业服务业	14177.26	17676.22	26815.96	26680.15	27328.27
水利、环境和公共设施管理业	14107.02	16943.93	20566.39	17845.13	18129.00
居民服务、修理和其他服务业	951.65	1270.05	2015.87	2080.83	1965.46
文化、体育和娱乐业	854.95	945.65	1193.11	767.03	782.11
科学研究、技术服务和地质勘察业	751.23	496.49	809.29	1022.06	868.16

注：表中数据根据《中国信托业社会责任报告（2015-2020）》的公开数据整理，表中数值单位为：亿元。

截至 2019 年末，信托业投向农、林、牧、渔业的资金信托规模为 945.58 万亿元，为助力农业发展、支持新农村建设和创新农业融资机制方面发挥了重要作用。2019 年信托行业按照加快推进农业现代化的要求，积极引导信托资金进入农业产业化发展领域，支持农业发展方式转变，推进农业产业链整合。通过不断创新信托产品和服务方式，对接"三农"金融服务需求，全年共发行服务"三农"的信托项目 196 个，提供资金支持 739 亿元。具体服务内容涵盖基于产业链金融逻辑，通过整合各类生产要素、支持农业龙头企业发展，并与地方政府协商设立专项农业产业基金，积极创新农业金融服务模式；通过信托贷款、债权投资、应收账款融资等方式，为农居拆迁、农村环境整治、基础设施及公共配套设施建设等新农村建设项目提供资金支持；探索参与土地经营权流转信托模式，并以土地流转为基础，为规模经营主体提供包括农资、农技、农机、仓储、交易、融资、理财等全程化农业服务，助力农民增收、农业增效和农村发展等。

如中粮信托践行农业产业化升级战略，在河南正阳县重点支持"公司+村党支部+合作社+农户"壮大村集体经济模式和一二三产业融合模式，为当地4个合作社提供2万多亩土地流转和农业种植资金支持。云南信托为支持农业机械化发展，设立"云南信托普惠2号农分期单一资金信托"计划，为农户购买农业机械提供贷款。2019年累计发放1.7亿元农业机械贷款，满足了600余户农民机械化生产的资金需求。外贸信托践行农业普惠金融，推出"惠农种植养殖贷""惠农经营贷"等金融产品，在内蒙古、河北、山东省内300余个县域，向4.9万余农户及农业创业者提供资金支持约9.86亿元，有效满足了农村地区多层次的融资需求。渤海信托支持耕地提质改造工程，向广西来宾市耕地提质改造（旱改水）工程提供资金支持3亿元，工程总面积达到76.83万亩，为提高土地综合利用率、增强农业抗御自然灾害能力、推进现代农业快速发展提供了重要基础保障。

二、商业信托参与农地流转的实践模式划分

随着农地"三权分置"和支持土地经营权有序流转等政策的推行，2013年、2014年我国农地流转市场快速发展，农地集中化趋势明显。据农业部数据显示，截至2013年底，全国农村土地经营权流转面积占第二轮家庭承包耕地面积的比例为25.7%，其中农业产业比重较大的省份如黑龙江、河南、安徽等，均超过30%。而截至2014年底，全国家庭承包耕地流转面积达到4.03亿亩，农地经营权流转比例已达到30.4%，且土地向农业专业合作组织、龙头企业等新型农业经营权主体流转的比重不断上升。农地流转速度加快一方面促进了适度规模经营和农业产业化发展，另一方面也形成了对资金融通的量的需求。在此背景下，商业信托进入农地流转市场不仅使农地经营权流转更具有资本属性，而且通过导入金融元素解决土地流转和农业生产中金融供给不足的问题，为探索"三权分置"制度设定下"土地流转"与"金融供给"改革创新提供了新路径。

总体看来，商业信托进入农地流转市场的时间较晚，大多是在土地确权、"三权分置"改革等农地制度和相关政策法律逐渐明晰的条件下逐步推进的，目前仍处于探索阶段。本着"法无禁止即可为，法无授权即禁止"的原则，商业信托机构在现行农地制度框架和法律准许范围内不断创新，根据各个地方土地流转情况、农业生产组织形式、农业产业特点等探索出诸多不同的农地经营权信托模式。

与政府主导下的农地经营权信托模式相比，商业信托参与的农地经营权信托模式无论是土地流转机制还是融资机制，其交易结构都更为复杂，模式名目繁多，因而难以找到相对统一的划分标准。结合已有的实践，当前对商业信托参与的农地经营权模式划分有以下几类：一是按照商业信托机构的名称或实践地域名称命名，如中信信托模式、北京信托模式、中建投信托模式等，以及安徽宿州模式、江苏句容模式、河南济源模式、黑龙江兰西模式等。这些都是商业信托机构和地方政府出于市场宣传、经验推广的目的而进行的模式划分。

二是按照《中华人民共和国信托法》中通用分类，如从受益人角度可划分为自益信托和他益信托，自益信托是委托人将自己指定为受益人而设立的信托，他益信托是委托人指定第三人作为受益人而设立的信托。当前农地经营权信托实践中农户作为土地承包经营权人，是土地流转信托原始委托人，同时自身也是信托受益者（个别土地流转公益信托除外①），因此当前的农地经营权信托均属于自益信托的范围。也有从信托标的物的类型角度划分为财产信托和资金信托，财产信托是以为委托人的动产、不动产以及版权、知识产权等财产，委托给信托机构按照约定的条件和目的进行管理或者处分的行为；而资金信托是委托人将合法所有的资金委托给信托机构，由信托机构按照委托人的意愿以自己的名义，为受益人的利益或特定目的管理、运用和处分资金的行为。从各地实践来看，商业信托参与的农地经营权信托模式是以农民的土地经营权作为信托财产委托给商业信托机构管理，交由专业的农业经营主体从事规模化经营，并将经营收益按照信托契约要求返还给委托人的行为，因此都属于"土地财产权信托"，此过程中商业信托机构的职能体现为土地流转事务管理。也有部分商业信托参与土地流转过程中，为解决地方农业产业发展资金不足、农业经营权主体融资难题等，通过自有资金直接融资、信托增信担保贷款、发行信托计划引入社会资金等不同方式，在土地流转基础上设立的"资金信托"。因此，从信托标的物角度对当前商业信托参与的农地经营权信托模式可划分为"土地财产权信托（或土地流转事务管理信托）"模式、"土地财产权信托+资金信托"混合信托模式。还有一些学者以信托收益分配的不同形式将农地经营权信托模式分为"固定收益""浮动收益（或增值收益）"以及"固定+浮动收益（或增值收益）"等。

---

① 如吉林省四平市桑树台镇等地区探索的"土地流转公益信托扶贫模式"，农民将土地流转给合作社，合作社作为直接委托人将土地财产交由信托机构管理，由土地流转产生的信托收益留存一部分无偿捐赠给家庭特别困难的合作社社员，缓解一些社员家庭的经济困难防止出现赤贫现象。该模式中信托受益人是指定部分特殊人群，属于他益信托。

表 4-2 商业信托参与的农地经营权信托模式实践概况

Tab. 4-2 The Practice Situation of Farmland Management Right Trust Mode with the Participation of Commercial Trust

模式分类	委托代理特征	交易结构	典型地方实践						
			项目地	受托主体	经营主体	流转规模	流转年限	经营方向
"双合作社"模式	委托人：土地股份合作社	土地股份合作社+信托机构+专业合作社	山东青州	中信信托	青州市种植合作社联合社	1850 亩	10 年	现代农业种植基地
			江苏无锡	北京信托	灵俊水蜜桃专业合作社	158.89 亩	≥15 年	水蜜桃种植
	受托人：商业信托机构		北京密云	中信信托	专业合作社	1680 亩	13 年	樱桃、蓝莓等种植
			河南新乡	兴业信托①	大豫大美现代农业有限公司	1000 亩	10 年	小麦、玉米等粮食作物
			陕西杨凌	陕国投②	竹园村果蔬花卉专业合作社	423.73 亩	10 年	果蔬花卉种植

① 机构全称"兴业国际信托有限公司"。

② 机构全称"陕西省国际信托股份有限公司"。

续表

模式分类	委托代理特征	交易结构	典型地方实践					
			项目地	受托主体	委托主体	流转规模	流转年限	经营方向
"二次代理"模式	委托人：集体经济组织（或资产管理中心） 受托人：商业信托机构	集体经济组织（或资产管理中心）+信托机构+新型经营主体	上海周浦	交银国信①	周浦镇农业投资管理有限公司	371.76亩	≥15年	四季花海生态园项目
			江苏镇江	中建投信托	丁岗镇集体资产经营管理中心	1750亩	15年	苗木花卉种植
			四川成都	中建投信托	成都市农锦集体资产经营管理有限公司	6315亩	10年	现代花卉基地
"产业链"模式	委托人：专业合作社 受托人：商业信托机构 产业链整合者：农服公司	专业合作社+农服公司+信托机构+银行/保险机构	项目地	受托主体	委托主体	流转规模	流转年限	经营方向
			黑龙江佳木斯市	吉林信托	北京农家科技有限公司	2500亩	≥3年	水稻等粮食作物种植
			黑龙江肇东市	中粮信托	胜利农业公司	10万余亩	—	玉米种植

① 机构全称"交银国际信托有限公司"。

85

一些研究者根据土地流转中的"委托—代理关系"将农地经营权信托界定为"间接代理"模式，又根据实践中交易结构的不同特征以及委托人和商业信托机构在不同模式运行中的作用机制的差异，将现有的商业信托参与农地经营权信托模式具体分为"双合作社"模式、"二次代理"模式和"产业链"模式（表4-2）。由于我国农户众多，土地经营权极其分散，农户与商业信托机构直接产生委托—代理关系面临较高交易成本，因而并不具备直接代理的现实基础。商业信托参与农地经营权信托的实践多采用流转土地的农户成立土地股份合作社或资产管理公司，由合作社或资产管理公司作为直接委托人对接商业信托机构，在对农户的土地经营权进行股份化、资本化改造的基础上完成土地经营权信托和融资创新。

从现有对商业信托参与的农地流转模式的划分标准来看，按照企业、地域、收益分配方式等进行模式区分并不具有可持续性，随着实践不断深入，模式名称和具体操作形式都会不断扩展变化，因而不利于研究分析。而按照信托标的物、受益人等信托法定分类标准，在农地经营权信托领域无法体现出不同模式的特点，无法进行比较研究。通过对比分析，本书认为以农地经营权信托实践中"委托—代理关系"进行模式划分，既能显现出商业信托参与农地流转过程中不同模式交易结构的特征差异，又能反映不同模式中利益相关主体之间的权责利关系，因而有利于对商业信托参与农地经营权信托模式的运行机制及典型特征进行深入分析。

三、"股份合作社+专业合作社"模式

商业信托参与农地流转过程中，以"土地股份合作社+农业专业合作社"的组织结构形式完成农地经营权流转，以下简称"双合作社"模式（如图4-6所示）。

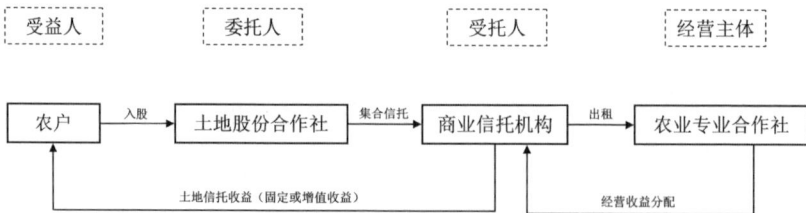

图4-6 农地经营权信托"双合作社"模式的运行机制

Fig. 4-6 The Operation-mechanism of Farmland Management Right Trust "Double Cooperatives" Mode

该模式基本的运作流程是：农户作为原始委托人，以自愿为前提在土地确权的基础上，将拥有的土地经营权入股成立村级土地股份合作社；由土地股份合作社作为信托关系中的直接委托人，将土地经营权作为信托财产集中信托给具备资质的商业信托机构；信托机构作为受托人开展土地流转集合信托业务，将经过整理后的土地集中连片流转给农业专业合作社从事适度规模的农业生产经营。按照签订的土地流转信托协议，农户凭土地股份获得固定收益和增值收益，商业信托机构获得信托事务的经营管理报酬或融资回报，农业专业合作社获得农业生产经营的剩余收入。

北京信托①和中信信托②作为较早开展土地流转信托业务的商业信托机构，设立的土地经营权信托项目多采用"双合作社"模式（图4-6），先对土地经营权进行股份化改造，然后以集合信托的形式对土地经营权流转进行事务管理，以及引入信托资金满足土地整理和农业生产经营过程中产生的资金需求或弥补短期流动性缺口，再选择专业合作社进行专项农业种植活动。2013年北京信托在江苏省无锡市阳山镇设立的土地经营权信托项目的运行模式属于典型的"双合作社"模式。

（一）项目背景

阳山镇位于无锡市惠山区西南部，全镇总面积42.12平方千米，下辖11个行政村、3个社区居委会，总人口为5.72万。该镇以盛产水蜜桃而闻名，其中阳山镇桃园村全村总面积7065亩，其中有近6000亩农田用于水蜜桃种植，曾获全国"一村一品"示范村镇。水蜜桃产业已成为当地的高效农业和支柱性农业产业。但近些年阳山镇水蜜桃产业遇到较多发展制约。一是当地桃树树龄一般多在12年左右，树龄较大面临更新；二是大部分果农的年龄都在50岁以上，种植效率低下且平均利润有所下降。为实现桃树更新换代、提高土地经营效率，2013年9月阳山镇政府与北京信托进行多次接洽和谈判后，于2013年11月由北京信托以阳山镇桃园村的158.89亩农村土地经营权作为财产权标的设立土地流转信托项目，以土地流转为依托推动当地水蜜桃产业的发展。

（二）运作流程

在尊重农户意愿的前提下，通过土地置换确保土地连片经营，桃园村共有233家农户、158.89亩土地参与土地流转信托项目。首先，在开展土地承包经营权确权登记的基础上，参与土地流转的233家农户以每亩土地折价4000元入

---

① 机构全称为"北京国际信托有限公司"。

② 机构全称为"中信信托有限责任公司"。

股成立土地股份专业合作社①，并颁发由惠山区委农村工作办公室印制、桃园土地股份专业合作社盖章的土地承包经营权股权证书。其次，土地股份合作社以直接委托人的身份将土地以信托方式委托给北京信托管理经营，北京信托以土地承包经营权股权证书为依据，向合作社成员发放土地受益凭证。最后，北京信托负责土地整治，并将受托土地交由阳山镇灵俊水蜜桃专业合作社②承租经营。为满足土地利用和农业生产中的融资需求，北京信托设计了专项资金信托计划，为专业合作社提供流动性资金支持。按照信托合同中收益分配约定，233家农户作为主要受益人依据持有的土地收益凭证，在土地流转后第1年至第6年可获得每年1700元/亩固定收益，从第7年开始获得固定收益和20%浮动收益，其他参与主体桃园村土地股份合作社、灵俊水蜜桃专业合作社、北京信托和村委会按照1%、70%、5%、4%的比例分配浮动收益。

四、"委托代理+信托代理"模式

商业信托参与农地流转的"二次代理"模式，即村集体经济组织或政府出资成立的集体资产经营管理机构接受农户土地经营权流转的委托，其作为农户的代理人将土地集中委托给商业信托机构，由信托机构负责为土地流转契约管理、筛选和审核合适的农业经营主体、为农户等受益人分配土地流转信托收益等工作，形成"委托代理+信托代理"的土地流转信托模式（如图4-7所示）。2014年7月，中建投信托在江苏省镇江市新区丁岗镇设立的"中建投·镇江新区·森禾一期土地流转财产权信托"项目属于比较典型的"二次代理"运行模式。

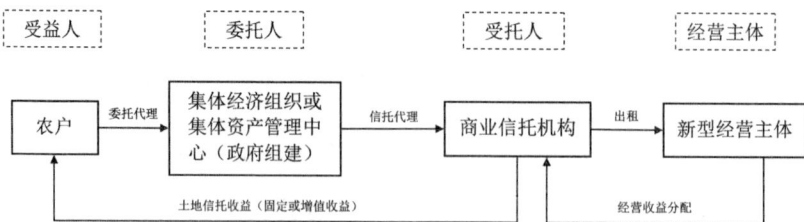

图4-7 农地经营权信托"二次代理"模式的运行机制

Fig. 4-7 The Operation-mechanism of Farmland Management Right Trust "Secondary Agency" Mode

---

① 每亩折价4000元入股合作社。

② 由当地5位返乡创业者出资70万成立。

（一）项目背景

丁岗镇位于江苏省镇江市的东郊，2006年从丹徒县划出归镇江新区管辖。全镇总面积35.36平方千米，总人口7.61万人，下辖6个行政村、191个村民小组。2008年以来，随着丁岗镇反季节蔬菜、花卉苗木、温氏养鸡、特种水产养殖等农业产业基地的发展，以及外贸服装、动物药品、船舶设备、汽车标准件等劳动密集型企业项目的投产建设，农村剩余劳动力向二三产业转移进程不断加快。在此背景下，地方政府适时引导推动农地经营权流转，农地逐步向种田能手和种养大户集中。2009年10月，江苏省"万顷良田"建设工程项目在丁岗镇启动，全镇通过土地整治总建设面积达1.59万亩，集中连片耕地面积达1.35万亩，为促进传统农业向集约化、高效规模化种植的现代农业转变提供了基础条件。2014年7月，镇江新区丁岗镇将万顷良田范围内部分农地经营权以设立财产权信托的形式委托给中建投信托①，设立"中建投·镇江新区·森禾一期土地流转财产权信托"项目，建立高效花卉苗木生产基地。

（二）运作流程

首先，镇江新区丁岗镇政府出资成立"集体资产经营管理中心"（以下简称"镇资管中心"），有意愿流转土地的农户以所在行政村为单位将土地发包委托给镇资管中心，由镇资管中心作为委托人将农地经营权集中信托给中建投信托；然后，中建投信托作为受托人设立土地流转财产权信托，土地流转规模为1750亩，信托期限为15年，后将受托土地经营权出租给镇江森禾花卉园艺有限公司（以下简称森禾公司）用于花卉苗木生产基地的建设。同时，中建投信托设立资金信托，通过发行专项集合资金信托计划募集资金支持项目的后续开发，首期计划融资不低于1000万元。为防范融资风险，以森禾公司的部分股权提供反担保，还款来源主要是"森禾公司"的花卉苗木项目经营收益。土地流转信托收益分配方面，中建投信托每年7月1日先向镇资管中心分配信托收益，再由镇资管中心统一分配给农户，标准为信托项目成立第1至2年收益为每年850元/亩，自第3年起每年土地流转基准收益按照国家公布的江苏省稻谷收购保护价的涨幅进行增值确认。

五、"农业全产业链"信托模式

（一）项目背景

农地经营权流转市场的发展，促进了农村土地种养殖主体的经营规模迅速

---

① 机构全称"中建投信托股份有限公司"。

扩大。特别是中国东北、华北等土地集中连片地区，农地流转和农业经营规模化程度都相对较高，而规模化必然催生对资金量的需求，如转入土地扩大经营规模、采购农资农机、购买农业技术服务、农产品流通销售等都需要大额资金支持。然而，由于大多农业经营主体在银行等传统金融机构中的信用评级较低、基础薄弱、管理不完善，又缺乏有效的资产用于抵押融资，很难融资成功或仅能获取小额信用贷款，难以满足农业经营主体的资金需求。在此背景下，2013年之后随着农地"三权分置"制度实施以及国家、地方相继出台农业金融支持政策，制度创新和政策环境趋向宽松条件下，一些农业互联网服务公司如"农分期""土流网""农管家"等开始参与到农村金融创新的发展进程中来。如"农管家"① 作为农业互联网服务平台，其设立的初衷是参与农地流转，整合农业产业链上下游核心资源，提高农地流转和农业生产经营的组织化程度，做好农地资产管理者和农业服务商的角色。但受制于缺乏农户信息资源、农业经营专业化较高等因素，直接与农户开展合作经营面临较高的成本和风险。因此，"农管家"设立之初并未直接涉足农地流转市场，而是尝试通过农业"全产业链"服务供给的方式解决农业规模化经营中的融资难题，为农户提供种、养殖助贷服务。

（二）运作流程

自 2014 年"农管家"开始开展农户助贷业务。"农管家"作为银行、信托、互联网金融等资金供给端和农户以及合作社等资金需求端的联结者，在信贷服务运行中主要职责为"贷前风控、贷中服务、贷后管理"，主要体现在贷款前对农户及合作社等贷款需求主体的经营能力，经营的土地面积、质量和经营业绩等进行线下尽职调查，并审核、评估其资信水平；然后对接银行、信托等金融机构，为贷款需求主体提供增信和辅助风险控制，将其拥有的非标资产的信用价值进行量化，从而获取贷款满足农地流转和农业经营中的资金需求；贷款后"农管家"对获得贷款的经营主体的资金使用情况进行监督，并为其提供农资采购、农机服务、订单农业和产品销售等全产业链农业服务。

前期助贷业务为"农管家"后期开展农地经营权信托业务积累了大量优质农户及合作社等农业经营主体的信息资源，从而能够以较低成本发现并选择经营能力较强、有意愿转入土地扩大经营规模的合作主体。2017 年"农管家"与吉林信托合作设立了农地经营权信托项目，不同于前文所述的商业信托机构参与的农地经营权信托模式的基本运作流程："经营权流转——土地整治及基础设

---

① 全称为"北京农管家科技有限公司"，成立于 2014 年，为复星集团参股的农业互联网服务企业。

施改造——提升土地价值后再流转",其通过控制农业全产业链对土地流转和金融服务两大核心业务进行整合,并设计其交易结构,形成"农业产业链"式的农地经营权信托模式。其基本运作流程(图4-8):一是设立信托流转计划:"农管家"与吉林信托联合成立农地经营权信托流转计划。有意愿扩大土地经营权规模、加入信托流转的农户及合作社等经营主体,以自有土地资产作为劣后①;然后以信托计划向社会投资者公开募集资金②并作为优先,利用社会资本扩大土地流转规模,交由参与信托流转计划的农户及合作社等主体扩大经营规模③。二是成立SPV(或SPT)公司对信托计划的资产进行管理。并按照信托计划优先级、劣后级的合约安排进行收益分配。三是农业全产业链服务。为更好地保障经营主体从事规模化、专业化的农业生产经营,"农管家"渗透到农业生产链条中的生产、加工、销售等核心环节,根据农户等经营主体的实际需求提供具有针对性的服务方案,内容涵盖融资服务、农技服务、订单农业等。通过有效的整合和配置土地、资金、技术、管理、信息等资源要素,匹配市场供需,提高农业生产的组织化、科学化程度并形成新的农业产销模式。

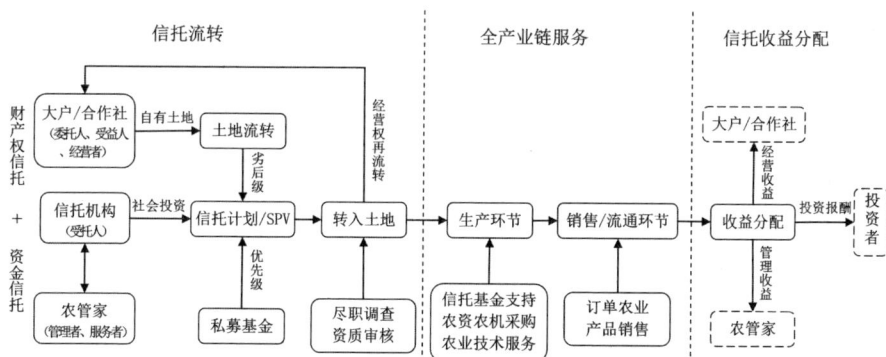

图4-8 农地经营权信托"产业链"模式的运行机制
Fig. 4-8The Operation-mechanism of Farmland Management
Right Trust "Industrial Chain" Mode

① 劣后资产的土地价值核算是以土地剩余可流转经营年限乘以当地的土地流转价格。作为劣后资产,如果农户或合作社等经营主体如果发生违约,农户的自有土地收益不会被投资人分配,如果收益率不足,农户会优先用自有土地收益补足,如果还不够才会流转土地。

② 基金募集由合作的私募基金负责,农管家收取优先级的基金管理费用。

③ 如黑龙江省桦川县益民合作社将部分社员的2500亩土地流转给吉林信托,吉林信托通过发行信托计划于2017年完成1000余万元的社会资本融资,用于黑龙江省桦川县益民合作社用于新增土地流转和水稻种植经营,信托计划期限为3年。其中社会投资年收益率20%左右。

第三节　不同农地经营权信托实践模式的特征总结比较

一、农地经营权信托"土地流转"的特征分析

从上述不同农地经营权信托实践模式对比分析来看，无论是"政府主导型"还是商业信托参与的"市场主导型"，在"土地流转"方面都体现出一些共性的特征。首先，农地经营权信托流转基本形成了统一的模式和运作流程：即将农户分散的土地经营权进行归集整合，作为"财产权信托"集中于信托机构管理，再由信托机构租赁给新型农业经营主体，实现土地规模化经营。其次，信托机构在土地流转过程中都具备基本的职能，主要体现为：一是土地流转信息搜集、整理汇总、登记发布等信息职能。二是土地流转交易结构设计、合同的签订和履约监管，审查经营主体资质及经营能力，监督承租土地后的土地利用行为防止其擅自改变农地用途等农地经营权信托事务监管功能。三是筹集资金以及统筹利用政策性支农资金等各类资金，对流转后的土地进行综合整治开发的融资职能。四是农地经营权信托参与者协商制定信托收益分配方案，负责信托收益收取和分配，调节相关矛盾纠纷，以及为经营者主体提供农业技术咨询、经营指导、农业生产服务等服务职能。但具体分析来看，政府主导和市场主导的农地经营权信托实践模式在土地流转方面也显现出各自的差异。

（一）政府主导下农地经营权信托"土地流转"的特征总结

除上述福建沙县、河南临颍县的农地经营权信托模式实践外，浙江绍兴、广东高州、湖南益阳、贵州安龙、四川彭州、甘肃永登等地区都试点通过由政府引导或牵头设立土地信托机构，将农户分散的土地经营权以信托形式进行集中流转。当然，各地农地经营权信托模式在实践中，信托组织架构设置、流转交易结构设计、融资机制创新以及信托收益分配、风险防范等方面都不尽相同，各具地方特征，但也体现出政府主导下农地经营权信托土地流转的一些共性特征（表4-3）。

表 4-3 政府主导下农地经营权信托模式的特征总结

Tab. 4-3 The Features of Land Management Trust Mode by Government Leading

模式分类	机构类型	机构性质	典型实践案例	基本交易结构	运作模式	机构功能			风险控制
						土地流转	金融服务		
							项目融资	信贷服务	
政府主导	政府成立的土地流转信托服务机构	非持有金融牌照的土地流转服务组织	浙江绍兴福建沙县湖南益阳等地区					财政贴息贷款、担保贷款、抵押贷款等	·设立信托风险保证金（保障农户收益刚性兑付）·担保+抵押等
	政府成立的类"信托"功能的"土地银行"或"土地信用合作社"		四川彭州陕西杨西宁夏平罗河南临颍等	农户+政府/信托机构+规模经营主体+合作银行	经营权流转——集中整合——经营权再流转	土地交易、市场信息、监督管理、生产服务	财政资金、政策性资金、项目奖补资金合作银行贷款等	土地租金贷、种植贷等	·公职人员担保·农业保险（降低经营损失）·政府出资设立风险准备金（贷款风险补偿）等

首先，从土地流转的运作流程来看，有土地流转意向的承包经营权人将土地经营权委托给政府主导下成立的土地流转信托服务机构，信托机构将分散的土地进行整合连片和土地整治开发，再将土地统一采取租赁或其他方式再次流转给有规模经营意愿的农业经营主体，即"经营权流转——集中整治——经营权再流转"的土地流转信托模式。由此形成两个层级的市场关系，一是农户作为土地财产权委托人与土地信托机构作为受托人之间的信托关系；二是土地信托机构作为土地财产管理者与农业规模经营主体作为农地实际使用者之间的农地经营权租赁关系。相对清晰的市场关系对于规范农地流转程序及市场秩序、促进农地规模经营起到了重要作用。

其次，从模式运作中信托机构的属性，以及政府的角色定位来看，政府主导下设立的土地流转信托机构并非持有金融牌照的信托公司，从法律层面来说发生的土地流转行为并非是严格意义上的信托法律行为，仅是借助信托之名进行土地流转。融资创新方面也缺少利用金融工具和市场化渠道进行融资创新的可能性。该模式运作中各个环节都不同程度地隐现出政府的身影，带有浓厚的政府色彩。但是，在农地流转市场化程度较低的情形下，相比早期完全由村组织或乡镇基层政府直接干预，时常违背农民意愿开展的"反租倒包"式的土地流转，政府主导下的农地经营权信托模式在尊重农民意愿、保障农民土地权益，减少土地流转阻力和矛盾纠纷等方面具有很大程度的进步意义。政府牵头成立的土地流转信托机构凭借政府的公信力，提高了农户对信托流转的接受程度和参与意愿，降低了土地流转谈判成本和交易过程中道德风险。信托机构成为农地流转供求双方的连接纽带，农户通过土地流转获得稳定的信托流转收益，信托流转合约关系的稳定性降低了规模经营主体对土地进行长期投资经营的诸多顾虑。同时，财政资金和政府信用担保贷款的引入，为土地整治和农业生产基础投入提供初始资金。

（二）市场主导下农地经营权信托"土地流转"的特征总结

商业信托介入农地流转是对政府主导下农地经营权信托流转的市场化改造，既强化了市场在土地流转和金融供给等方面的运作机制，同时也体现出政府在"双合作社"模式、"二次代理"模式、"产业链"模式等典型模式运行机制中的不同作用（表4-4）。

表4-4 市场主导下农地经营权信托模式的特征总结

Tab. 4-4 The Features of Land Management Trust Mode by Market-Leading

模式分类	机构性质	典型实践案例	委托人类型	交易结构	运作模式	机构功能			风险控制
						土地流转		金融供给	
						地方政府	信托机构		
市场主导 "双合作社"模式		山东青州、江苏无锡、北京密云、河南新乡等	土地股份合作社	土地股份合作社+信托机构+专业合作社				直接融资：以自有资金为主业后资金为专业合作社提供流动性支持	·地方政府提供担保责任·劣后资金保障信托计划安全
"二次代理"模式	持有金融拍照的商业信托机构	上海周浦、江苏镇江、四川成都等	集体经济组织(或资产管理中心)	集体经济组织(或资产管理中心)+信托机构+新型经营主体	经营权流转——集中整治——经营权再流转	土地流转宣传引导、财政支持、融资环境优化、政策监督等	土地转让信托制度设计，制度安排以及信托事务管理的职能	通过市场化渠道嫁接不同类型的金融产品，如信托贷款、土地证券、股权投资、融资租赁等	·严格资质审查·多元主体承租，分散经营风险·购买农业保险等
"产业链"信托模式		黑龙江佳木斯市、肇东市等；产业链整合者：农服公司	专业合作社+农服公司+信托机构+银行/保险机构	专业合作社+农服公司+信托机构+银行/保险机构				·项目贷款：设立土地流转信托计划向社会公开发行募集资金·农业经营主体贷款：提供增信和辅助风险控制	·经营能力和资信水平的审核评估·控制农业产业链实施全程监督等

土地流转交易结构设计方面，相较于政府主导下的农地经营权信托模式，市场主导下土地流转信托交易结构形式更为灵活多元。如"双合作社"采用"入股+信托"的模式，以农民自行组建的土地股份合作社作为直接委托人，不仅减少了土地流转环节政府过多的行政干预，防止政府过深介入带来的种种弊病，而且土地经营权股份化还赋予了土地金融属性和资本属性，农民凭股权证书享有信托计划收益。后期由信托机构将土地经营权租赁给农业种植专业合作社。但"双合作社"的组建使得土地流转信托业务仅局限于村民小组范围内，因此土地流转规模总体偏小，与之相对应的经营主体为专业合作社，其农业生产的规模化、产业化能力有限，管理水平和抗风险能力相对较弱，土地经营用途也被限定。

"二次代理"采用"资产管理中心+信托"的模式，与"双合作社"模式相比，地方各级政府在资产管理中心设立和土地流转过程中均发挥着组织、协调和管理的职能作用，政府参与减少了土地归集中信托机构与农户直接协商谈判面临的较高成本和潜在的"敲竹杠"行为。资产管理中心的土地流转信托业务范围覆盖地市级政府所辖的整个区域，土地流转的市场化程度较高，土地流转跨乡镇区域规模较大。土地流转后获得经营权的主体多为大型农业企业，有助于实现农业规模化、产业化、集约化经营。

"产业链"模式采用"农服公司+信托"模式，与上述两种模式相比，其市场化运行程度较高。该模式土地流转机制的运行主要依赖农服公司长期建立的信任机制。该模式中委托人为农户及合作社，以自有土地资产作为劣后加入土地经营权信托计划，既是财产委托人又是受益者，同时还有转入土地、扩大经营规模的需求，是后期的土地经营主体。但相较于政府牵头发起以及商业信托机构参与、基层政府及村集体组织协调的土地经营权流转信托，大多农户和合作社社员缺乏对商业信托产品的基本认知，难以在短期内直接建立起对信托机构的信任，因此信托计划的设立和运行需要中介在农户和信托机构之间建立信任。"农管家"作为农业服务商在信托流转计划设立前就已经通过助贷服务帮农户解决生产资金的问题，虽然农户助贷业务成本较高、利润较低，但是线下团队充分掌握了农户的农业生产状况、资金需求、信用等级等市场信息，并保持了较高的信任关系，在黑龙江、吉林两省积累了1000多家专业种植农户和合作社资源。因此，由"农管家"作为市场中介联结农户和信托机构，解决了信托流转计划设立中的信任机制缺失问题。而土地转入市场信息的搜集主要通过"农管家"的线下团队对土地质量、数量、区位、种植作物类别等，以及土地确权、土地流转意向等信息进行调查登记，对接土地转入农户选择土地并办理土地流转信托登记等相关手续。

二、农地经营权信托"金融供给"的特征分析

面对土地流转规模的扩大带来的大量融资需求，政府主导和市场主导下的农地经营权信托模式在解决土地整治、农田基础设施建设、农业经营主体信贷等金融供给不足的问题方面，其依赖的手段以及风险防范、控制上都呈现出各自特点。

（一）政府主导下农地经营权信托"金融供给"的特征

政府主导下农地经营权信托模式在解决"金融供给"不足问题时，主要依赖行政手段和政府信用。财政资金、项目专项扶持资金、银行信贷等资金汇集土地流转信托平台，这些初始资金投入为农业规模化、产业化经营提供了不可或缺的资金基础。为解决农业经营主体的融资难题，政府通过财政贴息、政府担保贷款、农地及生产性设施设备等产权抵押贷款等，一定程度上缓解了农业生产中发展资金不足的问题。在信贷风险防控方面，更多是通过政府出资设立风险保证金，保障农民土地经营权信托财产收益刚性兑付，也为农业经营主体发生信贷违约时，偿付合作金融机构的贷款损失进行兜底。同时，也有地方通过政府公职人员担保、强制申请信贷的农业经营主体购买农业保险等措施，尽可能降低信贷违约风险的发生概率。

（二）市场主导下农地经营权信托"金融供给"的特征

市场主导下商业信托机构参与的农地经营权信托模式，在解决金融供给不足问题时，更多采取市场化手段。如"双合作社"模式中，由于土地流转规模较小，商业信托机构开展资金信托业务规模也受此限制①，实践中商业信托多以自有资金为专业合作社提供流动性支持。与之相比，"二次代理"模式和"产业链"模式中，土地流转规模扩大增加了土地整治、农业设施建设、农业生产经营等方面的资金需求量，商业信托能够充分发挥其金融机构的功能，通过市场化渠道嫁接不同类型的金融产品，将社会资金引入农业生产领域解决土地流转规模与金融资源供给不平衡的问题。如"农管家"与吉林信托通过联合设立土地流转信托计划向社会公开发行募集资金，社会投资者购买信托产品一方面有金融监管部门的背书保障，另一方面"农管家"在后期对农产品的品牌建设和

---

① 如在无锡桃园"双合作社"模式案例中，北京信托在信托计划存续期间视资金需求情况发行资金信托，但因专业合作社经营规模有限，资金需求量小，未在市场上公开发行资金信托计划引入社会资金。

价值提升，这些都增加了投资者的信心。

在信贷风险管控方面，"双合作社"模式中，为确保农民的土地流转权益不受损害，地方政府出台相关政策措施为土地流转信托提供担保责任，并由地方政府出资和土地股份合作社提供固定收益作为劣后资金保障信托计划的安全。可以看出，该模式运行风险的控制很大程度上依赖地方政府的担保和资金保障。"二次代理"模式中，由于土地流转规模较大，后期由单一主体承租经营难免加剧风险，因此土地流转中往往采取"先集中后分散"的策略，通过严格资质审查，选择经营能力较强的专业大户、家庭农场、农业企业等多元主体承租信托流转的土地，从而分散经营风险。此外，承租土地的农业经营主体需按照合约规定购买农业保险以保障风险赔偿。而"产业链"模式运行风险防范主要通过农服公司线下团队的尽职调查，对土地流转信托计划参与主体的经营能力和资信水平进行审核评估，筛选优质合作主体。并通过控制农业产业链实施全程监督，如"农管家"对参与信托流转计划的经营主体进行监督指导，按照"农管家"要求的管理模式和流程进行生产经营，提供覆盖农业全产业链服务，既降低了农业生产和农产品销售过程中的风险，又保障了信托计划参与各方的稳定性收益。

第四节　本章小结

历经二十年的有益探索，农地经营权信托模式发展的总体趋向是从"政府主导"到商业信托参与的"市场主导"逐步演变。在此过程中，地方政府在土地流转和金融供给方面的部分职能开始被商业信托机构分离、替代，这满足农地"三权分置"制度改革的目标需求，也符合农地流转和金融创新市场化改革的方向。从形式上看，政府主导型和市场主导型农地经营权信托模式的不同在于是否引入商业信托机构，但本质上是利用政府逻辑还是市场逻辑去解决农地流转中遇到问题，以及如何处理好政府和市场的关系，形成良好的治理结构从而更好地配置农地市场要素，提高资源利用效率的问题。

面对土地流转规模的扩大带来的大量融资需求，政府主导下的农地经营权信托模式主要依赖行政手段和政府信用。而市场主导下商业信托机构参与的农地经营权信托模式，解决融资问题使得主导力量从以往单一的"政府主导"向"政府与市场并重"的方向发展。一方面，商业信托机构依然可以利用政府财政资金为土地整治、农业生产等提供流动性支持；另一方面，商业信托机构具有较强的金融服务功能，可以充分利用市场化的金融工具创新融资机制，根据土地流转信托项目具体的融资需求提供适合的融资渠道和方案引入社会资金，从而减轻单纯依靠财政资金和政府信用带来资金压力和金融风险。不过，从当前商业信托参与的农地经营权信托实践来看，商业信托的业务范围主要以土地流转事务管理为主、农地资金融资型信托为辅。这主要由于商业信托参与农地流转尚处于实践探索阶段，受制于农业产业生产经营周期长、风险高、相对利润低等天然弱质性，仅有少量信托计划为有融资需求的农业经营主体提供金融支持。

第五章 农地经营权信托的形成机理
——基于参与主体利益博弈均衡分析

第四章梳理总结了"三权分置"改革背景下农地经营权信托已有的实践模式，以及从"政府主导型"到"市场主导型"发展演进的基本方向，通过分析不同模式的基本组织运作与交易结构，以及参与主体权责配置、利益分配、风险管控等方面呈现出的特点与差异，从宏观层面深化对农地经营权信托实践的综合性认知。从本质上讲，大到国家基本经济制度或占统治地位的生产关系的变革，小到对个人经济行为产生约束力的政策或规则的调整，其根本动力都源自生产力的发展。但这些制度、政策及规则最终要通过经济社会中具有不同利益的人（或利益群体）来制定、执行和遵守来实现，也必然对相关利益主体产生深远的影响。因此，每一个利益主体都企图对关系切身利益的制度施加影响，使其朝着有利于自己的方向变化。当然，最终的均衡结果出现不可能由某一方利益主体单独决定，这是包括主体、客体以及制度环境等因素在内，多方参与主体相互博弈达到的利益均衡状态，其形成过程和运行机制内在包含了不同利益主体的多重行为逻辑及相互作用。

同样，作为一项土地流转制度和农业经营机制创新，农地经营权信托的形成、发展及运行也遵循同样的制度逻辑。本章从参与主体利益博弈均衡的角度，以演化博弈理论为基础，首先基于农地经营权信托实践中已有的基本事实，分析农民、村集体组织、地方政府、信托机构以及规模经营主体等不同参与主体的利益诉求和行为策略选择。然后构建不完全信息条件下多方参与的演化博弈模型，刻画农地经营权信托形成过程中相关利益主体博弈的动态演化关系，并找出影响利益主体行为策略选择及博弈均衡结果的变量。最后以河南省信阳市淮滨县的农地经营权信托实践为典型案例，过程展现农地经营权信托产生和发展的整个动态过程，揭示农地经营权信托的形成机理和内在动因，深化对其运行逻辑的微观行为解释。

第一节　理论分析

演化博弈理论（Evolutionary Game Theory）是把经典博弈论的博弈分析方法与生物进化论的动态演化思想结合起来形成的一种理论，它以参与博弈主体的"有限理性"为基本假设，把影响博弈主体选择行为的各种因素纳入分析框架中，动态刻画博弈主体在不完全信息的重复博弈中，为追求自身利益的改善，根据现有的利益和以往经验不断地进行策略动态调整和改进，并最终达到一种利益均衡状态的过程。这种动态平衡状态下，博弈各方都不再愿意单方面改变策略，即各方形成动态演化稳定策略（Evolutionarily Stable Strategy），通过复制者动态均衡模型（Replicator Dynamic）能够较好地描述这种利益均衡状态的动态收敛过程。

农地经营权信托作为一项新的制度安排，其形成的内在机理与演化博弈理论的基本思想和分析方法具有较高的契合度。通过对相关利益主体为实现各自利益诉求所实施的博弈策略选择行为，动态演化路径以及影响各主体策略选择的核心变量进行分析，以演化博弈理论的解释框架来剖析参与主体之间的利益关联和相互作用机制，从而可以揭示出农地经营权信托的形成机理。

一、理论假设

（一）参与主体有限理性

根据第四章对农地经营权信托已有实践的总结分析，农地经营权信托形成和运行中主要参与主体包括地方政府①、信托机构、村集体组织、农民以及农业规模经营主体。这些核心利益主体在经济学意义上都是有限理性经济人，具有有限的认知、信息处理和计算能力，行为选择受到经济社会环境的不确定性和复杂性等客观因素的制约。

（二）不完全信息

农地经营权信托参与博弈主体之间具有不完全信息②。现代经济社会信息和

---

① 本书中参与博弈政府级别主要为地市级地方政府及乡镇基层政府。

② 本书研究中假设参与主体在农地经营权信托形成的博弈过程中存在信息不对称，也正因为此需要农地经营权信托制度设置来减少参与主体之间的信息不对称程度，降低土地流转交易成本、提高资源配置效率。

土地、资本等生产要素一样成为一种稀缺资源，拥有完全、准确和真实的信息是市场机制发挥作用的一个重要内生性因素。但在现实世界中，不完全信息是客观存在的。由于市场主体之间的专业化差异，各自掌握和支配的资源、时间和精力不同，信息搜寻成本较高，交易过程中往往难以获得完全信息。交易主体之间的信息不对称①往往导致占据信息优势的一方为谋求自身更大利益损害处于信息劣势地位一方的利益，最终造成市场无法实现资源要素的优化配置，并产生市场失灵、道德风险等问题。

（三）动态博弈

参与主体在利益博弈过程中具有有限的策略选择空间，且博弈是动态的，博弈双方互相知道对方采取的行动策略集合，但不能完全掌握对方的特征、策略与效用函数情况，也不掌握各自采取行动策略的发生概率；博弈双方行动有先后次序，后行动者可以在采取行动策略之前观测先行动者的策略选择，在一定的约束条件下，每个参与主体在利益博弈过程中，根据自身现实情况、以往的经验以及其他参与者的策略选择，不断学习（或试错），动态调整策略进而做出有利于达到自身利益目标的行为策略选择。

（四）博弈关系为合作博弈

农地经营权信托各参与主体之间存在合作博弈（Cooperative Game）关系，在具有约束力的合作协议下，合作博弈的结果是博弈双方的利益均有所增加，或者至少是一方的利益增加，而另一方的利益不受损害，即通过合作博弈能够产生一种合作剩余，实现社会整体利益有所增加。合作博弈达成条件：（1）联盟的整体收益大于每个个体单独经营收益之和；（2）每个参与者都能获得比不加入联盟更高的收益。罗伊德·夏普利（1953）研究通过 Shapley 值方法来解决多个参与主体合作博弈的利益分配问题，寻求构造一种综合考虑冲突各方博弈主体利益诉求的折中的效用分配方案，从而保证分配的公平性。

二、农地经营权信托形成机理的博弈阶段分析

农地经营权信托作为分置和激活土地经营权的一种具体实现形式，也是一项土地管理制度和农地金融改革的创新实践，内容涉及土地产权流转、土地整治和金融服务等多项业务。因此，农地经营权信托形成也涉及多元利益

---

① 信息不完全是参与博弈主体做出某个策略选择时搜集或掌握的信息不足，信息不对称是在博弈互动中双方所掌握的信息不对等，双方信息地位以及掌握的信息数量、质量等存在差异。因此，可以认为信息不对称是不完全信息带来的客观现实结果。

主体，存在着多重权责关系和利益关系。各利益相关主体拥有不同的资源禀赋，有着不同的目标诉求和行为取向，追求各自利益。但是由于地方政府、村集体组织、农民、信托机构等参与主体具有有限理性和不完全信息性，在知识、信息以及谈判能力等方面差异明显，在农地产权关系中占有不同的权力地位，各主体之间既存在利益关联也存在利益冲突。农地经营权信托形成是多方参与主体之间动态博弈的过程，存在多阶段重复博弈关系（图5-1）。本书构建农地经营权信托形成机理的三阶段博弈模型，对不同阶段参与主体之间的博弈关系，为实现各自利益目标所实施的博弈行为，以及可能实现的博弈均衡结果进行分析。

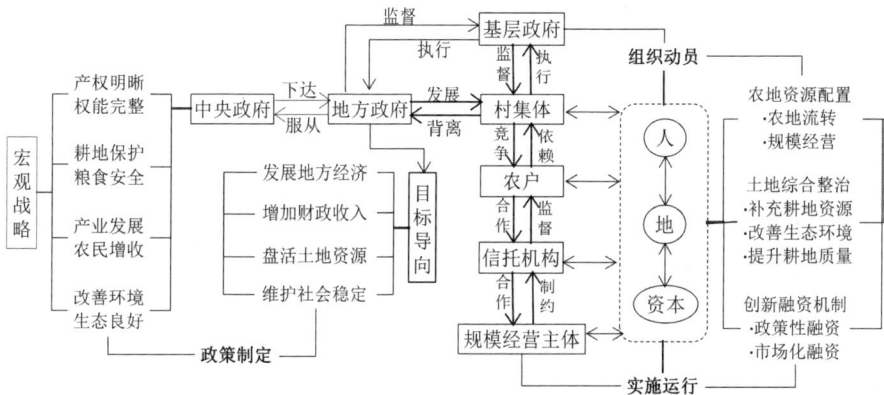

图5-1 农地经营权信托形成中的博弈阶段与博弈关系

Fig. 5-1Game Stage and Game Relationship in the Formation of

Land Management Right Trust

首先，第一阶段为农地经营权信托形成的政策制定和制度设计阶段，地方政府和信托机构是最早涉入的博弈关系主体，其形成首先离不开地方政府作为推动农地流转和金融创新政策制定者的支持、引导推动，以及信托机构等市场创新主体对相关政策的积极响应、主动参与。双方在博弈中既存在支持、鼓励的合作关系，也有因利益基点和目标诉求不一致引发的冲突，存在监督、控制的制约关系。

其次，第二阶段是农地经营权信托形成的组织动员阶段。"小而散""分散化"的农地经营权流转和集中离不开农民的支持认可、积极参与。因此，农地经营权流转前的组织宣传、动员协商是一个重要环节。该阶段参与博弈的核心利益主体主要有地方政府（包括基层乡镇政府）、村集体和农民。地方政府作为引导者就当前国家的农村土地产权制度、土地流转政策等向农民进行宣传，引导农民转变观念、消除顾虑；基层乡镇政府和村集体作为组织者和协调者，协助地方政府就农民的土地流转意愿、土地流转收益、期限等内容开展调查，调解处理土地流转纠纷，与农民签订土地流转意向书、建立土地流转档案等。

最后，第三阶段为农地经营权信托形成的实施运行阶段。农户作为委托人，将承包期限内的农地经营权委托给信托机构管理，与信托机构签订农地经营权流转信托契约；信托机构作为受托人对集合的土地进行整治开发后，将农地经营权在一定期限内让渡给规模经营主体从事农业生产经营。这是农地经营权信托形成的最终环节，分为土地经营权委托和土地经营权的再让渡两个阶段，该过程中农户、信托机构和规模经营主体参与博弈过程中既存在合作共赢关系，也有监督、制约关系。

第二节　政策制定阶段：地方政府与信托机构的博弈分析

一、参与主体：角色分析与利益诉求

（一）地方政府

地方政府作为农地产权制度改革和土地政策的具体执行者和践行者，是土地流转融资创新政策的制定者，是农地经营权信托创新实践的直接推动力量和监督管理者。在推动农地经营权信托实践中，地方政府具有政治、经济、社会等多重利益诉求和发展目标。

一是政治目标。严格遵照中央政府制定的方针政策，在确保耕地数量、保障国家粮食安全和农民土地权益的前提下，通过土地流转融资创新提高农地资源的配置效率。地方政府对农地经营权信托发展制定相关政策，实施规划开发，引导信托机构等市场主体参与土地流转融资创新，并保证农地经营权信托发展合乎农地产权制度改革目标和中央政府的全局性政策目标，最大限度地实现公共利益。

二是经济目标。促进地方经济发展，增加地方财政收入。通过农地经营权信托实践改变土地细碎化、分散经营的状况，提高土地利用效率，促进土地适度规模化经营，增加农户的土地财产性收入和规模经营者的经营收入。通过国

土综合整治修复农村生态环境，增加耕地数量、提升耕地质量，并由此获得城乡建设用地增减挂钩和耕地占补平衡指标交易收入的政策红利，增加地方财政收入。

三是社会目标。平衡参与主体利益关系、协调冲突，维持地方社会稳定发展。农地经营权信托运行中土地规模化流转和利益分配不合理等都可能引发矛盾冲突，处置不当很可能上升为群体性对抗影响社会稳定。地方政府必须通过有效的协调和监管，减少引发矛盾冲突的不确定因素，实现矛盾冲突向协同合作的方向转化。当然，地方政府在土地流转创新实践中也会出现唯经济利益的短视行为，不顾地方经济发展的实际情况以及农民和其他参与主体在土地流转中的利益诉求，盲目推进土地流转，且疏于采取监督管理措施，从而造成农地资源破坏、利用效率降低、矛盾冲突加剧的恶果。

（二）信托机构

信托机构是拥有资本和技术的经济组织，在资产管理、市场信息等方面占有优势。在农地产权制度改革和农地金融创新等政策支持下，信托机构参与土地流转和融资创新，扮演的是市场中介平台和资源整合者的角色，可以解决农地市场化流转和金融供给中人才、资金、技术以及社会化服务等方面的诸多瓶颈约束问题。信托机构介入一方面可以发挥其土地资产管理和融资服务的业务优势，拓宽业务范围和增强行业竞争能力；另一方面可以发挥信托机构跨市场配置资源的中介平台优势，创新农业领域的投融资机制，从而拓宽农地经营权信托项目融资和农业规模经营主体生产融资的渠道，同时增加自身的资产管理收益和融资收益。此外，信托机构在政策支持下参与土地流转融资创新，可以彰显金融机构支持农业发展的社会责任感，提升自身的社会形象，获得良好的声誉。当然，受制于土地规模化流转可能引发的矛盾冲突，以及农业生产周期长、经营风险高、相对利润薄等因素带来的资产管理风险和融资风险并存的问题，信托机构也可能选择放弃参与农地经营权信托实践。

二、地方政府与信托机构的博弈关系：鼓励与控制

为支持农业现代化、产业化经营，解决土地流转、土地综合整治以及农业生产经营中金融供给不足的问题，中央多部门相继出台文件，支持金融机构加快创新工作方法、机制以及金融服务引导金融机构、人员、服务下沉至农村地区，加大对"三农"的供给支持。在中央政府的政策指示引导下，一些地方政府出台一系列优惠政策，鼓励信托机构等金融组织参与到农地经营权流转、土地整治和金融创新等各环节中。但信托机构等经济组织以追求自身经济收益为主要目的，其目标诉求与地方政府在政治、经济和社会等方面的利益目标并不一致，甚至背道而驰。如果缺乏有效的市场监管，往往会出现信托机构过度追求经济利益而损害农民土地权益和地方经济发展的短视化行为。因此，地方政府同时会出台一些限制性政策，采取市场监管措施对信托机构参与农地经营权信托实践加以约束和控制，降低其短视化行为的发生概率。

三、动态演化博弈模型构建

（一）基本假设

为了分析地方政府和信托机构在农地经营权信托形成中的政策制定阶段，二者开展土地流转融资创新，参与农地经营信托的行为，以及二者在动态演化博弈中可能实现的稳态均衡状况，提出以下基本假设：

假设1：农地经营权信托实践运行的前提是地方政府政策支持下信托机构参与土地流转融资创新，该阶段参与博弈的主体为地方政府（L）与信托机构（T）；

假设2：地方政府在该阶段博弈中可采取的行动策略｛监督 L_1，不监督 L_2｝，信托机构可采取的行动策略｛参与 T_1，不参与 T_2｝；

假设3：地方政府对信托机构的土地流转融资创新行为采取监督策略的概率为 y，采取不监督策略的概率为 1-y（$0 \leqslant y \leqslant 1$）；信托机构采取参与土地流转融资创新行为的概率为 x，采取不参与的概率为 1-x（$0 \leqslant x \leqslant 1$）。

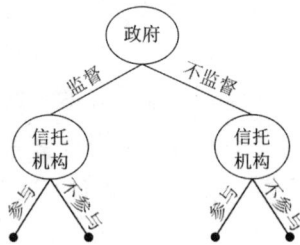

图 5-2　地方政府与信托机构利益博弈树

Fig. 5-2　The Benefit Game Tree of the Local Government and Trust Organization

（二）参数设定与博弈收益分析

在农地经营权信托形成的政策制定阶段，地方政府和信托机构参与博弈时，双方都会根据对方的策略做出选择，由于信息不完全等因素存在，双方都无法在利益博弈初始阶段找到最佳策略，通过不断调整自身策略进而做出符合自身利益目标的策略选择。结合地方政府与信托机构博弈的基本假设，梳理双方不同策略选择组合下的收益支付变量，得到二者博弈策略变量并对各个变量做出释义（见表5-1）。

表5-1　地方政府与信托机构博弈策略变量及释义

Tab. 5-1　TheGame Strategy Variable and Its Definition of Local Government and Trust Organization

策略组合	收益支付变量	变量释义
(L_1, T_1)	$R'_{(g)}$	L_1策略下可获得的直接经济收益（包括农地规模化集约化利用效率提高、农业产业化发展带来的地方经济增长；在土地流转、土地整治基础上，由城乡建设用地增减挂钩和耕地占补平衡指标交易等政策带来的地方财政收入增加；以及相关税收收入增加等）
	$\Delta R'_{(g)}$	L_1策略下可获得的隐性额外收益或间接收益（如改善农业融资创新的市场环境，保持地方社会稳定增进社会福利，提升地方政府形象和社会公信力等）
	$C'_{(g)}$	L_1策略下支付的成本（包括促进土地流转融资创新的相关政策制定以及市场监督管理成本）
	$R'_{(t)}$	T_1策略下可获得的综合收益（包括经营管理报酬，政策性收入，如从事土地流转融资创新获得的政府项目配套资金及税收减免；其他收益，如提高企业社会声誉等）
	$C'_{(t)}$	T_1策略下支付的综合成本（包括土地流转融资创新设计费用；从事土地经营权信托业务的机会成本；从事土地经营权信托业务的风险成本）
(L_1, T_1)	$\Delta C'_{(t)}$	T_1策略下因违规而受到的处罚成本（如违反地方政府在土地流转融资创新方面的一些限制性政策而受到的处罚）
(L_1, T_2)	$C'_{(g)}$	L_1策略下支付的成本（包括促进土地流转融资创新的相关政策制定以及市场监督管理成本）
	$\overline{R}'_{(t)}$	T_2策略下所获得的收益（即从事其他信托业务的机会收益）
	$\overline{C}'_{(t)}$	T_2策略下支付的综合成本（即从事其他信托业务的综合成本）
(L_2, T_1)	$\overline{R}'_{(g)}$	L_2策略下可获得的收益
	$\overline{C}'_{(g)}$	L_2策略下支付综合成本（包括不监督时面临的政治经济社会风险成本，监督管理不力面临上级政府的处罚）
	$R'_{(t)}$	T_1策略下可获得的综合收益
	$C'_{(t)}$	T_1策略下需要支付的综合成本

策略 组合	收益支 付变量	变量 释义
$(L_2,$ $T_2)$①	$\overline{R}'_{(t)}$	T_2策略下所获得的收益（即从事其他信托业务的机会收益）
	$\overline{C}'_{(t)}$	T_2策略下支付的综合成本（即从事其他信托业务的平均综合成本）

以地方政府和信托机构在博弈过程中的收益和成本支付作为其博弈决策的工具，综合双方不同策略选择组合下的博弈情形，可得到双方的博弈收益支付矩阵（见表5-2）。

表5-2　地方政府与信托机构博弈收益支付矩阵

Tab. 5-2　The Payoff Matrix of the Local Government and Trust Organization

博弈方1 ＼ 博弈方2		信托机构	
		参与	不参与
地方 政府	监督	$R'_{(g)} + \Delta R'_{(g)} - C'_{(g)}$, $R'_{(t)} - C'_{(t)} - \Delta C'_{(t)}$	$- C'_{(g)}$, $\overline{R}'_{(t)} - \overline{C}'_{(t)}$
	不监督	$\overline{R}'_{(g)} - \overline{C}'_{(g)}$, $R'_{(t)} - C'_{(t)}$	0 , $\overline{R}'_{(t)} - \overline{C}'_{(t)}$

3、模型构建

地方政府选择监督策略和不监督策略获得的收益分别为 $E(L_1)$ 和 $E(L_2)$：

$$E(L_1) = x(R'_{(g)} + \Delta R'_{(g)} - C'_{(g)}) + (1 - x)(- C'_{(g)}) = x(R'_{(g)} + \Delta R'_{(g)}) - C'_{(g)} \tag{5-1}$$

$$E(L_2) = x(\overline{R}'_{(g)} - \overline{C}'_{(g)}) \tag{5-2}$$

则地方政府的平均收益为 $E(L)$：

$$E(L) = yE(L_1) + (1 - y)E(L_2) = y[x(R'_{(g)} + \Delta R'_{(g)}) - C'_{(g)}]$$
$$+ (1 - y)[x(\overline{R}'_{(g)} - \overline{C}'_{(g)})] \tag{5-3}$$

由此可以得到地方政府选择监督策略时随时间变化的复制动态微分方程：

$$F(y) = \frac{dy}{dt} = y[E(L_1) - E(L)] = y(1 - y)[x(R'_{(g)} + \Delta R'_{(g)} - \overline{R}'_{(g)} + \overline{C}'_{(g)}) - C'_{(g)}] \tag{5-4}$$

同理，可以得到信托机构选择参与策略和不参与策略获得的收益分别为 $E(T_1)$、$E(T_2)$ 以及平均收益 $E(T)$：

---

① 该博弈情形下地方政府的成本收益为零。

$$E(T_1) = y(R'_{(t)} - C'_{(t)} - \Delta C'_{(t)}) + (1-y)(R'_{(t)} - C'_{(t)}) = R'_{(t)} - C'_{(t)} - y\Delta C'_{(t)}$$

$$(5-5)$$

$$E(T_2) = y(\overline{R}'_{(t)} - \overline{C}'_{(t)}) + (1-y)(\overline{R}'_{(t)} - \overline{C}'_{(t)}) = \overline{R}'_{(t)} - \overline{C}'_{(t)} \quad (5-6)$$

$$E(T) = xE(T_1) + (1-x)E(T_2) = x(R'_{(t)} - C'_{(t)})$$
$$- xy\Delta C'_{(t)} + (1-x)(\overline{R}'_{(t)} - \overline{C}'_{(t)}) \quad (5-7)$$

信托机构选择参与策略时随时间变化的复制动态微分方程:

$$F(x) = \frac{dx}{dt} = y[E(T_1) - E(T)] = x(1-x)[R'_{(t)} - C'_{(t)} - (\overline{R}'_{(t)} - \overline{C}'_{(t)}) - y\Delta C'_{(t)}]$$

$$(5-8)$$

四、复制动态方程的演化稳定性分析

在复制动态方程的基础上,分别对地方政府和信托机构在农地经营权信托形成中的政策制定阶段所采取策略的演化路径及稳定性进行分析。

(一) 信托机构采取策略的演化稳定性分析

令 $F(x) = 0$,可得 $x = 0$,$x = 1$,$y = \dfrac{R'_{(t)} - C'_{(t)} - (\overline{R}'_{(t)} - \overline{C}'_{(t)})}{\Delta C'_{(t)}}$,如果 $y =$

$\dfrac{R'_{(t)} - C'_{(t)} - (\overline{R}'_{(t)} - \overline{C}'_{(t)})}{\Delta C'_{(t)}}$ 时,则 $F(x) \equiv 0$,即对所有 x 都为稳定状态[①]。而当

$y \neq \dfrac{R'_{(t)} - C'_{(t)} - (\overline{R}'_{(t)} - \overline{C}'_{(t)})}{\Delta C'_{(t)}}$,令 $F(x) = 0$,可得 $x = 0$,$x = 1$ 是 x 的两个稳定

点,此时有两种情况,当 $0 < \dfrac{R'_{(t)} - C'_{(t)} - (\overline{R}'_{(t)} - \overline{C}'_{(t)})}{\Delta C'_{(t)}} < y < 1$ 时,$\left.\dfrac{\partial F}{\partial x}\right|_{x=0} <$

0,$\left.\dfrac{\partial F}{\partial x}\right|_{x=1} > 0$,故 $x = 0$ 为稳定点,即信托机构的演化稳定策略是选择不参与

土地流转融资创新;当 $0 < y < \dfrac{R'_{(t)} - C'_{(t)} - (\overline{R}'_{(t)} - \overline{C}'_{(t)})}{\Delta C'_{(t)}} < 1$ 时,$\left.\dfrac{\partial F}{\partial x}\right|_{x=0} >$

0,$\left.\dfrac{\partial F}{\partial x}\right|_{x=1} < 0$,故 $x = 1$ 是稳定点,即信托机构的演化稳定策略是选择参与土

---

① 也就是说无论信托机构选择"参与策略"还是选择"不参与策略"的概率如何,其策略都不会随时间发生改变。

地流转融资创新，因此存在 $0 < y < \dfrac{R'_{(t)} - C'_{(t)} - (\overline{R}'_{(t)} - \overline{C}'_{(t)})}{\Delta C'_{(t)}} < 1$。

根据以上对信托机构采取策略的演化稳定性分析可知，信托机构采取参与土地流转融资创新策略的主要影响因素有两个方面，一是信托机构自身的获利情况。当信托机构采取参与土地流转融资创新所得的利润超过采取不参与策略而从事其他信托业务时所获得利润，即 $R'_{(t)} - C'_{(t)}$ 与 $\overline{R}'_{(t)} - \overline{C}'_{(t)}$ 两种策略利润差额越大，信托机构采取"参与"策略的概率越高；二是地方政府的监督惩罚机制。信托机构参与土地流转融资创新时因违规面临的政府处罚力度 $\Delta C'_{(t)}$ 越大，甚至超过获得土地流转信托管理收入、政策性收入以及企业形象提升等综合收益时，信托机构采取"参与"策略的概率越低，反之则越高。因此，地方政府在采取严格监督策略时，设置的经济激励和惩罚措施对信托机构的策略选择具有重要影响，有利于信托机构严格遵守市场规则参与土地流转融资创新，有利于企业从长远考虑做出策略选择减少机会主义行为发生，让真正致力于土地流转融资创新业务的信托机构发挥作用。

（二）地方政府采取策略的演化稳定性分析

令 $F(y) = 0$，可得 $y = 0$，$y = 1$，$x = \dfrac{C'_{(g)}}{R'_{(g)} + \Delta R'_{(g)} - (\overline{R}'_{(g)} - \overline{C}'_{(g)})}$，如 $x =$

$\dfrac{C'_{(g)}}{R'_{(g)} + \Delta R'_{(g)} - (\overline{R}'_{(g)} - \overline{C}'_{(g)})}$ 时，则 $F(y) \equiv 0$，即对所有 y 都为稳定状态。而

当 $x \neq \dfrac{C'_{(g)}}{R'_{(g)} + \Delta R'_{(g)} - (\overline{R}'_{(g)} - \overline{C}'_{(g)})}$，令 $F(y) = 0$，可得 $y = 0$，$y = 1$ 是 y

的两个稳定点，此时有两种情况，当 $0 < x < \dfrac{C'_{(g)}}{R'_{(g)} + \Delta R'_{(g)} - (\overline{R}'_{(g)} - \overline{C}'_{(g)})} <$

1 时，$\dfrac{\partial F}{\partial y}\Big|_{y=0} < 0$，$\dfrac{\partial F}{\partial y}\Big|_{y=1} > 0$，故 $y = 0$ 是稳定点，即地方政府的演化稳定策略是选择不监督信托机构的土地流转融资创新实践。当 $0 <$

$\dfrac{C'_{(g)}}{R'_{(g)} + \Delta R'_{(g)} - (\overline{R}'_{(g)} - \overline{C}'_{(g)})} < x < 1$ 时，$\dfrac{\partial F}{\partial y}\Big|_{y=0} > 0$，$\dfrac{\partial F}{\partial x}\Big|_{y=1} < 0$，故 $y = 1$ 为

稳定点，即地方政府的演化稳定策略是选择监督信托机构的土地流转融资创新实践，即存在 $0 < \dfrac{C'_{(g)}}{R'_{(g)} + \Delta R'_{(g)} - (\overline{R}'_{(g)} - \overline{C}'_{(g)})} < x < 1$。

由此可见，地方政府的策略选择除了受到自身在不同策略下收益、成本支出的影响外，还受到来自上级政府的处罚机制的影响。当地方政府采取"监督"策略时获得的直接收益 $R'_{(g)}$ 和间接收益 $\Delta R'_{(g)}$ 越高时，采取"监督"策略的概率越大。其中获得的直接收益包括农地规模化集约化利用效率提高、农业产业化发展带来的地方经济增长；在土地流转、土地整治基础上，由城乡建设用地增减挂钩和耕地占补平衡指标交易等政策带来的地方财政收入增加，相关税收收入增加等。间接收益包括如改善农业融资创新的市场环境，保持地方社会稳定增进社会福利，提升地方政府形象和社会公信力等；与此同时，地方政府采取"监督"策略时的成本 $C'_{(g)}$ 越低，以及当采取"不监督"策略时获得收益 $\overline{R'}_{(g)}$ 越低，面临的政治经济社会风险成本，监督管理不力面临上级政府的处罚成本 $\overline{C'}_{(g)}$ 越高时，地方政府的策略选择会倾向于从"不监督"策略向"监督"策略演化。

第三节　组织动员阶段：地方政府、村集体与农户的博弈分析

一、参与主体：角色分析与利益诉求

（一）地方政府

地方政府作为区域行政机关，具有强制性和权威性。在农地经营权信托形成的组织动员阶段，地方政府扮演是土地流转政策的主要推动者、土地经营权流转的引导者和监督者的角色，并与其基层代理人乡镇基层政府及村集体（村委会）进行沟通协商，共同推动农地经营权信托实践创新。地方政府在该阶段博弈中同样有着多重利益诉求。一是通过创新土地流转形式，为推行农地经营权信托提供支持，促进地方农业现代化发展，增加地方财政收入；二是借助农地综合整治，完成提高耕地质量、增加有效耕地面积等保护耕地的行政任务，并通过"补充耕地指标交易"等为支持地方经济发展开辟新的资金来源渠道；三是做好区域内农村的公共服务和社会管理，减少农地流转中的矛盾阻力，降低社会治理成本，提升政府形象获得上级政府和社会认可。

（二）村集体

村集体（或村委会）作为地方政策的村庄尺度落实者，也是农户利益的集中表达者，在农地经营权信托创新实践中主要扮演组织者和协调者的角色。在

该阶段参与博弈过程中村集体的主要工作是配合执行基层政府工作，负责宣传动员和组织有土地流转意向的农户参与农地经营权流转工作，并就农地流转的方式、面积、价格、期限以及权责等内容与农户进行协商谈判，提高农户土地流转意愿，降低农地流转签约成本。村集体参与农地经营权信托的主要目标诉求在于争取地方政府（或基层乡镇政府）给予的经济激励，包括新增土地流转租金、耕地占补平衡的指标交易、耕地质量等级指标调剂等土地增值收益的分配权利，增加集体经济组织和集体内成员收益；参与土地流转组织、协调和管理工作等获得的工资收入或奖金；以及获得其他额外的隐性收入，包括政府信任、奖励、职位晋升，以及提高农户土地流转支持率，获得良好的群众威望和干群关系等。

（三）农户

农户作为土地承包经营主体，是农地经营权信托的直接参与者，其参与意愿直接影响到农地经营权信托的开展。农户参与农地经营权信托的意愿受到多方面因素的影响，如农户认知、土地观念、农地产权及土地流转政策、家庭特征、土地禀赋、非农就业机会和收入，以及其他农户行为决策等等（何欣等，2016；郭贯成等，2016；滕鹏等，2017；胡新艳等，2016；冀县卿、钱忠好，2018）。在组织动员阶段博弈过程中，农户作为异化群体类利益相关者，其家庭禀赋差异很大，生计选择也趋向多元化。农户是否选择参与土地流转主要与不同策略下的综合收益、成本和风险，以及基层乡镇政府及村集体的土地流转政策执行情况等因素有关，其利益目标诉求主要为：获得稳定且有保障的土地流转信托收益，与集体共享自身拥有地权份额的土地增值收益；土地流转后获得非农就业的机会，尽可能降低农地转出成本和风险等。

二、地方政府与村集体的博弈关系：发展与背离

地方政府和村集体组织参与农地经营权信托创新实践的利益目标都是为了增加收入获得更多可支配的财力，促进区域经济及村级经济发展，完成上一级政府的经济考核指标，获得更多晋升或奖励的机会。但是地方政府和村集体参与农地经营权信托过程中不同的身份决定了二者之间的利益目标很可能发生背离。首先，地方政府在分税制改革下自身事权扩大、财权缩小，为增加本级政府财政收入凸显政绩，完成 GDP 考核指标，地方政府更加注重以土地规模化流转和土地整治为平台获得新增耕地指标，以及用于支持城市发展的建设用地指标。在财政压力和经济发展动力的驱使下，地方政府很可能会向基层乡镇政府和村集体施加行政压力，强制推动农地经营权流转。其次，村集体作为农地所有权主体有着多重身份，以村委会为代表的村集体组织既是基层政府的代理人，也是农地集体产权代理人，同时还是村级事务管理者。在农地经营权信托形成中，村集体是农民集体成员土地利益的代表，也是政府推行土地政策的具体实施代表，难免受到行政干预，身份、权力不明确导致村集体的行为取向具有较大不确定性。村集体既希望在农地经营权流转中强化对土地资产的控制，获得较多收益用于发展本村集体经济，实现农民增收；又迫于政府压力不得不应对更多土地流转事务管理工作以及其他矛盾纠纷调处，倘若没有足够的激励，村集体必然消极懈怠，与地方政府的发展目标相背离。

三、村集体与农民的博弈关系：依赖与竞争

村集体（或村委会）是日常处理村级公共事务，实现自我管理、开展政治宣传教育等工作的农村自治组织，大多数农民已经对这种农村管理体制产生惯性依赖。特别是农地经营权信托涉及土地产权关系调整的复杂事务，如果缺少村集体的参与、组织和协调，土地流转工作很容易陷入无序状态难以顺利推进。但农地经营权信托推进过程中，由于信息不对称、权力不对等因素存在，农民和村集体之间也存在竞争关系。村集体作为村级权力实际控制者和集体内部利益分配掌控者，可能会利用其关系网络和职权所控制的资源谋取个人私利，导致农民的土地流转权益受到损害。

四、动态演化博弈模型构建

（一）基本假设

农地经营权信托形成的组织动员阶段，为分析地方政府、村集体（或村委会）、农户等利益相关主体在动态演化博弈中可能实现的稳态均衡状况，提出以下基本假设：

假设 1：在农地经营权信托组织动员阶段，参与博弈主体为：地方政府（G）、村集体（V）、农户（H）；

假设 2：该阶段参与者的博弈次序为：地方政府（G）——村集体（C）——农户（H），各主体可采取的行动策略：地方政府｛协商流转 G_1，强制流转 G_2｝，村集体｛积极实施 V_1，消极实施 V_2｝，农户｛积极主动参与 H_1，消极被动参与 H_2｝；

假设 3：地方政府采取协商流转策略的概率为 x，采取强制流转策略的概率

为 1-x（0≤x≤1）；村集体采取积极实施策略的概率为 y，采取消极实施策略的概率为 1-y（0≤y≤1）；农户采取积极主动参与策略的概率为 z，采取消极被动参与策略的概率为 1-z（0≤z≤1）。

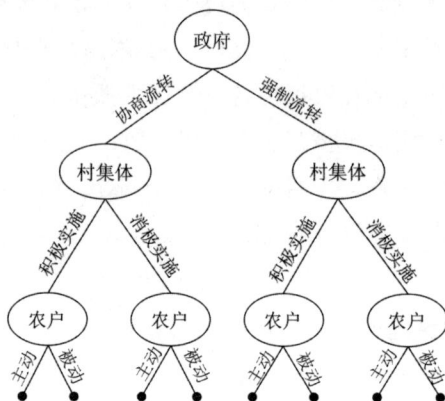

图 5-3　地方政府、村集体及农户利益博弈树

Fig. 5-3　The Benefit Game Tree of the Local Government、Collective and Peasant Household

（二）博弈情形、参数设定与博弈收益分析

根据农地经营权信托形成的组织动员阶段利益主体参与博弈的研究假设，结合该阶段博弈过程中地方政府、村集体与农户的不同角色定位、利益诉求以及相互之间的博弈关系，对三方不同策略选择组合博弈情形下的收益支付变量进行设定。

情形 1：地方政府采取协商流转策略，村集体采取积极实施策略，农户采取积极主动参与策略。

（1）为促进区域经济发展，地方政府可能会在尊重农民土地经营权流转意愿的前提下，采取协商流转策略推动农地流转制度创新实践，来减少土地流转中矛盾和阻力，由此获得的综合收益为 R_1，包括直接经济收益以及协商流转的社会治理收益等；采取协商流转策略带来的总体社会福利增加为 v，包括增加村集体和农民在土地流转中参与感和获得感，增加土地流转产生的经济社会效益；同时采取协商流转策略带来隐性收益为 u，如有助于提升地方政府形象和增强其社会公信力等。采取协商流转策略的社会治理成本为 I。

（2）村集体（或村委会）采取积极配合实施土地流转的策略，可获得地方政府给予的经济激励 P_1，如积极参与土地流转组织、协调和管理工作等获得的工资收入或奖金等；村集体拥有地权的土地增值收益分配收入，包括新增土地流转租金、耕地占补平衡的指标交易、耕地质量等级指标调剂等土地增值收益的分配权利，该项收入主要与土地流转产生的新增土地增值收益总量 ΔR 和村集体拥有地权收益分配的比例份额 μ 有关；以及其他额外的隐性收入为 s，如政府信任、奖励、职位晋升，以及提高农户土地流转支持率，获得良好的群众威望和干群关系等。村集体采取积极实施策略的管理工作成本为 C_1。

（3）农户采取积极主动参与策略所获得的经济收益包括享有流转土地的固定租金 w；与集体共享土地增值收入分配的权利，收益为 $\Delta R * (1 - \mu)$；选择积极主动参与土地流转时，地方政府或村集体给予额外激励收益 $\Delta R_{(h)}$，如获得农业务工以及非农务工的技能培训、工作机会等；在村集体采取积极实施策略时，农户付出的综合成本为 $C_{(h)1}$，包括参与土地流转的机会成本、转出农地的风险成本等。

情形 2：地方政府采取协商流转策略，村集体采取积极实施策略，农户消极被动策略。

（1）该情形下，地方政府采取协商流转策略可获得的综合收益为 R_1，以及政府形象提升、公信力增强等在内的隐性收益 u，但由于农户采取消极被动参与导致社会福利减损。采取协商流转策略的社会治理成本为 I。（2）村集体可获得的收益包括，采取积极实施策略时地方政府给予的经济激励 P_1，包括由此获得的工资收入或奖金等；村集体拥有地权的土地增值收益分配收入 $\Delta R * \mu$；以及其他额外的隐性收入为 s。村集体付出的成本为采取积极实施策略的管理工作成本为 C_1，以及农户消极被动参与时协商谈判增加的交易成本 ΔC_1。（3）农户采取消极被动参与策略时获得的收益为土地流转固定租金 w，与集体共享拥有地权的土地增值收益分配收入 $\Delta R * (1 - \mu)$；在村集体采取积极实施策略时，农户付出的综合成本为 $C_{(h)1}$，包括参与土地流转的机会成本、转出农地的风险成本等；以及采取消极被动参与策略时付出的谈判交易成本 f_1。

情形 3：地方政府采取协商流转策略，村集体采取消极实施策略，农户采取积极主动参与策略。

当村集体（或村委会）认为积极参与实施土地流转工作不会给集体组织及其自身带来收益改善，反而可能会增加工作压力和成本，因而会采取消极实施策略应对地方政府下发的土地流转工作任务。（1）该情形下，地方政府因村集体采取消极实施策略可获得综合收益为 R_2，以及采取协商流转策略带来的社会福利增加为 v 和由此带来的隐性收益为 u，付出的成本为采取该策略的社会治理成本为 I。（2）在地方政府采取协商流转策略时，村集体消极配合实施土地流转工作所获得的收益包括，地方政府给予的经济激励 P_2，为提高村集体参与土地流转的积极性和主动性给予的工资收入或奖金；村集体拥有地权的土地增值收益分配收入 $\Delta R * \mu$；村集体采取消极实施策略的管理工作成本为 C_2。（3）此时农户采取积极主动参与策略所获得的经济收益包括流转土地的固定租金 w，与集体共享拥有地权的土地增值收益分配收入 $\Delta R * (1 - \mu)$；农户付出的参与土地流转的机会成本、转出农地的风险成本等的综合成本为 $C_{(h)2}$。

情形 4：地方政府采取协商流转策略，村集体采取消极实施策略，农户采取消极被动参与策略。

（1）该情形下，地方政府因村集体采取消极实施策略可获得综合收益为 R_2，以及采取协商流转策略带来的隐性收益为 u，付出的成本为采取该策略的社会治理成本为 I。（2）在地方政府采取协商流转策略时，村集体消极配合实施土地流转工作所获得的收益主要包括地方政府给予的经济激励 P_2，为提高村集体参与土地流转的积极性和主动性给予的工资收入或奖金；村集体拥有地权的土地增值收益分配收入 $\Delta R * \mu$；村集体采取消极实施策略的管理工作成本为 C_2，以及因农户消极被动参与土地流转而增加的协商谈判交易成本 ΔC_2。（3）农户采取消极被动参与策略所获得的经济收益为流转土地的固定租金 w，与集体共享拥有地权的土地增值收益分配收入 $\Delta R * (1 - \mu)$；农户付出的综合成本为 $C_{(h)2}$，以及土地流转谈判交易成本 f_2。

情形 5：地方政府采取强制流转策略，村集体采取积极实施策略，农户采取积极主动参与策略。

（1）地方政府采取强制流转策略所获得的综合收益为 R_3，包括直接经济收益以及采取强制流转策略的社会治理收益等，付出的社会治理成本为 I'，同时也可能因强制流转引发干群矛盾，增加社会经济风险成本 h，以及社会福利损失 k。（2）村集体可获得收益包括，采取积极配合实施土地流转的策略，由此获得地方政府给予的经济激励 P_3，以及村集体拥有地权的土地增值收益分配收入 $\Delta R * \mu$；付出的成本为村集体采取积极实施策略的管理工作成本为 C_1。（3）该情形下，农户采取积极主动参与策略所获得的经济收益包括享有流转土地的固定租金 w，与集体共享拥有地权的土地增值收益分配收入 $\Delta R * (1 - \mu)$；村集体给予的务工的技能培训、工作机会等额外激励收益 $\Delta R_{(h)}$。农户采取积极主动参与策略的综合成本为 $C_{(h)1}$。

情形 6：地方政府采取强制流转策略，村集体采取积极实施策略，农户选择消极被动参与策略。

（1）地方政府采取强制流转策略所获得的综合收益为 R_3，包括直接经济收益以及采取强制流转策略的社会治理收益等，付出的社会治理成本为 I'，同时也可能因强制流转引发干群矛盾，增加社会经济风险成本 h，社会福利损失 k，以及因强制流转、农户消极被动参与导致社会不稳定因素增加而面临的上级政府处罚成本 F。（2）村集体可获得收益包括采取积极配合实施土地流转的策略获得地方政府给予的经济激励 P_3，以及村集体拥有地权的土地增值收益分配收入 $\Delta R * \mu$；付出的成本为村集体采取积极实施策略的管理工作成本为 C_1，以及该情形下农户采取消极被动参与策略时，村集体协商谈判增加的交易成本 ΔC_1。（3）农户采取消极被动参与策略时所获得的经济收益包括享有流转土地的固定租金 w，与集体共享拥有地权的土地增值收益分配收入 $\Delta R * (1-\mu)$。在村集体采取积极实施策略时，农户付出的综合成本为 $C_{(h)1}$，包括参与土地流转的机会成本、转出农地的风险成本等，以及采取消极被动参与策略时的谈判交易成本 f_1。

情形 7：地方政府采取强制流转策略，村集体采取消极实施策略，农户积极主动参与策略。

（1）当村集体采取消极实施策略时，地方政府采取强制流转策略所获得的综合收益为 R_4，付出的社会治理成本为 I'，以及因强制流转引发干群矛盾，增加社会经济风险成本 h，和社会福利损失 k。（2）村集体可获得收益包括，地方政府给予的经济激励 P_4，以及村集体拥有地权的土地增值收益分配收入 $\Delta R * \mu$；付出的成本为村集体采取消极实施策略的管理工作成本为 C_2，因采取消极实施土地流转的策略受到的地方政府处罚成本 F'。（3）该情形下农户获得的经济收益为流转土地的固定租金 w；与集体共享拥有地权的土地增值收益分配收入 $\Delta R * (1-\mu)$；农户付出的参与土地流转的机会成本、转出农地的风险成本等的综合成本为 $C_{(h)2}$。

情形 8：地方政府采取强制流转策略，村集体采取消极实施策略，农户选择消极被动参与策略。

（1）当村集体采取消极实施策略时，地方政府采取强制流转策略所获得的综合收益为 R_4，付出的社会治理成本为 I'，以及因强制流转引发干群矛盾，增加社会经济风险成本 h，和社会福利损失 k，以及因强制流转增加社会不稳定因素而面临的上级政府处罚 F。（2）村集体可获得收益包括，地方政府给予的经济激励 P_4；村集体拥有地权的土地增值收益分配收入 $\Delta R * \mu$；付出的成本为村集体采取消极实施策略的管理工作成本为 C_2，因农户消极被动参与土地流转而增加的协商谈判交易成本 ΔC_2，以及采取消极实施土地流转的策略时受到的地方政府处罚成本 F'。（3）该情形下，农户采取消极被动参与策略所获得的经济收益包括流转土地的固定租金 w，与集体共享拥有地权的土地增值收益分配收入 $\Delta R * (1-\mu)$；农户付出的综合成本为 $C_{(h)2}$，以及土地流转谈判交易成本 f_2。

综合以上不同博弈情形下地方政府、村集体和农户的收益、成本和风险支出，得到以下三方博弈的收益支付矩阵（见表5-3）。

表5-3 地方政府、村集体及农户三方博弈收益支付矩阵

Tab. 5-3 The Payoff Matrix of the Local Government、Collective and Peasant Household

博弈主体 策略选择			农 户	
			积极主动	消极被动
地方政府	协商	村集体 积极	$(R_1-I+u+v$, $P_1+\Delta R\cdot\mu+s-C_1$, $w+\Delta R\cdot(1-\mu)+\Delta R_{(h)}-C_{(h)1})$	$(R_1-I+u$, $P_1+\Delta R\cdot\mu+s-C_1-\Delta C_1$, $w+\Delta R\cdot(1-\mu)-C_{(h)1}-f_1)$
		村集体 消极	$(R_2-I+u+v$, $P_2+\Delta R\cdot\mu-C_2$, $w+\Delta R\cdot(1-\mu)-C_{(h)2})$	$(R_2-I+u$, $P_2+\Delta R\cdot\mu-C_2-\Delta C_2$, $w+\Delta R\cdot(1-\mu)-C_{(h)2}-f_2)$
	强制	村集体 积极	$(R_3-I'-k-h$, $P_3+\Delta R\cdot\mu-C_1$, $w+\Delta R\cdot(1-\mu)+\Delta R_{(h)}-C_{(h)1})$	$(R_3-I'-k-h-F$, $P_3+\Delta R\cdot\mu-C_1-\Delta C_1$, $w+\Delta R\cdot(1-\mu)-C_{(h)1}-f_1)$
		村集体 消极	$(R_4-I'-k-h-F'$, $P_4+\Delta R\cdot\mu-C_2-F'$, $w+\Delta R\cdot(1-\mu)-C_{(h)2})$	$(R_4-I'-k-h-F$, $P_4+\Delta R\cdot\mu-C_2-\Delta C_2-F'$, $w+\Delta R\cdot(1-\mu)-C_{(h)2}-f_2)$

（三）模型构建

由表5-3可知地方政府选择"协商流转"策略和"强制流转"策略获得的期望收益分别为 $E(x_1)$ 和 $E(x_2)$：

$$E(x_1)=yz(R_1-I+u+v)+y(1-z)(R_1-I+u)+(1-y)z(R_2-I+u+v)$$
$$+(1-y)(1-z)(R_2-I+u)=y(R_1-R_2)+R_2-I+u+zv \quad (5-9)$$

$$E(x_2)=yz(R_3-I'-k-h)+y(1-z)(R_3-I'-k-h-F)$$
$$+(1-y)z(R_4-I'-k-h)+(1-y)(1-z)(R_4-I'-k-h-F)$$
$$=y(R_3-R_4)+R_4-I'-k-h-F+zF \quad (5-10)$$

则地方政府混合策略的平均收益为 $E(x)$ 为：

$$E(x)=xE(x_1)+(1-x)E(x_2) \quad (5-11)$$

根据 Malthusian 方程，地方政府选择"协商流转"策略的数量增长率等于期望收益 $E(x_1)$ 与平均收益 $E(x)$ 之差，由公式（5-9）~（5-11）可以得出地方政府采取"协商流转"策略的复制动态微分方程为：

$$F(x)=\frac{dx}{dt}=x[E(x_1)-E(x)]=x(1-x)$$

$$\{y[(R_1-R_2)-(R_3-R_4)]+[(R_2-I+u)-(R_4-I'-k-h-F)+z(v-F)]\}$$

$$(5-12)$$

同理，村集体选择"积极实施"策略和"消极实施"策略获得的期望收益分别为 $E(y_1)$ 和 $E(y_2)$ ：

$$E(y_1) = xz(P_1 + \Delta R \cdot \mu + s - C_1) + x(1 - z)(P_1 + \Delta R \cdot \mu + s - C_1 - \Delta C_1)$$
$$+ (1 - x)z(P_3 + \Delta R \cdot \mu - C_1) + (1 - x)(1 - z)(P_3 + \Delta R \cdot \mu - C_1$$
$$- \Delta C_1) = x(P_1 + s - P_3) + P_3 + \Delta R \cdot \mu - C_1 - (1 - z)\Delta C_1 \quad (5\text{-}13)$$

$$E(y_2) = xz(P_2 + \Delta R \cdot \mu - C_2) + x(1 - z)(P_2 + \Delta R \cdot \mu - C_2 - \Delta C_2) + (1 - x)z(P_4$$
$$+ \Delta R \cdot \mu - C_2 - F') + (1 - x)(1 - z)(P_4 + \Delta R \cdot \mu - C_2 - \Delta C_2 - F') = x(P_2 + F'$$
$$- P_4) + P_4 + \Delta R \cdot \mu - C_2 - \Delta C_2 - F' - (1 - z)\Delta C_2 \quad (5\text{-}14)$$

则村集体混合策略的平均收益为 $E(y)$ 为：

$$E(y) = yE(y_1) + (1 - y)E(y_2) \quad (5\text{-}15)$$

由公式（5-13）～（5-15）可以得出村集体采取"积极实施"策略的复制动态微分方程为：

$$G(y) = \frac{dy}{dt} = y[E(y_1) - E(y)] = y(1 - y)\{x[(P_1 - P_2) - (P_3 - P_4) + (s - F')]$$
$$+ (P_3 - P_4) - (C_1 - C_2) + F' - (1 - z)(\Delta C_1 - \Delta C_2)\} \quad (5\text{-}16)$$

以及农户选择"积极主动参与"策略和"消极被动参与"策略获得的期望收益分别为 $E(z_1)$ 和 $E(z_2)$ ：

$$E(z_1) = xy[w + \Delta R \cdot (1 - \mu) + \Delta R_{(h)} - C_{(h)1}] + x(1 - y)[w + \Delta R \cdot (1 - \mu) - C_{(h)2}]$$
$$+ (1 - x)y[w + \Delta R \cdot (1 - \mu) + \Delta R_{(h)} - C_{(h)1}]$$
$$+ (1 - x)(1 - y)[w + \Delta R \cdot (1 - \mu) - C_{(h)2}] \quad (5\text{-}17)$$

$$E(z_2) = xy[w + \Delta R \cdot (1 - \mu) - C_{(h)1} - f_1] + x(1 - y)[w + \Delta R \cdot (1 - \mu) - C_{(h)2} - f_2]$$
$$+ (1 - x)y[w + \Delta R \cdot (1 - \mu) - C_{(h)1} - f_1]$$
$$+ (1 - x)(1 - y)[w + \Delta R \cdot (1 - \mu) - C_{(h)2} - f_2] \quad (5\text{-}18)$$

则农户混合策略的平均收益为 $E(z)$ 为：

$$E(z) = zE(z_1) + (1 - z)E(z_2) \quad (5\text{-}19)$$

由公式（5-17）～（5-19）可以得出农户采取"积极主动参与"策略的复制动态微分方程为：

$$H(z) = \frac{dz}{dt} = z[E(z_1) - E(z)] = z(1 - z)[f_2 + y(\Delta R_{(h)} + f_1 - f_2)]$$

$$(5\text{-}20)$$

根据微分方程的稳定性定理，如果参与农地经营信托的博弈主体地方政府、村集体、农户选择所采取的某一策略为稳定状态，则三者选择该策略的概率 x、y、z 需要满足以下条件：

$$F(x) = 0, \ 且 \frac{\partial \, F(x)}{\partial \, x} < 0$$

$$G(y) = 0, \ 且 \frac{\partial \, G(y)}{\partial \, y} < 0$$

$$H(z) = 0, \ 且 \frac{\partial \, H(z)}{\partial \, z} < 0$$

五、复制动态方程的演化稳定性分析

由以上动态复制方程,可分析地方政府、村集体和农户在该博弈阶段采取策略的稳定性。

(一) 地方政府采取策略的演化稳定性分析

令 $F(x) = 0$,可得 $x = 0, x = 1, y = \dfrac{[(R_2 - I) + u + zv] - [(R_4 - I' - k - h) - (1 + z)F]}{(R_3 - R_4) - (R_1 - R_2)}$,如

果 $y = \dfrac{[(R_2 - I) + u + zv] - [(R_4 - I' - k - h) - (1 + z)F]}{(R_3 - R_4) - (R_1 - R_2)}$ 时, 则 $F(x) \equiv 0$, 即对所

有 x 都为稳定状态;而当 $y \neq \dfrac{[(R_2 - I) + u + zv] - [(R_4 - I' - k - h) - (1 + z)F]}{(R_3 - R_4) - (R_1 - R_2)}$, 令

$F(x) = 0$, 可得 $x = 0$, $x = 1$ 是 x 的两个稳定点, 此时有两种情况: 当 $0 <$

$\dfrac{[(R_2 - I) + u + zv] - [(R_4 - I' - k - h) - (1 + z)F]}{(R_3 - R_4) - (R_1 - R_2)} < y < 1$ 时, $\left. \dfrac{\partial \, F(x)}{\partial \, x} \right|_{x=0} < 0$,

$\left. \dfrac{\partial \, F(x)}{\partial \, x} \right|_{x=1} > 0$, 故 $x = 0$ 为稳定点, 即地方政府的演化稳定策略是选择"强制流

转"策略; 当 $0 < y < \dfrac{[(R_2 - I) + u + zv] - [(R_4 - I' - k - h) - (1 + z)F]}{(R_3 - R_4) - (R_1 - R_2)} <$

1 时, $\left. \dfrac{\partial \, F(x)}{\partial \, x} \right|_{x=0} > 0$, $\left. \dfrac{\partial \, F(x)}{\partial \, x} \right|_{x=1} < 0$, 故 $x = 1$ 是稳定点, 即选择"协商流

转"是地方政府的演化稳定策略。

通过以上对地方政府采取策略的演化稳定性分析可知, 如果地方政府采取协商流转可获得的净收益越高, 社会总体福利增加值越大且方政府形象和增强其社会公信力提升越高时, 地方政府更倾向于选择"协商流转"策略。同时, 如果地方政府采取强制流转获得直接经济收益及社会治理等综合收益越低, 需要付出的社会治理成本越高, 因强制流转增加的社会经济风险成本和社会福利损失越大, 面临的上级政府处罚额度越高时, 地方政府也会倾向于选择"协商流转"策略。

因此，存在 $0 < y < \dfrac{[(R_2 - I) + u + zv] - [(R_4 - I' - k - h) - (1 + z)F]}{(R_3 - R_4) - (R_1 - R_2)} <$

1，即地方政府倾向于从"强制流转"策略转向采取"协商流转"策略。

（二）村集体采取策略的演化稳定性分析

令 $G(y) = 0$，可得 $y = 0, y = 1, x = \dfrac{[(C_1 - C_2) + (1 - z)(\Delta C_1 - \Delta C_2)] - F' - (P_3 - P_4)}{(P_1 - P_2) + s - F' - (P_3 - P_4)}$，如

果令 $\alpha = F' + (P_3 - P_4)$，则 $x = \dfrac{[(C_1 - C_2) + (1 - z)(\Delta C_1 - \Delta C_2)] - \alpha}{(P_1 - P_2) + s - \alpha}$ 时，

$G(y) \equiv 0$，即对所有 y 都为稳定状态。而当 $x \neq$

$\dfrac{[(C_1 - C_2) + (1 - z)(\Delta C_1 - \Delta C_2)] - \alpha}{(P_1 - P_2) + s - \alpha}$，令 $G(y) = 0$，可得 $y = 0, y = 1$ 是 y 的两

个稳定点，此时有两种情况，当 $0 < \dfrac{[(C_1 - C_2) + (1 - z)(\Delta C_1 - \Delta C_2)] - \alpha}{(P_1 - P_2) + s - \alpha} <$

$x < 1$ 时，$\left.\dfrac{\partial G(y)}{\partial y}\right|_{y=0} > 0$，$\left.\dfrac{\partial G(y)}{\partial y}\right|_{y=1} < 0$，故 $y = 1$ 为稳定点，即村集体的

演化稳定策略是选择"积极实施"策略；当 $0 < x <$

$\dfrac{[(C_1 - C_2) + (1 - z)(\Delta C_1 - \Delta C_2)] - \alpha}{(P_1 - P_2) + s - \alpha} < 1$ 时，$\left.\dfrac{\partial G(y)}{\partial y}\right|_{y=0} < 0$，$\left.\dfrac{\partial G(y)}{\partial y}\right|_{y=1} > 0$，故 y

$= 0$ 是稳定点，即村集体的演化稳定策略是选择"强制流转"策略。

由以上分析可知，村集体作为农地所有权主体，在农地经营权信托组织动员阶段是地方政府和农民的连接点，土地经营权的集中流转离不开与村集体的沟通、协调。在该博弈阶段，村组织的演化策略会同时受到自身以及地方政府、农民策略选择的影响。首先，村集体的策略选择受到来自地方政府不同策略选择下其自身获得的经济激励、隐性收益以及奖励和处罚的影响。地方政府采取"协商流转"策略时，村集体采取积极实施/消极实施策略所获得经济激励收益以及政府信任、职位晋升等隐性收益的差值越大，获得的工资收入或奖金收入越高，村集体为谋求自身以及村级经济实力增强、隐性收益增加等利益更倾向于选择"积极实施"策略。而地方政府采取"强制流转"策略时，村集体获得经济收益等差值越小时，与此同时，农户选择"消极被动参与"策略时，村集体采取积极实施/消极实施策略所增加的谈判交易成本差值越大，因消极实施造成土地流转效率低下、干群关系紧张等不良后果受到的地方政府的处罚成本越高，则村集体倾向于从"消极实施"策略转向"积极实施"策略。

(三) 农户采取策略的演化稳定性分析

令 $H(z) = 0$，可得 $z = 0$，$z = 1$，$y = \dfrac{f_2}{(f_2 - f_1) - \Delta R_{(h)}}$，如果 $y = \dfrac{f_2}{(f_2 - f_1) - \Delta R_{(h)}}$ 时，则 $H(z) \equiv 0$，即对所有 z 都为稳定状态。而当 $y \neq \dfrac{f_2}{(f_2 - f_1) - \Delta R_{(h)}}$，令 $H(z) = 0$，可得 $z = 0$，$z = 1$ 是 z 的两个稳定点，此时有两种情况，当 $0 < \dfrac{f_2}{(f_2 - f_1) - \Delta R_{(h)}} < y < 1$ 时，$\left. \dfrac{\partial H(z)}{\partial z} \right|_{z=0} < 0$，$\left. \dfrac{\partial H(z)}{\partial z} \right|_{z=1} > 0$，故 $z = 0$ 为稳定点，即农户的演化稳定策略是选择"消极被动参与"策略；当 $0 < y < \dfrac{f_2}{(f_2 - f_1) - \Delta R_{(h)}} < 1$ 时，$\left. \dfrac{\partial H(z)}{\partial z} \right|_{z=0} > 0$，$\left. \dfrac{\partial H(z)}{\partial z} \right|_{z=1} < 0$，故 $z = 1$ 是稳定点，即农户的演化稳定策略是选择"积极主动参与"策略。

由以上分析可知，农户在该阶段博弈过程中的策略选择主要与其自身获得的收益和村集体的策略选择有关。农户付出的土地流转谈判交易成本影响其策略选择。农户采取"消极被动参与"策略时，在村集体的不同策略选择下农户需要付出不同的谈判交易成本，当农户采取积极主动参与/消极被动参与所付出的谈判交易成本差值越大时，农户则倾向于选择从"消极被动参与"转向"积极主动参与"策略。同时，村集体采取"积极实施"策略而农户采取"积极主动参与"策略时，村集体给予的务工技能培训、工作机会等额外激励收益越高时，农户会更倾向于选择"积极主动参与"策略。

(四) 三方博弈的动态演化策略稳定性分析

以上通过单个复制动态方程求出组织动员阶段地方政府、村集体和农户参与博弈的稳定性策略，但不能反映出演化博弈中的群体动态。换言之，单个主体的策略均衡点不一定是三方主体共同作用系统的演化稳定策略。因此，需要对三方参与主体共同作用的动态演化均衡点的稳定性做进一步分析。可通过地方政府、村集体和农户三方主体的动态复制方程得到雅可比矩阵，分析三方共同作用系统的雅可比矩阵的局部稳定性，即，

$$J = \begin{bmatrix} J_{11} & J_{12} & J_{13} \\ J_{21} & J_{22} & J_{23} \\ J_{31} & J_{32} & J_{33} \end{bmatrix} = \begin{bmatrix} \dfrac{\partial F}{\partial x} & \dfrac{\partial F}{\partial y} & \dfrac{\partial F}{\partial z} \\ \dfrac{\partial G}{\partial x} & \dfrac{\partial G}{\partial y} & \dfrac{\partial G}{\partial z} \\ \dfrac{\partial H}{\partial x} & \dfrac{\partial H}{\partial y} & \dfrac{\partial H}{\partial z} \end{bmatrix} \tag{5-21}$$

通过动态复制方程可分别对地方政府、村集体和农户采取策略的稳定性进行分析。由于本书着重阐释农地经营权信托实践中多元利益主体如何通过协调合作实现土地流转融资创新的问题，因此，主要分析地方政府、村集体和农民在采取 ⎰协商流转，积极实施，积极主动参与⎱ 策略集合，即 $E(1, 1, 1)$ 点时的稳定性。将 $x = 1$，$y = 1$，$z = 1$ 代入式（5-21）中，进而得到 $E(1, 1, 1)$ 点所对应的雅克比矩阵，根据矩阵的性质，若 $E(1, 1, 1)$ 为稳定点，则需同时满足以下几个条件，即：

$$\begin{cases} -\left[R_1 - R_3 + I' - I + u + k + h + v\right] < 0 \\ \quad -\left[P_1 - P_2 + s + C_2 - C_1\right] < 0 \\ \quad\quad -\left[\Delta R_{(h)} + f_1\right] < 0 \end{cases} \quad (5-22)$$

这时，地方政府、村集体和农民更倾向于采取 ⎰协商流转，积极实施，积极主动参与⎱ 策略集合。由联立方程式（5-22）可知：

（1）当 $R_1 - I + u + v > R_3 - I' - k - h$ 时，地方政府倾向于采取"协商流转"策略，策略选择主要受到政府获得净收益、额外收益以及面临的福利损失和风险成本等因素的影响。当地方政府采取"协商流转"策略所获得净收益超过采取"强制"流转策略所获得收益，即 $R_1 - I > R_3 - I'$ 时，地方政府则会采取"协商流转"策略。这表明，地方政府积极推动农地经营权信托项目的行为动因很大程度上受到经济利益的正向激励影响，并非全然是履行经济社会职责的公共服务行为。同时，当采取"强制策略"时面临的社会福利损失和增加的社会经济风险成本显著大于采取"协商策略"的所获得的额外隐性收益和增加的社会总福利时，即 $\left|-(k + h)\right| > u + v$ 时，也会反向倒逼地方政府采取"协商流转"策略。

（2）当 $P_1 + s - C_1 > P_2 - C_2$ 时，村集体倾向于选择"积极实施"策略，其策略选择除了受到自身追求经济激励和隐性收益的影响外，还受到来自政府的奖惩机制以及政府和农民不同策略选择下面临的土地流转谈判交易成本差异影响。具体来看，当村集体采取"积极实施"策略获得经济激励（包括集体经济收入以及个人所获工资或奖金等）高于采取"消极实施"策略，即 $P_1 > P_2$ 时，村集体会倾向于选择"积极实施"策略；当地方政府采取"协商流转"策略，村集体采取"积极实施"策略时，村集体所获得额外隐性收入 s（如获得政府信任、职位晋升等行政奖励）较高时，也会正向激励村集体采取"积极实施"策略推动土地流转工作。同时，村集体在农户选择"消极被动参与"策略时，村集体采取"消极实施"策略面临与农户的土地流转谈判交易成本显著高于采取

"积极实施"策略时，村集体不仅面临增加土地流转工作量和较高的实施难度，而且还将可能承担来自政府的处罚，因此村集体会由"消极实施"策略转向"积极实施"策略。

（3）当 $\Delta R_{(h)} + f_1 > 0$ 时，农户倾向于选择"积极主动参与"策略，策略选择主要受到获得额外激励收益以及土地流转谈判交易成本等因素的影响。村集体采取"积极实施"策略时，农户采取"积极主动参与"策略所获得额外激励收益 $\Delta R_{(h)}$ 越高，农户会更倾向选择"积极主动参与"策略；村集体采取"积极实施"策略时，农户采取"消极被动参与"策略时会面临越高的土地流转谈判交易成本 f_1，农户更倾向于采取"积极主动参与"策略。

第四节　实施运行阶段：农户、信托机构与规模经营主体的博弈分析

在农地经营权信托形成的实施运行阶段，农户作为委托人，将承包期限内的农地经营权委托给信托机构管理，与信托机构签订农地经营权流转信托契约；信托机构作为受托人对集合的土地进行整治开发后，将农地经营权在一定期限内让渡给规模经营主体从事农业生产经营。这是农地经营权信托形成的最终环节，分为土地经营权委托和土地经营权的再让渡两个阶段，该过程中农户、信托机构和规模经营主体参与博弈过程中既存在合作共赢关系，也有监督、制约关系。

一、参与主体：角色分析与利益诉求

（一）农户

农地经营权流转信托中，农户是土地财产的委托人，也是财产受益人，农民的土地流转行为决策直接关系到农地经营权信托契约是否能够达成。上文分析已经提及，当前农地对中国大多数农民而言仍是具有保障性和依赖性的主要生产资料和重要财产，农民是否将土地经营权转出受到多方面因素的影响，但主要还是基于农地自营和转出不同策略下收益、成本和风险的比较，既有追求经济收益，又有规避风险，保障土地财产收益稳定、安全的目标诉求。

（二）信托机构

信托机构是土地财产受托人，是农地资产管理者。在农地经营权流转信托中主要负责与农户订立土地流转信托契约、规划整理土地、发布农地供求市场

信息；审核农业经营主体资质并完成土地经营权让渡协议，监督和保护土地后期利用情况；也为土地综合整治筹集和管理资金，以及为规模经营主体从事农业生产经营提供流动性支持等服务。因此，信托机构在农地经营权信托形成的实施运行阶段集资产管理者、农地利用监督者、资金供给者等角色于一体。参与博弈过程中既有追求资产管理收益、融资收益以及市场服务收益等经济利益的目的，也存在保护土地资源可持续利用、保障土地财产委托人及农业经营权主体的权益等体现社会责任和维护公共利益的目的。同时，信托机构受到来自政府政策法律监督，村集体组织、农民以及社会公众的社会监督，还受到行业组织内部规范条例等多重监督，自身既是监督者又是被监督者。

（三）规模经营主体

农业规模经营主体是农地经营权的受让者，是农地实际利用者，其农地经营能力直接关系到农地经营权信托运行链条上各个利益主体的经济收益，是农地经营权信托实施运行成功的关键。规模经营主体转入信托土地从事农业生产的直接目的是为了获取更多的规模收益、补贴和奖励等，实现自身经济利益最大化，也有获取生产资金支持、技术、市场信息以及其他所需的农业服务需求。同时，受制于农业生产前期投入多、周期长、利润较低等因素，在缺乏有效监管的条件下，农业经营主体在经济利益驱使下很可能突破农地用途管制的制度约束，及信托合约的限制，从而导致土地资源遭到破坏和农民利益受损。

二、农户与信托机构的博弈关系：合作与监督

农户与信托机构之间基于农地经营权信托的设立，首先建立的是合作关系。农户分散且大多法律政策知识储备较少，在土地流转中缺少话语权，属于弱势群体。信托机构介入规范了农地流转程序和主体之间的契约关系，减少农民在土地流转中面临的诸多风险。信托机构按照农地经营权信托流转契约的收益分配方案向农户分配土地流转收益，保障了农民土地财产收益权的稳定性和安全性。其次，由于信息不对称、目标诉求不一致等原因，农户与信托机构之间也存在互相监督的关系。一是信托机构对农户违约行为进行监督，通过明确双方的权利责任，防范农户违约退出导致信托计划无法顺利正常运行；二是农户土地信托机构在土地流转程序、利益分配、双方权责和风险分担等进行监督作为委托人，对信托机构管理信托财产的行为进行监督。

三、信托机构与规模经营主体的博弈关系：合作与制约

信托机构对集中的农地经营权进行归集整理，形成土地规模经营的条件后

向农业经营主体进行招标，双方签订土地租赁合同，土地流转信托计划才能正式设立。在该阶段博弈过程中，双方既存在合作共赢关系，也存在制约关系。信托机构作为中介组织有效减少了规模经营主体作为土地转入方的交易成本，也降低了规模经营主体由于农地资产专用性进行长期投资的风险和资金压力，保障了规模经营主体从事农业生产长期经营的稳定预期。但规模经营主体可能存在受经济利益驱使破坏耕地的风险，信托机构履行农地流转后的监督管理职能，对规模经营主体的土地利用行为进行制约，防止因不合理、不合规利用造成的耕地破坏。

四、农户、信托机构博弈模型与策略稳定性分析

(一) 基本假设

农地经营信托形成的实施运行阶段，首先是农户和信托机构基于土地经营权委托与受托行为的博弈，为分析二者在动态演化博弈中可能实现的稳态均衡状况，提出以下基本假设：

假设 1：该阶段参与博弈主体为农户（H）、信托机构（T）；

假设 2：博弈参与主体具有有限的策略选择空间，农户在该博弈阶段可采取的行动策略 $\{$流转 P_1，不流转 $P_2\}$；信托机构可采取的行动策略 $\{$受托 T_1，不受托 $T_2\}$；

假设 3：农户采取流转策略 P_1 的概率为 y，采取不流转策略 P_2 的概率为 $1-y$（$0 \leqslant y \leqslant 1$）；信托机构采取受托策略 T_1 的概率为 x，采取不受托策略 T_2 的概率为 $1-x$（$0 \leqslant x \leqslant 1$）。

假设 4：该阶段博弈中，博弈双方只要有一方拒绝交易，即土地经营权委托行为没有实际发生，则双方均无收益和成本支出。

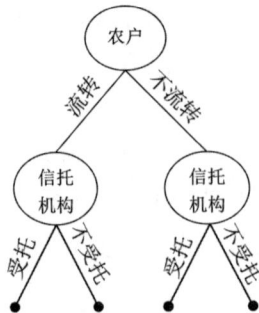

图 5-4　农户与信托机构利益博弈树

Fig. 5-4　The Benefit Game Tree of the Peasant Household and Trust Organization

（二）参数设定与博弈收益分析

根据以上农地经营权委托阶段农户与信托机构参与博弈的研究假设，对该阶段双方博弈过程中不同策略选择下的收益、成本和风险等变量进行分析和设定，得到不同博弈情形下的博弈策略变量（表5-4）。

表5-4 农户与信托机构博弈策略变量及释义

Tab. 5-4 The Game Strategy Variable and Its Definition of Peasant Household and Trust Organization

策略组合	收益支付变量	变量释义
(P₁，T₁)	$R_{(h)}$	P₁策略下获得的综合收益，包括土地固定租金，主要与农户流转土地数量和单位土地固定租金价格有关；农户享有的土地增值收益收入，主要取决于土地增值新增收入，农户流转土地数量，以及农户拥有地权收益的分配比例；土地流转后家庭劳动力转移从事非农就业的机会收益等
	$C_{(h)}$	P₁策略下的综合成本支出，包括转出农地的机会成本，该项成本与农户家庭生计对农地的平均依赖程度相关；土地流转交易成本，包括土地流转信息成本、搜寻成本、契约成本、谈判成本、履约成本等；转出农地的风险成本等
	$R_{(t)}$	T₁策略下在农地经营权委托环节获得阶段性收益，为土地经营权信托管理报酬，与受托管理土地规模和单位土地信托报酬（或单位土地委托管理费）相关；土地增值分配收入，主要与土地增值新增收入、受托管理土地规模以及根据土地流转契约中约定的土地增值收益分配比例有关
	$C_{(t)}$	T₁策略下的成本支出，包括土地经营权信托交易成本，如土地经营权信托登记、产权保护成本、谈判成本、执行成本、履约成本等；风险防范成本，如用于防范因土地租金延期导致的刚性兑付风险的资金等；其他管理费用，如账户管理、信息披露、咨询服务等
(P₁，T₂)	——	——
(P₂，T₁)	——	——
(P₂，T₂)	$\overline{R}_{(h)}$	P₂策略下获得的综合收益，包括农户自营土地的收益，主要与农户拥有土地数量，农户经营单位土地的平均收益率，以及自营土地的风险有关；以及农户兼业季节性外出非农务工所获得工资收入
	$\overline{C}_{(h)}$	P₂策略下的成本支出，主要包括自营土地的种植成本，与农户拥有土地数量和农户经营单位土地的平均成本相关，自营土地的风险成本。
	$R'_{(t)}$	T₂策略下所得收益，为从事其他信托业务所得收益
	$C'_{(t)}$	T₂策略下的成本支出，为从事其他信托业务所付出的平均成本

结合以上农户与信托机构不同策略选择组合下的收益支付情况，可得到双方的博弈收益支付矩阵（见表5-5）。

表5-5 农户与信托机构博弈收益成本支付矩阵

Tab. 5-5 The Payoff Matrix of the Peasant Household and Trust Organization

博弈方2 博弈方1		信托机构	
		受托	不受托
农户	流转	$R_{(h)} - C_{(h)}$, $R_{(t)} - C_{(t)}$	0 , 0
	不流转	0 , 0	$\overline{R}_{(h)} - \overline{C}_{(h)}$, $R'_{(t)} - C'_{(t)}$

（三）模型构建

农户选择监督流转和不流转策略获得的收益分别为 $E(P_1)$ 和 $E(P_2)$：

$$E(P_1) = x(R_{(h)} - C_{(h)}) \tag{5-22}$$

$$E(P_2) = (1 - x)(\overline{R}_{(h)} - \overline{C}_{(h)}) \tag{5-23}$$

则农户的平均收益为 $E(P)$：

$$E(P) = xy(R_{(h)} - C_{(h)}) + (1 - x)(1 - y)(\overline{R}_{(h)} - \overline{C}_{(h)}) \tag{5-24}$$

由此可以得到农户选择流转策略时的复制动态微分方程：

$$F(y) = \frac{dy}{dt} = y[E(P_1) - E(P)] = y(1 - y)$$

$$[(R_{(h)} - C_{(h)} + \overline{R}_{(h)} - \overline{C}_{(h)})x - (\overline{R}_{(h)} - \overline{C}_{(h)})] \tag{5-25}$$

同理，可以得到信托机构选择受托策略和不受托策略获得的收益分别为 $E(T_1)$、$E(T_2)$ 以及平均收益 $E(T)$：

$$E(T_1) = y(R_{(t)} - C_{(t)}) \tag{5-26}$$

$$E(T_2) = (1 - y)(R'_{(t)} - C'_{(t)}) \tag{5-27}$$

$$E(T) = xy(R_{(t)} - C_{(t)}) + (1 - x)(1 - y)(R'_{(t)} - C'_{(t)}) \tag{5-28}$$

信托机构选择受托策略时的复制动态微分方程：

$$F(x) = \frac{dx}{dt} = x[E(T_1) - E(T)] = x(1 - x)$$

$$[(R_{(t)} - C_{(t)} + R'_{(t)} - C'_{(t)})y - (R'_{(t)} - C'_{(t)})] \tag{5-29}$$

（四）复制动态方程的演化稳定性分析

由以上动态复制方程，可分析农户和信托机构在该博弈阶段采取策略的稳定性。

1. 农户采取策略的演化稳定性分析

令 $F(y) = 0$，可得 $y = 0$，$y = 1$，$x = \dfrac{\overline{R}_{(h)} - \overline{C}_{(h)}}{R_{(h)} - C_{(h)} + \overline{R}_{(h)} - \overline{C}_{(h)}}$，如果 $x =$

$\dfrac{\overline{R}_{(h)} - \overline{C}_{(h)}}{R_{(h)} - C_{(h)} + \overline{R}_{(h)} - \overline{C}_{(h)}}$ 时，则 $F(y) \equiv 0$，即对所有 y 都为稳定状态。而当 $x \neq$

$\dfrac{\overline{R}_{(h)} - \overline{C}_{(h)}}{R_{(h)} - C_{(h)} + \overline{R}_{(h)} - \overline{C}_{(h)}}$，令 $F(y) = 0$，可得 $y = 0$，$y = 1$ 是 y 的两个稳定点，此

时有两种情况，当 $0 < \dfrac{\overline{R}_{(h)} - \overline{C}_{(h)}}{R_{(h)} - C_{(h)} + \overline{R}_{(h)} - \overline{C}_{(h)}} < x < 1$ 时，$\left. \dfrac{\partial F}{\partial y} \right|_{y=0} > 0$，

$\left. \dfrac{\partial F}{\partial y} \right|_{y=1} < 0$，故 $y = 1$ 为稳定点，即农户的演化稳定策略是选择流转土地；当 0

$< x < \dfrac{\overline{R}_{(h)} - \overline{C}_{(h)}}{R_{(h)} - C_{(h)} + \overline{R}_{(h)} - \overline{C}_{(h)}} < 1$ 时，$\left. \dfrac{\partial F}{\partial y} \right|_{y=0} < 0$，$\left. \dfrac{\partial F}{\partial y} \right|_{y=1} > 0$，故 $y = 0$ 是稳

定点，即农户的演化稳定策略是选择不流转土地。若令 $\alpha_1 = R_{(h)} - C_{(h)}$，$\alpha_2 =$

$\overline{R}_{(h)} - \overline{C}_{(h)}$，则因此存在 $0 < \dfrac{1}{\dfrac{\alpha_1}{\alpha_2} + 1} < x < 1$。根据以上对农户采取策略的演化

稳定性分析可知，当农户选择"流转土地"策略所获得的利润 α_1 与采取"不流转土地"策略所获得利润 α_2 之比越大时，农户的策略选择倾向于由"不流转土地"向"流转土地"策略演化。

2. 信托机构采取策略的演化稳定性分析

令 $F(x) = 0$，可得 $x = 0$，$x = 1$，$y = \dfrac{R'_{(t)} - C'_{(t)}}{R_{(t)} - C_{(t)} + R'_{(t)} - C'_{(t)}}$，如果 $y =$

$\dfrac{R'_{(t)} - C'_{(t)}}{R_{(t)} - C_{(t)} + R'_{(t)} - C'_{(t)}}$ 时，则 $F(x) \equiv 0$，即对所有 x 都为稳定状态。而当 $y \neq$

$\dfrac{R'_{(t)} - C'_{(t)}}{R_{(t)} - C_{(t)} + R'_{(t)} - C'_{(t)}}$，令 $F(x) = 0$，可得 $x = 0$，$x = 1$ 是 x 的两个稳定点，此

时有两种情况，当 $0 < \dfrac{R'_{(t)} - C'_{(t)}}{R_{(t)} - C_{(t)} + R'_{(t)} - C'_{(t)}} < y < 1$ 时，$\left. \dfrac{\partial F}{\partial x} \right|_{x=0} > 0$，

$\left. \dfrac{\partial F}{\partial x} \right|_{x=1} < 0$，故 $x = 1$ 为稳定点，即信托机构的演化稳定策略是选择受托农户土

地；当 $0 < y < \dfrac{R'_{(t)} - C'_{(t)}}{R_{(t)} - C_{(t)} + R'_{(t)} - C'_{(t)}} < 1$ 时，$\dfrac{\partial F}{\partial x}\Big|_{x=0} < 0$，$\dfrac{\partial F}{\partial x}\Big|_{x=1} > 0$，故

$y = 0$ 是稳定点，即信托机构的演化稳定策略是选择不受托流转土地。若令 $\beta_1 =$

$R_{(t)} - C_{(t)}$，$\beta_2 = R'_{(t)} - C'_{(t)}$，则因此存在 $0 < \dfrac{1}{\dfrac{\beta_1}{\beta_2} + 1} < y < 1$。根据以上对信托机

构采取策略的演化稳定性分析可知，当信托机构选择"受托"策略所获得的利润 β_1 与采取"不受托"策略所获得利润 β_2 之比越大时，信托机构的策略选择倾向于由"不受托"向"受托"策略演化。

五、信托机构、规模经营主体博弈模型与策略稳定性分析

（一）基本假设

农地经营信托形成的实施运行阶段，最后环节是信托机构将集合信托土地进行整治后将土地实际经营权再次让渡给规模经营主体，双方在该阶段博弈过程中既有合作关系，也有监督制约关系，为分析二者在动态演化博弈中可能实现的稳态均衡状况，提出以下基本假设：

假设 1：该阶段参与博弈主体为信托机构（T）、规模经营主体（S）；

假设 2：博弈参与主体具有有限的策略选择空间，信托机构在该博弈阶段可采取的行动策略 $\{$受托 T_1，不受托 $T_2\}$；规模经营主体可采取的行动策略 $\{$流转 S_1，不流转 $S_2\}$；

假设 3：信托机构采取流转策略的概率为 x，采取不流转策略的概率为 1−y（$0 \leqslant y \leqslant 1$）；规模经营主体采取转入的概率为 x，采取不转入的概率为 1−x（$0 \leqslant x \leqslant 1$）。

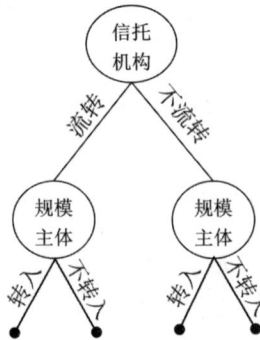

图 5-5　信托机构与规模经营主体利益博弈树

Fig. 5-5　The Benefit Game Tree of the Trust Organization and Scale-Operating Units

（二）参数设定与博弈收益分析

根据以上农地经营权再流转阶段信托机构与规模经营主体参与博弈的研究假设，对该阶段双方博弈过程中不同策略选择下的收益、成本和风险等变量进行分析和设定，得到不同博弈情形下的博弈策略变量（表5-6）。

表5-6　信托机构与规模经营主体博弈策略变量及释义

Tab. 5-6　The Game Strategy Variable and Its Definition of Trust Organization and Scale-Operation Units

策略组合	收益支付变量	变量释义
（T$_1$，S$_1$）	$R'_{(t)}$	T$_1$策略下信托机构在农地经营权再流转环节所获得的综合收益，包括融资收益（融资利息收入），主要涉及规模经营主体融资贷款，参与土地综合整治、专用性投资建设、农田基础设施建设等投融资收益；其他服务收益，如供求信息登记，对土地的数量、质量、区位类别等进行登记备案，以及信息发布、契约管理、指导签证、法律咨询、市场信息服务、矛盾纠纷调处等服务性收入。
	$C'_{(t)}$	T$_1$策略下信托机构的综合成本支出，包括受托土地固定管理成本；流转交易成本，如产权保护成本、信息成本、搜寻成本、契约成本、监督成本、执行成本、履约成本等；土地流转谈判协商成本；融资成本；监督成本，主要是对信托出去的土地用途进行监督，保证土地生产能力的持续性。
（T$_1$，S$_1$）	$R_{(s)}$	S$_1$策略下规模经营主体所得的综合收益，包括规模经营收入，与其转入土地数量、单位土地经营平均收益率以及土地规模经营风险系数有关；政策性收入，如从事农业规模经营获得的政策补贴，贷款贴息，税收减免优惠等。
	$C_{(s)}$	S$_1$策略下规模经营主体的综合成本支出，包括土地租金成本，与转入土地数量、单位土地转入租金价格有关；规模经营成本，与转入土地数量、单位土地经营平均成本相关；流转交易成本，如土地流转信息成本、谈判成本、契约订立和履约成本等；从事其他行业的机会成本，与规模经营主体对农地经营的依赖程度有关；其他成本支出，如土地保证金、风险防范费、服务费支付等。成本支出，如土地保证金、风险防范费、服务费支付等。

续表

策略组合	收益支付变量	变量释义
(T_1, S_2)	$FC'_{(t)}$	受托土地固定管理成本①
	$C'_{(t)2}$	信托机构与规模经营主体进行土地流转谈判协商成本
	$R'_{(s)1}$	规模经营主体从事其他工作获得的收益②
	$C'_{(s)1}$	规模经营主体从事其他工作的成本支出
(T_2, S_1)	$FC'_{(t)}$	受托土地固定管理成本
	$R'_{(s)1}$	规模经营主体从事其他工作获得的收益
	$C'_{(s)1}$	规模经营主体从事其他工作的成本支出
	$\Delta C_{(s)}$	与信托机构进行谈判协商的成本③
(T_2, S_2)	$FC'_{(t)}$	受托土地固定管理成本
	$R'_{(s)1}$	规模经营主体从事其他工作获得的收益
	$C'_{(s)1}$	规模经营主体从事其他工作的成本支出

综合以上不同策略选择组合下的收益支付情况，信托机构和规模经营主体在农地经营权再流转阶段的博弈收益支付矩阵如表5-7所示。

表5-7 信托机构与规模经营主体博弈收益成本支付矩阵
Tab. 5-7 The Payoff Matrix of the Trust Organization and Scale-Operating Units

博弈方1 \ 博弈方2		规模经营主体	
		转入	不转入
信托机构	流转	$R'_{(t)} - C'_{(t)}$, $R_{(s)} - C_{(s)}$	$-FC'_{(t)} - C'_{(t)2}$, $R'_{(s)1} - C'_{(s)1}$
	不流转	$-FC'_{(t)}$, $R'_{(s)1} - C'_{(s)1} - \Delta C_{(s)}$	$-FC'_{(t)}$, $R'_{(s)1} - C'_{(s)1}$

---

① 该博弈情形下，规模经营主体选择不转入土地，土地流转交易未达成，信托机构的土地流转收益为零，但仍需付出信托土地的固定管理成本 $FC'_{(t)}$ 以及与规模经营主体进行土地流转谈判协商成本 $C'_{(t)2}$。

② 该博弈情形下，土地流转不能达成交易，规模经营主体所获得的收益为从事其他工作所获得的收益。

③ 当规模经营权主体选择"转入土地"策略时，无论信托机构选择何种策略，即便不流转即不接受规模经营主体的土地流转申请，规模主体仍需要付出额外的谈判协商成本 $\Delta C_{(s)}$。

（三）模型构建

信托机构选择流转和不流转策略获得的收益分别为 $E(T_1)$ 和 $E(T_2)$：

$$E(T_1) = x(R'_{(t)} - C'_{(t)}) + (1 - x)(- FC'_{(t)} - C'_{(t)2}) \tag{5-30}$$

$$E(T_2) = x(- FC'_{(t)}) + (1 - x)(- FC'_{(t)}) = - FC'_{(t)} \tag{5-31}$$

则信托机构的平均收益为 $E(T)$：

$$E(T) = yE(T_1) + (1 - y)E(T_2)$$

$$= y[x(R'_{(t)} - C'_{(t)} + C'_{(t)2} + FC'_{(t)}) - (C'_{(t)2} + FC'_{(t)}) + FC'_{(t)}] - FC'_{(t)} \tag{5-32}$$

由此可以得到信托机构选择流转策略时的复制动态微分方程：

$$F(y) = \frac{dy}{dt} = y[E(T_1) - E(T)] = y(1 - y)[x(R'_{(t)} - C'_{(t)} + C'_{(t)2} + FC'_{(t)}) - C'_{(t)2}] \tag{5-33}$$

同理，可以得到规模经营主体选择转入策略和不转入策略获得的收益分别为 $E(S_1)$、$E(S_2)$ 以及平均收益 $E(S)$：

$$E(S_1) = y(R_{(s)} - C_{(s)}) + (1 - y)(R'_{(s)1} - C'_{(s)1} - \Delta C_{(s)}) \tag{5-34}$$

$$E(S_2) = y(R'_{(s)1} - C'_{(s)1}) + (1 - y)(R'_{(s)1} - C'_{(s)1}) \tag{5-35}$$

$$E(S) = xE(S_1) + (1 - x)E(S_2) = xy(R_{(s)} - C_{(s)}) + x(1 - y)(R'_{(s)1} - C'_{(s)1} - \Delta C_{(s)})$$

$$+ (1 - x)(R'_{(s)1} - C'_{(s)1}) \tag{5-36}$$

规模经营主体选择转入土地策略时的复制动态微分方程：

$$F(x) = \frac{dx}{dt} = x[E(S_1) - E(S)] = x(1 - x)$$

$$[(R_{(s)} - C_{(s)} - R'_{(s)1} + C'_{(s)1} + \Delta C_{(s)})y - \Delta C_{(s)}] \tag{5-37}$$

（四）复制动态方程的演化稳定性分析

由以上动态复制方程，可分析信托机构和规模经营主体在该博弈阶段采取策略的稳定性。

1. 信托机构采取策略的演化稳定性分析

令 $F(y) = 0$，可得 $y = 0$，$y = 1$，$x = \dfrac{C'_{(t)2}}{R'_{(t)} - C'_{(t)} + C'_{(t)2} + FC'_{(t)}}$，如果 $x = \dfrac{C'_{(t)2}}{R'_{(t)} - C'_{(t)} + C'_{(t)2} + FC'_{(t)}}$ 时，则 $F(y) \equiv 0$，即对所有 y 都为稳定状态。而当 $x \neq \dfrac{C'_{(t)2}}{R'_{(t)} - C'_{(t)} + C'_{(t)2} + FC'_{(t)}}$，令 $F(y) = 0$，可得 $y = 0$，$y = 1$ 是 y 的两个稳定

点，此时有两种情况，当 $0 < \dfrac{C'_{(t)2}}{R'_{(t)} - C'_{(t)} + C'_{(t)2} + FC'_{(t)}} < x < 1$ 时，$\left.\dfrac{\partial F}{\partial y}\right|_{y=0} > 0$，$\left.\dfrac{\partial F}{\partial y}\right|_{y=1} < 0$，故 $y = 1$ 为稳定点，即信托机构的演化稳定策略是选择流转土地；当 $0 < x < \dfrac{C'_{(t)2}}{R'_{(t)} - C'_{(t)} + C'_{(t)2} + FC'_{(t)}} < 1$ 时，$\left.\dfrac{\partial F}{\partial y}\right|_{y=0} < 0$，$\left.\dfrac{\partial F}{\partial y}\right|_{y=1} > 0$，故 $y = 0$ 是稳定点，即农户的演化稳定策略是选择不流转土地，因此存在 $0 < \dfrac{C'_{(t)2}}{R'_{(t)} - C'_{(t)} + C'_{(t)2} + FC'_{(t)}} < x < 1$。根据以上对信托机构采取策略的演化稳定性分析可知，当信托机构选择"流转"策略所获得的利润 $R'_{(t)} - C'_{(t)}$ 越大，同时无论是否流转受托土地都要付出的固定管理成本 $FC'_{(t)}$ 越高时，信托机构的策略选择倾向于由"不流转土地"向"流转土地"策略演化。

2. 规模经营主体采取策略的演化稳定性分析

令 $F(x) = 0$，可得 $x = 0$，$x = 1$，$y = \dfrac{\Delta C_{(s)}}{R_{(s)} - C_{(s)} - R'_{(s)1} + C'_{(s)1} + \Delta C_{(s)}}$，如果 $y = \dfrac{\Delta C_{(s)}}{R_{(s)} - C_{(s)} - R'_{(s)1} + C'_{(s)1} + \Delta C_{(s)}}$ 时，则 $F(x) \equiv 0$，即对所有 x 都为稳定状态。而当 $y \neq \dfrac{\Delta C_{(s)}}{R_{(s)} - C_{(s)} - R'_{(s)1} + C'_{(s)1} + \Delta C_{(s)}}$，令 $F(x) = 0$，可得 $x = 0$，$x = 1$ 是 x 的两个稳定点，此时有两种情况，当 $0 < \dfrac{\Delta C_{(s)}}{R_{(s)} - C_{(s)} - R'_{(s)1} + C'_{(s)1} + \Delta C_{(s)}} < y < 1$ 时，$\left.\dfrac{\partial F}{\partial x}\right|_{x=0} > 0$，$\left.\dfrac{\partial F}{\partial x}\right|_{x=1} < 0$，故 $x = 1$ 为稳定点，即规模经营主体的演化稳定策略是选择转入土地从事规模经营；当 $0 < y < \dfrac{\Delta C_{(s)}}{R_{(s)} - C_{(s)} - R'_{(s)1} + C'_{(s)1} + \Delta C_{(s)}} < 1$ 时，$\left.\dfrac{\partial F}{\partial x}\right|_{x=0} < 0$，$\left.\dfrac{\partial F}{\partial x}\right|_{x=1} > 0$，故 $y = 0$ 是稳定点，即信托机构的演化稳定策略是选择不转入土地，因此存在 $0 < \dfrac{\Delta C_{(s)}}{R_{(s)} - C_{(s)} - R'_{(s)1} + C'_{(s)1} + \Delta C_{(s)}} < y < 1$。由以上对规模经营主体采取策略的演化稳定性分析可知，当规模经营主体选择"转入土地"从事规模经营所获得的利润 $R_{(s)} - C_{(s)}$ 与"不流转土地"从事其他工作所获利润 $R'_{(s)1} - C'_{(s)1}$ 的差值越大时，规模经营主体倾向于由"不流转土地"向"流转土地"策略演化。

第五节 实证案例：基于信阳市淮滨县农地经营权信托实践

一、案例选取与研究区域概况

（一）案例选择

在上述农地经营权信托形成机理的一般性博弈分析基础上，采用实证案例分析方法，对农地经营权信托形成过程中相关利益主体的内在行为动因、利益联结及互动机制进行剖析。并采用过程分析的视角，动态地展现因不同参与主体禀赋异质性、利益诉求和行为动因的差异导致农地经营权信托产生和发展的整个过程。遵循案例选择的典型性原则，该章节选取河南省信阳市淮滨县"百瑞金穗 X 号集合信托计划"农地经营权信托流转项目作为数据资料①，选择的原因有三点：第一，百瑞信托②规模实力较强，较早探索实践农地经营权信托项目，2014 年 5 月在淮滨县设立的该项目属于较为典型的农地经营权信托实践模式。第二，该项目设立以来，整体运行稳定且时间相对较长，项目不同参与主体之间的合作模式和利益联结方式经历了长期的选择，为研究提供了较为丰富的素材。第三，淮滨县属于豫南传统农区，土地流转发生率较高、规模较大，百瑞农地经营权信托项目运行前后能够完整呈现出农地经营权信托形成和发展的整个过程，在此基础上进行研究探讨具有较强的借鉴价值。

（二）区域概况

地理区位与资源禀赋。淮滨县属河南省信阳市，位于河南省东南部，淮河中上游，豫皖两省交接处，南望大别山，北接黄淮大平原，地势由西向东倾斜，大致分为岗地、平原和洼地三种地形类型；全县下辖辖 4 个街道、15 个乡（镇），总人口数量 78.47 万；县域内土地总面积 181.35 万亩，耕地保有量为 118 万亩，其中划定基本农田面积为 101 万亩，盛产小麦、水稻、玉米等粮食作物，是全国商品粮、弱筋小麦基地县；也盛产油菜、花生、芝麻等油料作物以

---

① 案例数据来源：2014 年、2017 年河南省农业厅农经处和郑州大学商学院以及 2018 年河南财经政法大学组织的大学生暑期调研实地访谈调查获取的材料和数据。

② 全称为"百瑞信托有限责任公司"，是经中国银行业监督管理委员会批准设立的非银行金融机构，前身为郑州信托投资公司，成立于 1986 年，后经多次增资扩股，截至 2016 年底，公司注册资本增至 40 亿元。目前公司的股东包括国家电力投资集团公司、郑州市政府和金融集团摩根大通 3 方。

及棉花、烟叶、猫爪草、息半夏等优质农经作物，是豫南地区一个典型的农业县。2019 年，淮滨县生产总值 225.92 亿元，三次产业结构为 18.3∶40.6∶41.1①。淮滨县首个农地经营权信托试点地区——固城乡位于淮滨县西北部，全乡下辖 23 个村，5 个自然村，4.2 万人；全乡土地总面积 12.78 万亩，其中耕地面积 9.1 万亩，旱涝保收农田总面积占全乡总耕地面积的 80% 以上。

产业发展与基础条件。淮滨县是淮河流域弱筋小麦的主产地，建设有河南省弱筋小麦示范现代农业产业园。全县通过土地综合整治，新增耕地 8000 亩以上，建成优质弱筋小麦标准化生产基地 60 万亩、优质稻生产基地 50 万亩、稻渔种养 8 万亩。依托资源优势现已形成弱筋小麦生产、加工、销售的产业链；金豫南面粉有限公司组建河南省弱筋小麦工程技术研究中心，通过招商引资，食品产业逐年发展壮大；截止 2019 年底，淮滨县产业集聚区已进驻麦得隆食品、金豫南面粉、宽裕粮油、五谷春酒业等 20 余家涉农企业，三产融合程度进一步加深；此外，造船业作为淮滨县传统优势产业，是河南省产业规划中予以重点支持的装备制造业。当前该县已形成以造船、酿酒、食品加工、轻型纺织等主的工业体系，为助力县域经济发展夯实了产业基础。2019 年，淮滨县二三产业发展共吸纳农村转移劳动力就业 1.4 万人，农村居民人均可支配收入达到 1.28 万元，同比增长 10%②。

二、淮滨县农地经营权信托形成机理的博弈分析

（一）农地经营权信托形成的动态演进过程与主体行为动因

1. 农户的行为动因与策略选择

自 1990 年以来，淮滨县因地制宜利用淮河水资源优势和农副产品加工发展地方经济，使乡镇企业快速发展。船舶制造、水上运输、水产养殖、捞沙制沙，以及粮食、食品、制革、蚕茧等农副产品深加工等产业不断发展壮大，促进了农村富余劳动力向二三产业的加快转移。面对土地细碎化、小规模分散经营造成的生产成本高收益低等现实，"农忙务农、农闲务工"兼业化生产方式成为大多数农户家庭的普遍选择。该县有超过 70% 的劳动力人口常年从事非农就业工作，造成近 50 万亩耕地出现季节性荒置。土地作为农民维持生计的基本手段，

---

① 淮滨县政府网站. 淮滨县 2019 年国民经济和社会发展统计公报. http：//www. huaibin. gov. cn/jjhb/jjdt/webinfo/2020/05/phone1591958040937160. htm

② 淮滨县政府网站. 淮滨县政府工作报告（2020）. http：//www. huaibin. gov. cn/xxgk/zfxxgkml/gzbg/webinfo/2020/08/1598701743785097. htm

农民对土地的生活保障功能还有一定程度的依赖性，担心长期抛荒闲置被集体收回，或流转后失去土地，2008 年之前该县区域内土地流转大多是短期性、亲友间分散型流转①。基于亲邻间的信任，大多土地流转仅有口头承诺，亩均流转费用为 100-200 元。虽然这在一定程度上减少了耕地资源的闲置浪费，但也因土地流转不规范引发纠纷事件时有发生。

对农户而言，单一主体自营土地面临着生产成本高、收益低，且承受市场、自然等多重风险的影响。此外，作为土地流转市场的供给主体，由于自身知识、信息不足等局限，导致其信息搜寻成本、谈判成本和监督成本都很高。因此，农户土地流转决策不仅受到土地自然禀赋（如土地面积、细碎化程度、质量等）和家庭劳动力资源禀赋（劳动力数量、受教育程度、健康状况等）的影响，还取决于对土地流转成本收益以及预期交易风险的判断。因此，降低交易成本和风险，获得较多且稳定土地流转收益，以及有机会分享到土地增值收益成为农户参与土地流转的主要行为动因和利益诉求。

2. 地方政府的行为动因与策略选择

面对农村劳动力持续减少和农业经营活动分散、弱化现实问题，促进土地集约化、规模化经营，进一步提高农地资源配置效率成为地方政府促进农村经济社会发展的一项重要任务。地方政府作为中央政府政策的执行者和实施者，也是地方政策制定者和市场的监管者，通过制定政策对农地经营权流转参与主体产生激励约束作用，引导和监督规范其他主体的行为。同时，地方政府受到经济指标导向的利益驱动，通过促进农地流转和金融供给模式创新，发展地方经济来增加财政收入，以此来显化政绩。地方政府的行为动因主要是通过农地经营权流转获取更多的财政收入，减少土地流转中的矛盾纠纷，改善农民的整体福利水平。

2009 年，河南省首个农村改革发展综合试验区在信阳市成立。为鼓励农业经营主体积极参与农村改革发展综合试验区建设，信阳市政府出台了加快推进农地经营权流转的奖励政策，淮滨县及下辖各乡镇积极响应，对积极参与土地流转的农业经营主体和基层乡镇政府，按照流转规模分别给予相应的现金奖励②。在政策支持引导和经济激励下，种植大户、家庭农场等具备一定资金、技

---

① 截至项目启动前的 2013 年底，淮滨县流转的 42.5 万亩土地中，专业大户、专业合作社组织以及家庭农场流转的土地仅占 29.4%，而 100 亩以下的散户流转占流转总面积的 70.6%。

② 具体奖励标准为（规模/现金奖励额度）：（300 亩/2000 元）、（500 亩/5000 元）、（1000 亩/1 万元）、（2000 亩/2 万元）、（5000 亩/5 万元）、（1 万亩/10 万元）。

术、管理能力的多元市场主体开始参与农地流转。在该过程中，乡镇政府和村集体（村委会）是土地流转的主要利益相关者，二者与地方政府的决策目标一致，采取积极主动的博弈策略。政策奖励下新型农业经营主体参与土地流转的积极性明显提高。2009年至2012年间，淮滨县17个乡镇土地流转面积达到84.2万亩，其中耕地面积为67.15万亩，林地8.65万亩，其他土地8.4万亩，流转形式主要以互换、转包和出租等为主；参与土地流转的农业经营主体数量2.7万家，其中50亩以下的农户数量占比90%，经营规模多集中于50亩—100亩和100亩—500亩两个规模区间（表5-8）。

表5-8 2012年淮滨县农地经营权流转及规模经营情况

Tab. 5-8 The Land Management Right Transfer and

Scale-Operation 2012 in Huaibin County

规模区间（亩）	50亩以下	50-100亩	100-500亩	500-1000亩	1000-5000亩	5000亩以上
主体数量（个）	23580	1448	878	69	97	4
数量占比（%）	90.4	5.5	3.4%	0.2%	0.37%	0.01%
租约期限（年）	1	1	1~5	1~5	5年以上	5年以上
平均租金（元/亩/年）	100~200	100~200	300~400	400~500	400~500	400~500

注：表中数据根据淮滨县农业局2012年土地流转与规模经营调查数据汇总整理。

3. 规模经营主体的行为动因与策略选择

随着淮滨县农地流转和规模经营不断扩大，一些问题逐渐显现。一是由于农地流转组织化程度较低，农业经营主体连片转入土地则需要与农户一家一户协商谈判，交易成本高，规模化成片流转困难。以经营规模50—100亩为例，农业经营主体平均管理地块数量在6—7块，因此该阶段农地经营仍处于"规模化的分散经营"状态。二是土地租约期限较短（多为1年），缺乏长期稳定经营预期导致农业经营主体缺少长期投资的激励；一些签订长期土地流转合约（5年及以上）规模经营主体虽然会改善部分农业基础设施、开展设施农业建设投入，也具备一定的资金实力，但面对农田道路、水利、电力等基础设施建设，以及农田改造、土壤改良等需要巨额资金投入的项目却显得能力不足。对流转土地的农户而言，土地租金偏低、拖延支付甚至且缺乏稳定性，这在很大程度上降低了农户土地流转的意愿。因此，农地经营权流转市场在供求两端都陷入僵局。

为进一步提高土地流转和规模经营的水平，自 2013 年淮滨县加大对有经济实力、管理水平和经营权能力的企业、专业合作社和农机合作社等涉农专业服务组织参与农地经营权流转的支持力度，采取财政奖补、税收优惠等政策措施，扶植了一批农业专业服务组织的发展。如鼓励引导民营企业联合出资成立"农业综合开发公司"，业务范围包括土地流转、农业种植、农机服务、植保服务以及农作物收储、加工、运输等专业服务，推进了产、供、销一体化进程。这些农业专业服务组织的发展拉动了土地流转，也提高了农业生产的组织化程度，形成"公司+专业合作组织+基地+农户"的生产组织形式，拉长了产业链条。参与企业不仅拥有了稳定可靠的农产品原料供应基地，且品种改良、种植技术改进、标准化生产等提高了农产品的质量。但是，随着土地流转和生产规模的扩大，农业经营主体发展中遇到自有资金不足、融资贷款困难的问题。

就亿丰农机而言，该社在淮滨县经营土地面积 2000 余亩，每年粮食晾晒成为一大难题，场地不足和天气多变往往导致粮食发霉，严重影响了粮食的质量和价格。可行的办法是购入粮食烘干设备。但是由于一套粮食烘干设备动辄几百万元，刚刚起步的农机合作社很难负担。同时，该社下一步发展还计划引入无人植保机，而无人植保机的引进同样遇到了资金问题。由于无法提供银行等传统金融机构偏好的抵押担保物、信用等级较低，且农业经营风险过于集中，亿丰农机等农业经营主体获取贷款的成功率很低；即使获取贷款，也因贷款额度低、期限较短，往往难以满足农业生产的资金需求。

与此同时，该县当地一些农业专业服务组织在土地规模化经营的同时，也尝试"服务规模化"经营，为小农户提供土地托管服务。该服务模式的推行，既尊重了部分农户无力种田又要保留土地的意愿，也避免了土地流转中较高的谈判成本和土地租金；同时也提高了自有农机设备的利用效率。但是调查访谈发现，土地托管服务实践中遭遇到很多现实难题。一是农户组织化程度低且需求极其分散，在作物品种选择和耕作安排上不统一，地块分散影响农业生产机械化的作业效率，农机作业困难导致服务费用提高；二是农户的兼业化程度以及自有农机种类的差异导致农户对土地托管服务的选择多样，服务主体很难将需求一致的农户集中起来；三是农户对农业服务质量满意度较低，例如即使标准化程度较高的收割服务，收割后麦茬留置的高低对下季作物播种和产量产生的影响，农户也存在不同意见，其他农业服务环节呈现出问题则更多。因此，很多农业专业服务组织更倾向于选择土地"全托管"，而这与接受小农户分散化的土地流转并无二致。

因此，对亿丰农机等农业生产"服务商"而言，其拥有较为先进的农机等生产工具、农业生产经验以及农业技术和信息，是推动土地流转，促进土地规模化经营、集约高效利用的主力军。同时，也向其他传统农户提供信息指导以及种子、机耕等农业社会化服务，是农业服务的专业化提供者。但由于金融供给不足，融资缺乏有效抵押物等因素制约，农业经营主体规模经营的目标受限。农业经营主体参与土地流转信托的行为动因是为了获取流动性支持和其他所需的农业服务，得到更多的政策支持和农业补贴收入；最大程度提高农业生产设备的利用效率，节约专用资产的闲置成本；在尽可能降低农业生产经营风险的条件下，通过土地集约化利用和农业专业化运作，提高农业生产效率，获取更大的利润空间。

4. 信托机构的行为动因与策略选择

为解决农地经营权流转中出现的上述问题，淮滨县尝试将信托制度引入农村土地流转，积极探索新路径解决土地流转和资金投入等方面的诸多现实难题。在淮滨县政府引导和支持下，2014 年 5 月百瑞信托在淮滨县固城乡设立了农地经营权信托项目，选择固城乡白布村和李营村作为首批试点村①。百瑞信托作为非银行金融机构，是信托财产的集合者和资源整合者，其自身拥有跨市场投资和配置资源的优势，是一个集资金、信息、管理等要素的资源整合平台。受到金融服务实体经济发展的外部政策支持和引导，以及行业内部开展资产管理业务的竞争压力增大，百瑞信托急需业务转型，拓展业务范围，找到新的盈利增长点，体现信托机构服务"三农"的社会责任。在此背景下，百瑞信托参与农地经营权信托的主要行为动因是在尽可能降低运行风险的前提下，获取足够的机会成本和经营管理收入；同时，为受益人分配信托收益，为农业经营主体提供金融服务以及参与提供农业产业链上的其他服务并获取利润。

（二）农地经营权信托形成中主体间博弈关系及利益联结机制

从上述淮滨县土地流转和规模经营发展演进的整个过程来看，农地经营权流转的核心利益主体淮滨县政府（包括基层乡镇政府）、村集体、农户、规模经

---

① 2015 年-2018 年试点地区扩展至王家岗乡（乡毛庄村等）、新里镇（孙香铺村等）、谷堆乡（杜营村等）、邓湾乡（徐门村等）等 5 个乡镇，农地经营权信托流转面积近 30 万亩。

营主体和信托机构等，基于不同的行为动因和利益诉求互相博弈，共同推动农地流转和规模经营模式的不断发展演化。在淮滨县政府的引导推动下，百瑞信托介入农地经营权流转市场促成了农地经营权信托的形成。在信托契约安排下，土地、资金、人力、技术、管理等资源要素在不同参与主体之间流动和重组配置，从而形成新的土地流转和规模经营的组织制度安排和市场交易结构（如图5-6所示）。在整个过程中，参与主体之间的博弈大多为积极主动博弈，利益主体之间的潜在冲突要通过采取规范的信托流转合约、保障利益和控制风险等措施来达成最终博弈均衡结果的目标。

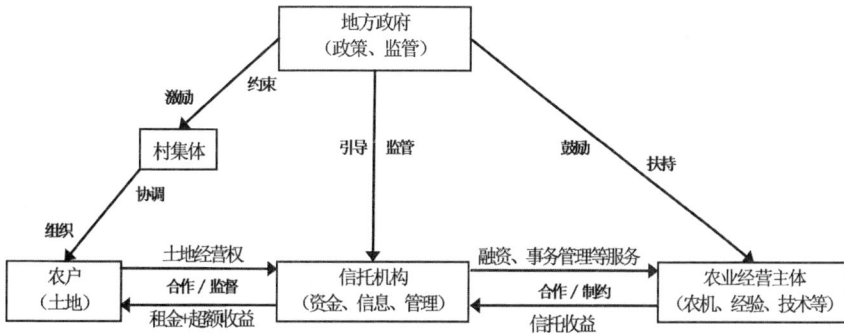

图5-6　淮滨县农地经营权信托形成中的利益博弈关系

Fig. 5-6　Interest Game Relationship in the Formation of Land Management

Right Trust of Huaibin County

1. 多元利益博弈主体形成的交易结构

按照依法、自愿、有偿的原则，有意愿流转农户向村集体提出申请，先由两村的村集体与村民签订土地流转合同。后由农户代理人（村集体）将集合起来的土地经营权（一期1.8万亩）委托给百瑞信托管理，并进行登记备案；双方签订土地信托契约（信托计划期限为14年），由百瑞信托向参与土地流转的农户发放土地信托受益凭证。百瑞信托将受托土地交由考察选定的亿丰农机合作社、金贡仓农业综合开发公司等具有较强规模实力和生产管理经验的农业服务商统一承租经营，与之签订土地租赁合同，约定参与各方的权责、收益分配方案、土地经营范围等内容。

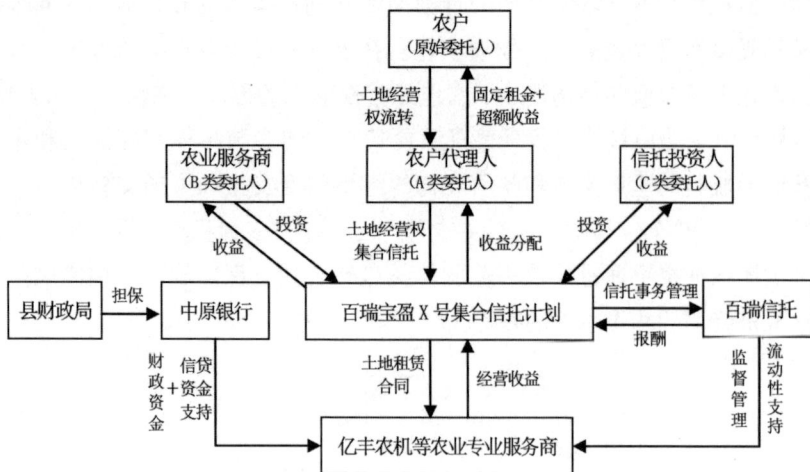

图 5-7 淮滨县农地经营权信托的交易结构及利益联结

Fig. 5-7 Transaction Structure and Interest Connection of the Land Management Right Trust of Huaibin County

2. 博弈主体间的权责分配与利益联结关系

信托收益分配方面。土地流转信托契约明确参与主体之间权责利关系，建立了以收益分配方案为核心的激励约束机制。参与土地流转的农户其预期收益分为固定的土地租金和超额收益两个部分：固定租金为每亩每年 510 斤小麦，价格按照三类小麦最近一期国家最低收购价。无论土地经营状况如何，百瑞信托保证"刚性兑付"；按照土地流转信托契约协议，土地经营收益超过每亩每年 510 斤小麦后，农户还可获得 10% 的超额收益分配；同时依据协议，农业服务商要控制亩产种植成本，保证种植作物最低产量以及年终固定收益总额。固定收益部分由农业服务商与信托机构按 88∶12 的比例分配，超额收益部分农户、信托机构和农业服务商按照 1∶1∶8 的比例分配。农户固定租金与超额收益所得每亩 720 余元，与自营土地每亩种粮纯收益相比提高约 16%。此外，在百瑞信托、基层政府和村集体的帮助带动下，近六成参与土地流转农户实现就近就业，获得农业服务商、涉农企业等提供的非农就业岗位，平均每人每年可增加 6000 元—10000 元的务工收入。

信托融资供给方面。为解决亿丰农机等农业服务商发展中的融资难题，百瑞信托作为非银行金融机构设计发行了"百瑞金穗 X 号集合信托计划"（如图 5-7 所示），尝试通过发行信托计划将资金引流到农业生产部门，为农业经营主体拓展融资渠道，创新融资机制开辟了新的路径。在该信托计划中涉及三类信托财产：A 类是土地经营权信托，农户及其代理人作为委托人，此类信托财产主要按照信托契约进行农业生产经营；B 类是资金信托，委托人是信托项目资金投资者，属于出资方。该类信托份额由百瑞信托对外公开募集；C 类同样为资金信托，由参与信托计划的农业服务商认购。B 类和 C 类信托财产主要用于农田道路、土地整理等基础设施建设，购买农资、农业机械，支付劳动力工资，以及垫付 A 类受益人固定收益。信托计划专户内的闲置资金可由受托人决定投资于委托人认可的高流动性、低风险的金融产品。自 2014 年该信托项目设立以来，截至 2018 年 5 月，百瑞信托将公开募集资金 2000 万元，加之淮滨县政府为了支持本地区土地流转机制创新，争取到的上级财政资金 2600 万元共同投入到农田建设项目（表 5-9）。此外，县财政局担保中心与中原银行淮滨支行，按照1：3 的担保比例，提供 100 万元信贷资金支持，用于水稻育秧基地、蔬菜等设施农业基地建设以及科技研发。

表 5-9　2014-2018 年淮滨县农地经营权信托项目农田建设投资情况

Tab. 5-9 The Investment in Farmland Construction from 2014 to 2018 of the Land Management Right Trust Project in Huaibin County

建设任务	投资建设内容	
	平整地块新增耕地面积（万亩）	2.67①
	土壤改良面积（万亩）	30.05
	坑塘整修（口）	142
	配套机电井（眼）	561
土地综合整治与高标准基本农田建设	开挖、疏浚整修沟渠（千米）	178.35
	修建提灌站（座）	4
	修建渠系建筑物（座）	263
	高效节水灌溉（万亩）	20.36
	硬化田间路（千米）	279.45
	种植防护林（万棵）	40
	配套低压输电线（千米）	403.5
	配套标志牌（个）	4173

生产服务及风险防范方面。以农地经营权信托项目为平台，百瑞信托为农业服务商在农业生产中引入农资农技服务方，提高了农业生产的科技水平和专

① 河南省自然资源厅土地整理中心已完成验收和报备入库 1.03 万亩。

业化能力，从而降低生产成本、提高盈利水平；利用自身在市场信息方面的优势，在产后销售环节，百瑞信托为农业服务商提供农产品价格、销售等市场信息咨询服务及订单生产等社会化服务，降低了农业服务商面临的市场风险，增强了其租金支付和偿还贷款的能力。同时，百瑞信托在必要时按照法定程序为亿丰农机履行担保责任，对信托财产的使用进行严格的审核和监督，防控和降低风险发生的可能性。

三、案例总结

上述案例从微观参与主体利益博弈的角度过程性展现了农地经营权信托的形成机理。农地经营权信托形成是地方政府、村集体、农户、信托机构、新型农业经营主体等多元参与主体基于自身利益诉求在长期博弈中不断调整自身策略，寻求符合自身利益的稳定均衡策略的过程。在信托契约安排下最终形成互补互惠、互利共赢和风险共担的交易结构和利益联结关系，通过在参与主体之间嵌入的收益共享、信托融资、生产服务支持等多重利益纽带，形成了较为稳定的合作关系。从利益主体博弈的整个过程来看，虽然主体之间博弈过程复杂、存在潜在冲突，但总体呈合作博弈模式。在农村劳动力向非农就业转移速度加快，小农户家庭经营分散弱化、收益较低导致农地利用效率低下的背景下，淮滨县政府基于多重利益目标诉求，通过政策引导和经济激励，促使基层政府及其基层代理人村集体（村委会）为获得潜在收益而采取积极参与的行动策略，提高了土地流转中农户的组织化程度，防范和化解土地流转中与农户之间的利益冲突，从而降低土地规模化流转中协商谈判的交易成本。百瑞信托接受农户土地经营权委托后，负责土地的归集整理，以及诸如登记备案、法律咨询、契约管理、资产评估等土地流转事务管理工作。作为受托人，百瑞信托代表土地财产委托人农户，负责选择合适农业经营主体，并与之协商合作方式以及收益分配方案等内容。百瑞信托通过规范信托流转契约、保障参与主体利益和控制防范风险等措施，最大程度上整合了参与主体的利益目标诉求，减少了利益冲突发生的可能。亿丰农机等农业服务商基于获取资金支持、农业服务、政府补贴，以及提高农业生产设备的利用效率等利益目标参与农地经营权信托，利用土地、资金、先进的农业生产设备和生产管理经验，通过土地规模化、集约化利用，提高农业生产效率和经营收益，实现了土地规模经营和"服务规模化"相结合。

第六节 本章小结

本章借助演化博弈理论的思想方法和分析工具，通过构建三阶段博弈模型对农地经营权信托形成过程中多元参与主体——地方政府、信托机构、村集体、农户以及新型农业经营主体的不同角色定位、利益诉求和博弈关系进行分析，刻画农地经营权信托形成过程中相关利益主体博弈的动态演化关系，并得出影响利益主体行为策略选择及博弈均衡结果实现的关键因素，从而揭示农地经营权信托的形成机理。最后以信阳市淮滨县为例，过程性描述了农地经营权信托形成和实践中参与主体基于不同行为动因和利益诉求，不断动态调整自身策略，最终在信托契约安排结成利益联结关系以寻求多方利益均衡的结果。研究结论：

（1）农地经营权信托的形成离不开政府的政策支持和引导推动，受到"自上而下的强制性制度变迁"的外在推力作用。但从农地经营权信托形成的动态演进过程来看，参与主体基于自身禀赋异质性，出于不同的行为动因和利益诉求，为追求自身收益的改善而寻求合作则是其形成的内生动力来源，其本质上是一种具有自发性和内生性的农地流转和金融供给制度创新模式。

（2）农地经营权信托形成实际上一个涉及地方政府、信托机构、村集体、农户和新型经营主体等多元参与主体相互博弈的过程。在此过程中，参与主体在不同阶段平衡相互之间的利益关系，重新配置土地、资本、人力、技术和管理等资源要素，协调、交易以及分配权责利关系，将各参与主体多元分散的利益诉求进行协调和整合，通过构建激励与约束、发展与竞争、合作与监督等机制，进而实现利益均衡的"帕累托改进"结果。

（3）政策制定阶段，地方政府和信托机构基于"鼓励与控制"的博弈关系，以提高农地资源配置效率、创新金融供给机制、追求自身经济收益等为主要目标和利益基点进行博弈。地方政府的支持政策对信托机构参与农地流转金融创新具有典型的信号示范效应。在政策支持引导下，信托机构参与农地经营权信托实践，除了受到可获得的直接和间接收益影响外，来自政府的经济激励强度和违规惩处力度也对其策略选择也显现出明显的"奖抑效应"；地方政府支持农地流转融资创新中的策略选择主要受到显性政绩提升，如地方经济增长、财政收入增加等带来的正强化积极刺激；同时也受到面临的政治经济社会风险成本、监管不力受到上级政府处罚成本等负强化厌恶刺激的影响。

（4）组织动员阶段，地方政府和村集体以及村集体和农户分别基于"发展和背离""依赖和竞争"的博弈关系，以降低农地流转中社会治理成本和风险因素，促进村级经济发展、获得职位晋升和经济奖励，争取更多土地财产性收益等为主要目标和利益基点进行博弈。农地经营权信托项目实施具有增加地方政府和村集体组织经济收入的福利衍生效应，同时也自带增加额外隐性收入和非农就业机会等隐性红利预期，这些是影响该阶段三方博弈均衡结果实现的主要因素。其中地方政府的演化稳定策略主要受到自身经济利益、额外隐性收入以及社会福利损失和风险成本等因素的影响；村集体的演化稳定策略除了受到自身追求经济收入和隐性收益增加的因素影响外，还受到来自政府奖惩机制，以及政府和农户不同策略组合下自身面临的土地流转谈判交易成本差异的影响；而农户的策略选择主要体现为追求自身综合收益增加和规避风险行为，其演化稳定策略则受到村集体不同策略选择下自身获得的务工机会等额外激励收益以及土地流转谈判交易成本等主要因素的影响。

（5）实施运行阶段，农户与信托机构以及信托机构与规模经营主体分别基于"合作与监督""合作与制约"的博弈关系，以追求稳定的土地流转收益、保障土地财产安全，获得财产管理收益和融资收益、维护公共利益，增加土地规模经营收益、获得更多政府补贴、资金支持等为主要目标和利益基点进行博弈。农户的演化稳定策略主要根据不同策略选择下的收益、成本及风险的对比，受到自身所获利润的影响；信托机构的演化稳定策略主要受到土地财产权管理所获收益、固定管理成本等因素的影响；规模经营主体的演化稳定策略主要受到规模经营所得利润与从事其他工作获得利润的对比影响。

第六章　农地经营权信托土地流转的运行机制与治理结构

推动土地经营权流转成为提高农地利用效率和实现农业现代化的基本路径（张红宇，2018）。然而，当前在土地流转和农业生产经营中，农业规模经营主体却不得不面临两个主要难题：一是在农地细碎化程度高、农户组织化程度低的既定事实下，直接转入土地实现集中连片经营需要与众多小农户进行谈判协商，面临较高的交易成本，土地流转效率低下；二是由于资金短缺、投资激励不足等原因，土地整治和农田基础设施建设等专用性初始投资不足，导致农业经营主体从事规模化经营的基础条件薄弱（吴本健等，2015）。因此，通过合理的激励机制设计和必要的金融资源配置，降低土地经营权流转中的交易成本、增加土地规模化经营所需的专用性资产投资，形成良好的农业规模经营模式，成为进一步推进农业现代化发展和深化农业供给侧结构改革迫切需要解决的关键问题。

"三权分置"是奠定农地经营权信托流转的必要制度基础，但促进土地资源有效配置的关键还在于保障其产权流动性，破除导致地权流动性障碍的体制机制因素。基于集体土地公有制促进农地经营权市场化流转以及人、地、资本等要素合理化配置，政府的作用仍不可或缺。这既是由政府在农地基本产权结构的创设和保护中的重要作用决定，也是由政府修正或缓解"市场失灵"，以及其在农地产权市场化配置过程中保障社会公平的必要职能决定。从前文分析可以看出，实践中无论是政府主导型还是商业信托参与的市场主导型农地经营权信托模式，地方政府在农地经营权信托土地流转机制运行的不同环节，如农地经营权归集、农地综合整治以及经营权再流转过程中都发挥着重要作用，其中也不乏包括政府信用背书所起到的担保作用。

本章主要内容为"三权分置"制度改革下农地经营权信托在破解农地流转和农业生产专用性资产投资等问题的运行机制设计和治理结构问题。首先，以新制度经济学、公共治理理论为基础分析了农地经营权流转中因农地产权制度供给不足、市场机制缺失、政府不当干预引发的"政府失灵"和"市场失灵"，导致农地资源配置效率损失的问题；农地综合整治和基础设施建设投融资中因

"公共物品"属性和"专用性资产"特征，导致私人投资激励不足从而引发的
"市场失灵"问题，以及政府在土地整治项目投融资和项目后期管理维护中因无效
干预导致"政府失灵"问题。然后，借鉴威廉姆森关于治理结构选择的理论分析
思路，从"政府"和"市场"角度切入，分析农地经营权信托在土地流转和农地
整治项目投融资等方面的机制设计，以及二者在农地资源要素市场化配置过程中
的作用机制及其范围，由此形成的治理结构和产生的交易成本。最后，以河南省
邓州市的农地经营权信托实践为例，分析农地经营权信托土地流转机制运行中，
政府在土地流转、农地综合整治和项目投融资中的行为逻辑和作用发挥，以及由
此产生的问题；并进一步探讨"政府"和"市场"在农地经营权信托的土地流转
机制运行中的治理边界。旨在通过完善运行机制形成合理的治理结构，助力实现
农业现代化发展和规模经营的目标。本章总体分析思路与框架如图6-1所示。

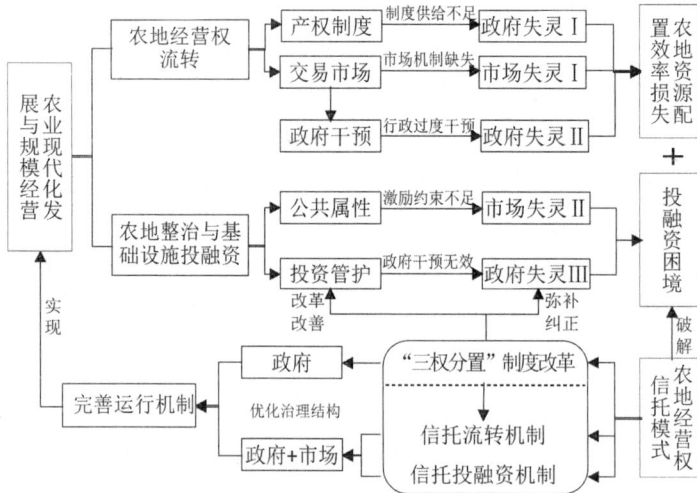

图6-1 农地经营权信托土地流转机制的理论分析思路与框架

Fig. 6-1 Theoretical Analysis and Framework of Land Transfer Mechanismof
Land Management Right Trust

第一节 农地经营权流转中的"政府失灵"与"市场失灵"

一、产权制度供给不足：政府失灵 I

农地制度安排和产权配置是土地流转的制度基础（史清华，1999；田先红

等 2013）。完整的农地产权制度和明晰的产权关系能够使农地流转主体在产权交易过程中形成稳定预期，减少交易风险和不确定性，从而降低流转交易成本和农地资源配置中效率损失（李孔岳，2009；何一鸣等，2012；杨成林，2014）。前文已经提及，农地产权制度创设以及农地流转契约安排的形成和演进的过程都是利益相关主体围绕土地利益所进行的持续博弈过程。而政府在农地产权制度形成和制度供给中起到关键作用，能够凭借其公权力和行政权威以较低的制度确立和实施成本在全社会建立起公众共识的产权制度安排（D C. North，1999）。当前农地流转市场普遍面临"自发、分散、无序"的困境，究其原因很大程度上是由残缺的农地产权制度造成的。政府农地产权制度供给不足的主要表现为农地产权残缺、权能不完整、产权关系模糊等，这是农地流转交易成本增加、交易的不确定程度加大的重要诱因，严重制约了土地流转的规模和速度。农地产权制度供给不足方面的"政府失灵"具体体现在以下几个方面。

首先，农地产权主体虚位与权能虚化。农地所有权方面，尽管在法律层面，当前《宪法》《民法通则》《土地管理法》和《物权法》等都明确提出农村土地归"集体所有"，但农地集体所有权人是指乡镇集体经济组织，村集体经济组织或村民委员会，亦或是村民小组（队），法律上并未有清晰的范围界定。这一方面导致农地所有权主体虚位，不可避免地引发农地产权主体之间的土地权利、利益争夺。另一方面村集体作为农地所有人其收益权虚化，无论是集体土地承包还是土地流转，村集体都未获得相应收益，当前大多数农村集体经济组织作为村民自治行政组织的功能①远大于其经济组织的功能。此外，还存在处分权和监督权虚化。村集体调整土地的权利受到政策限定，对于承包权的继承和退出也无明确的处分权。实践中在一些地区土地流转和抵押过程中，集体的"同意权"和"备案审核权"已经完全被虚化。农地所有权主体虚位和权能虚化必然"弱化"产权的排他性进而导致产权侵蚀和部分权能虚化。根据巴泽尔的"公共领域"理论，由于土地产权完全界定成本高昂，导致土地的部分产权无法得到充分界定而形成产权的"法律性公共领域"。各产权主体之间竞争攫取"公共领域"内的权能，会导致集体组织无法实现收益，造成权能的租值消散，最终导致所有权的部分权能虚化，进而产生了"限制性公共领域"。

其次，农地产权管制导致产权"稀释"，农地产权的排他性和可交易性较低

---

① 车裕斌（2004）认为，由于农村土地公有制的属性（农地集体所有制）不可动摇，"农村集体经济组织"这一"虚置"的组织有了存在的理由。从当前现实情况看，一些村集体经济组织已经解题或名存实亡，而有些村集体组织则存在政经不分的现象。

（李寒凝，2019）。自农地所有权和土地承包经营权"两权分离"以来，尽管中国农地制度改革一直朝着强化和保障农民的土地权益，为农地经营提供制度保障和长期经济激励的方向不断进行政策调整。但对农民土地权利限制的"歧视性"产权制度安排则是中国农地产权制度安排的本质（罗必良，2014）。在农地产权管制下，农地承包权是农村集体经济组织内部成员的一项专属资格权，但集体组织成员权的认定标准则存在较大的模糊性，正式的法律制度规定与实践层面的乡土逻辑往往存在冲突，缺乏可操作性（史清华等，2009）。集体内组织成员的动态变化和土地承包资格的无差别化导致土地只有一直处于调整和分割状态才能保障制度安排的实现和社会公平，农地产权的不稳定严重损害农民的土地使用权和收益权（何国俊等，2007；杨一介，2008）。此外，农地使用权作为一项独立的财产权应具备完整的转让权、排他性的使用权、收益权，以及继承、抵押、质押等基本权利内容。但政府对农地产权各项权能的约束、管制不可避免地会"稀释"产权。农地权利缺乏稳定性、权能不完整以及农民个体微观心理层面的因素如禀赋效应等都会降低农地产权的可交易性，抑制土地市场化、规模化流转的需求（南光耀、诸培新，2020）。

二、交易市场机制缺失：市场失灵 I

市场机制是市场内在的对经济活动自我调节和自组织功能实现的动力机理（车裕斌，2004）。借助市场价格机制、供求机制、竞争机制以及风险机制、工资激励机制等手段，能够实现促进市场内各种资源要素与交易主体之间的相互联系和相互约束。完善的市场机制能够通过市场内在的激励、约束和自组织功能，通过市场信号引导各类资源所有者寻求资源利用的最佳方向，使资源利用效益最大化。以利益机制引导资源利用者以最小的资源消耗赢得最大的经济收益，实现资源配置效率的提高；通过市场竞争机制在资源总量有限的约束条件下，引导各类资源使用者对优质资源展开争夺，使优质资源向利用效率更高的市场主体流动，实现资源优化配置。但市场机制并非是完美的，不完全竞争、市场外部性、市场信息不对称，以及对公共物品调节无力等都会导致资源配置效率的损失。当前，农地资源配置效率的损失很大程度上与农地流转市场存在信息不对称从而增加了土地流转交易成本，中介市场缺失导致供求不平衡等有关。

（一）农地产权结构、委托代理关系与信息不对称问题

制度经济学的契约理论认为，资源所有者与使用者之间的每一次交易都可

视为一次契约。契约建立后资源所有者成为委托人，负责使用和实际控制这些资源者成为代理人，前者授权后者一定的决策权利，后者根据明示或隐含的契约内容履行相应的责任义务（石冬梅，2013）。在这种委托—代理关系中，市场参与主体委托人和代理人之间的利益是不一致的，所掌握的信息也是不对称的，二者都会出现隐匿信息的行为，从而产生代理人可能会为最大限度增进自身效用而做出刻意损害委托人利益的"道德风险"问题，以及委托人无法对代理人的努力程度实行全程监控，也不能对其努力成果进行及时准确评价，从而准确了解代理人的素质和能力，导致市场上出现劣质者驱逐优质者的"逆向选择"问题。

农村土地集体所有的治理结构和土地经营权流转中存在着典型的委托—代理关系。在"三权分置"制度下的农地产权结构中，农民集体拥有的土地所有权，众多分散的农民个体利用产权代理机制表达他们共同的意志、行使共同的权利。农地的部分监督权、管理权委托给集体组织行使，形成以农户为初始委托人、集体组织为代理人的"农地所有权"初级委托代理关系。按照《农村土地承包法》的规定，集体与农民签订土地承包合同，将土地承包经营权委托本集体经济组织内部成员的农民家庭行使，形成以集体为委托人、农户为代理人的"农地承包经营权"次级委托代理关系。而土地流转行为发生时，从农村土地承包经营权中分离出来的经营权可以由承包农户再次让渡给农地的实际经营主体，经营主体享有在土地流转契约期限内的土地经营权权能，包括占有权、使用权、收益权和部分处分权等，再次形成以农户为委托人、农地经营主体为代理人的"农地经营权（或使用权）"委托代理关系。

农地产权结构和权能配置状况在农地流转参与主体之间形成了多重的委托代理关系，农地流转中不同委托人、代理人占据着不同的信息优势，存在大量因信息不对称而隐匿信息的行为。首先，转出农户拥有较多关于自己承包土地的质量信息，如农户对农地投入的不同造成的土质肥力、灌排条件的差异，以及区位交通、耕种条件等自然地理条件不同造成的质量差异等，而这些信息并不被土地转入农户掌握（范怀超、崔久富，2017）。签订流转契约前，由于信息不对称，有关土地质量的信息很容易被委托人隐藏，后果是市场交易价格不能反映出农地质量的优劣，农地市场交易中会出现优质农地难以完成交易的"逆向选择"问题，造成农地流转市场效率损失。其次，从事农业规模经营的转入农户在流转契约签订后也存在隐匿信息的行为，主要表现在一是隐藏转入农地的真实用途，虽然国家政策、法律都明确规定农地农用，严禁非粮化、非农化经营。但实际操作中，为追逐经济利益而改变土地用途事件时有发生。公开数据显示，2016 年全国土地流转总面积为 47921 万亩，其中用于粮食种植的流转土地面积占比 56.53%，农地非粮化种植面积占比为 43.47%[①]。二是缺乏有效监督和奖惩机制，土地转入者的实际经营行为难以严格观察和监督，为获得更多经营收益尽量减少成本投入而出现机会主体行为，如短期内对土地进行掠夺性使用，减少农业专用性投资和其他长期投资等。最后，集体组织在农地流转中具有委托人和代理人的双重身份。由于农地流转市场发育不成熟，当前大多土地规模化流转都是在村集体组织和地方政府的参与下完成的。集体组织在土地流转中主要承担信息传递、组织协调和监督管理的中介职能。而村委会是这些相关职能的直接执行者，作为村集体财产管理者和经济代理人，其工作积极性和工作成效很大程度上取决于自身的利益能否得到满足。受土地流转中的经济利益驱使，其对土地转入者的资质审查，如转入者的经营能力、诚信水平和经济实力等情况并不做足够了解，往往存在隐藏信息行为；也经常出现以"集体"之名"代民做主"，违背农户真实意愿而迫使其流转土地的现象；更有甚者出现利用自身占据信息优势进行土地寻租的"道德风险"，由此引发矛盾纠纷不仅严重损害农民的土地权益，而且抬高了土地流转交易的履约成本。

（二）参与主体间信息不对称增加了土地流转交易成本

农地流转中参与主体之间的信息不对称是造成农地资源配置不合理、土地流转效率低下以及农民土地流转收益较低等问题的重要原因。首先，供求双方信息不对称增加了土地流转交易成本，导致农地市场流动性和交易量不足。在早期农户间自发流转土地阶段，由于土地流转规模较小，土地流转交易双方直接进行谈判，信息传递直接；且交易多发生在以亲戚、朋友以及同村村民等为对象熟人社会中，土地流转方式以互换、转包、出租等为主，流转收益较低甚至没有实物、货币租金（陈奕山等，2017）[②]。该阶段无论是在社会空间还是在区域范围，农地流转市场都存在明显的封闭性，交易对象有限、交易半径较小，且口头契约、违约风险问题频发，这在很大程度上限制了农地流转规模和农业经营规模。而农地规模化流转不可避免地面临农地细碎化、市场化交易机制缺失的既定事实。

农地规模化流转和适度规模经营的实现需要众多农户的土地承包经营权从

[①] 土流网，耕地流转用途统计 . https：//www.tuliu. com/data/nationalUse. html.

[②] 陈奕山、纪月清等（2017）将人情也看作是农地流转租金的一种表现形态，用来解释农户自发性的土地流转中存在的转出户将土地让渡给熟悉亲友不收取实物、货币租金的"零地租"现象，以"零地租"还人情或者期待对方承情并提供看护耕地、照看家庭老弱、生产帮扶等支持。

"分散"到"连片"的再整合。在农地细碎化的既定事实下，由"分"到"合"的土地流转过程将产生大量交易成本。从事农业规模经营的主体若要转入以百亩计的连片土地，一是需要在前期付出大量有关土地转出市场需求的信息搜寻成本。由于土地流转市场信息不畅，加之农民自身相对知识禀赋的欠缺，信息搜索成本高昂。二是同在地理空间上相毗邻众多土地数量极为有限的农户进行谈判、议价，以及就其他事后事项进行协商。同时，土地转入方还将可能面临"敲竹杠"的机会主义风险。若出现一户不愿流转土地，则土地无法集中连片，之前付出的高昂成本都将成为"沉没成本"。若同意流转，但某一户要求提高租金，那么合乎逻辑的结果便是所有之前签订流转契约的农户都将违约，并要求提高租金（杨成林、李越，2016）。

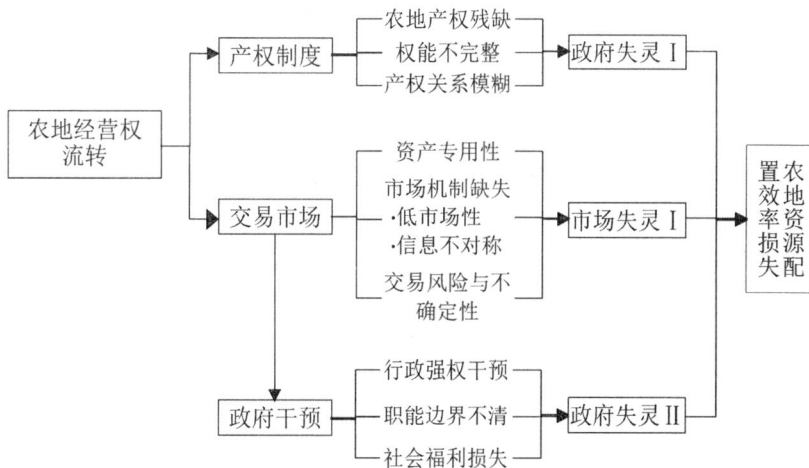

图6-2　农地经营权流转中的"政府失灵"与"市场失灵"

Fig. 6-2　"Government Failure" and "Market Failure"

in Rural Land Management Righ Transfer

三、政府过度行政干预：政府失灵Ⅱ

政府干预市场的前提是市场机制存在固有缺陷容易引发"市场失灵"。外部性、信息不对称以及公共物品供给不足等往往导致市场机制在调节资源配置中处于低效甚至无效的状态。政府通过宏观调控、制定政策、规则管制、提供公共服务等手段能够有效弥补市场失灵（翟月玲，2013）。在我国，农地经营权流转市场普遍存在交易中介市场缺失，市场信息不对称，农地流转组织化程度低等问题（刘卫柏、李中，2011），导致农地资源配置效率低下，农地流转和规模经营发展严重受限。总之，农地产权的特殊性、农民的弱势地位和市场经济的固有缺陷，决定了地方政府成为农地流转的重要参与主体。地方政府通过健全农地流转交易中介平台、提供财政补贴和政策支持等措施，能够在很大程度上弥补农地流转市场失灵问题。

然而，农地经营权流转改革实践中往往隐现出"异化"的委托代理关系，如基层政府的"超经济强制"干预弱化了村集体组织农地所有权和农民土地承包经营权的"排他性"，放活的"土地经营权"可能由此异化成基层政府支配土地产权运作的工具。当前农地流转市场化改革中存在的相当数量的中介组织其产生和运作也都带有浓重的"官办"色彩。由于农地流转和土地调整过程中存在巨额经济利益，这往往诱发政府自我膨胀的自利性（甘凤，2014）。为推进土地规模流转、追逐政绩，地方政府以在社会资源配置中占据的有利地位，利用其政府代理人的身份和公权力，以定指标、下任务的形式，通过农地流转指标考核对乡镇政府和村集体施压，并通过村组织强制农民流转土地（毛飞、孔祥智，2012）。政府强制干预农地流转市场，虽然在短期内会扩大土地流转规模，显化政府政绩。但是从长期来看，会阻碍市场内在机制的发育和完善，扭曲自由竞争市场规律，反而增加了市场交易成本，损害农地流转市场发育（张兰、冯淑怡等，2015）。

此外，违背农民意愿推进农地流转规模和速度极易导致政府和农民关系紧张、社会矛盾凸显，其中也不乏部分地方政府寻租腐败侵害农民土地权益的事件频发。一些研究认为，农民被动流转土地时会有较强抵触心理，产生对土地流转合法性、正当性的质疑，这会额外增加农地流转契约订立过程中的谈判交易成本，也会降低农民在土地流转契约执行过程中的自觉性，增加履约成本（张建、诸培新等，2017）。因此，本应在农地流转市场机制不健全的条件下，扮演好农地市场化流转的秩序维护者、矛盾调处者、公共事务管理者以及公共物品供给者等角色的地方政府，却经常因出现职能"错位"，甚者强制干预市场的严重"越位"，导致"政府失灵"，反而加剧了市场失灵，造成农地资源配置的低效率。

第二节　农地整治投融资中的"政府失灵"与"市场失灵"

一、公共属性导致投资激励不足：市场失灵 II

农地整治投资激励不足的原因主要体现在以下两个方面。首先，农地综合整治能够产生良好的经济效益、社会效益和生态效益，具有较强的公益性。农地整治通过土地平整及复垦，增加耕地面积，改善土壤环境，提高耕地质量，改善田间基础设施以提高土地产能，对改善农业生产条件和农村人居环境、增加农民的生产性收入发挥着重要作用（臧玉珠、刘彦随等，2019）。在当前新的历史时期，国家实施乡村振兴战略和脱贫攻坚战略的大背景下，农地综合整治以及农业生产基础设施建设被赋予了新的功能和使命，其对改善农村地区特别是贫困地区的生产生活条件，带动农业农村发展，助力农民实现减贫增收具有重要作用（陈思瑾，2019）。但是，农地综合整治项目体现出工程量大、资金投入高、投资回收期长等特点，是具有显著溢出效应的"准公共物品"。因此，私人部门缺乏投资建设的意愿和能力。

其次，土地整治和农田基础设施配套建设具有较强的专用性资产特征。由于不完全契约和人的有限理性以及机会主义倾向，资产专用性特征对缔约双方的行为选择具有内生决定的性质，会使缔约双方面临较高的交易成本。主要表现为两个方面：一是具有专用性特征的资产只适用于某个专项用途，移作他用将遭受损失（蒋德鹏、盛昭瀚，2001）。这对专用性资产的拥有者而言，当其选择退出交易市场时需付出高昂的"沉没成本"，无疑将会形成退出障碍。且资产专用性越强，移作他用的转移成本越高、难度越大（项桂娥、陈阿兴，2005）。二是由于契约的不完全性，资产专用性使得事后机会主义行为具有潜在可能性。在市场交易过程中，专用性资产的拥有者很可能被缔约对象"敲竹杠"或"要挟"，资产专用性属性越强，其所有者对其依赖性越强，也越有可能遭受事后机会主义行为的损害。资产专用性会使缔约双方的交易活动置于"套牢"风险中，增加交易成本。因此，对转出土地农户而言，土地本身以及附着于土地上的专用性资产价值越高，其转移成本也就越大。而对转入农地的经营者而言，为避免被大量的农业专用性投资"套牢"，在土地租约存续期间内会尽量减少这些专用性投资（李孔岳，2009；肖文韬，2014；罗必良等，2017）。总之，土地整治和农田基础设施配套建设的公共属性导致市场在调节资源配置方面激励机制不足，或存在较高的交易成本，从而引发市场失灵。

二、投资管护中政府的干预无效：政府失灵Ⅲ

农地整治作为公共物品供给的市场失效是政府干预的主要原因。传统的农地综合整治一般由政府部门主导、建设，其经营服务也就形成了政府的垄断，具有一定的自然垄断性。当前农地综合整治项目的建设资金主要来源于政府财政投资。从现行土地整治投资政策看，土地整治项目资金主要来源于耕地开垦费、新增建设用地土地有偿使用费、土地复垦费和部分土地出让金以及各类涉农资金等政策性资金。然而，由政府部门承建的土地整治项目，无论是土地整治资金的分配还是项目管理都带有较强的行政配置性特点，缺乏严格的经济激励和约束机制，往往存在着施工缓慢，资金利用效率低，后期管护不力，农民收益有限等问题。更重要的是，巨大的资金需求，如果仅靠政府投资，显然已难以负担，拓宽土地整治项目的市场化投融资渠道已成为一个亟待解决的问题。因此，农地整治投融资及项目管护方面，政府对市场机制失灵的弥补和纠正多数情况下处于干预无效的状态。

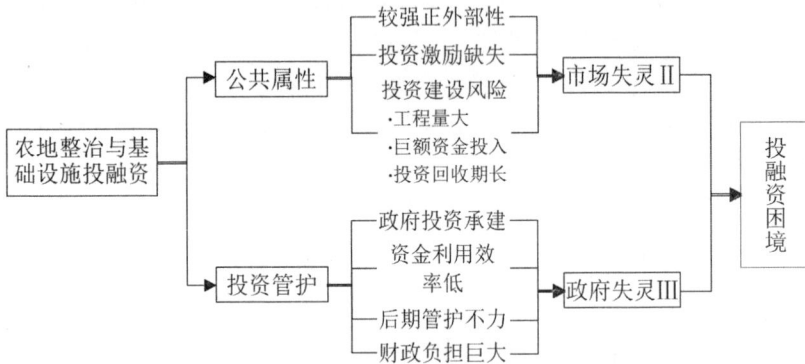

图 6-3　农地整治与基础设施投融资中的"政府失灵"与"市场失灵"

Fig. 6-3　"Government Failure" and "Market Failure" in Rural Land Consolidation and Infrastructure Investment and Finance

第三节　农地经营权信托流转机制设计：修正"双重失灵"

一、信托流转的机制设计：治理结构与交易成本

农地市场化流转机制的构建，核心问题在于处理好政府和市场的关系问题，使市场在资源配置中起决定性的作用，更好地发挥政府作用①。党的十八大和十九大报告也提及，推进市场化改革，要大幅度减少政府对资源的直接配置，发挥市场价格、市场竞争机制的作用，实现资源配置效益最大化和效率最大化。

---

① 新华社. 中共中央关于全面深化改革若干重大问题的决定［J］. 中国合作经济，2013（11）：7-20.

当前，农地经营权流转要解决的关键问题是土地流转中市场机制缺失以及政府过度干预引发的政府和市场"双重失灵"的问题。农地经营权信托的土地流转机制设计旨在探索符合中国特色社会主义市场经济发展规律，以及农地制度市场化改革方向的一种有效路径，修正当前农户间自发流转、市场机制不健全条件下，农户与规模经营主体直接对接的"分散化"规模流转中普遍存在的"双重失灵"问题。

前文已经述及，实践中农地经营权信托已形成相对统一的"土地经营权流转——农地综合整治——土地经营权再流转"基本运行模式，土地流转具体运作流程分为：一是分散农户土地转出需求调查和农地经营权归集流转。坚持自愿、依法和有偿原则，有意向流转土地的农户在地方政府的引导以及乡镇、村组的宣传、组织和协调下，将分散的土地流转需求和土地经营权进行整合，在符合集中连片要求的条件下，众多农户将土地经营权委托给专业信托机构管理经营。二是信托机构对受托土地开展综合整治和统一规划开发。信托机构作为土地财产管理平台和投融资平台，整合政策性资金、金融机构项目贷款或通过市场化渠道向社会公开募集资金，对土地进行集中整治和农业生产配套基础设施投资建设，根据地方农业现代化发展要求对各类农业用地进行经营规划，满足农业机械化、规模化、产业化的必要条件。三是信托机构匹配农地流转市场供需信息，将土地整治规划后的经营权流转给新型农业经营主体从事规模经营。信托机构作为农地流转市场中介平台，向市场公开发布供求信息，有意向转入土地的农业经营者向信托机构提出申请，信托机构负责审查用地申请者的资质和经营水平，并对承租者的土地利用行为进行监督。

总体而言，农地经营权信托的土地流转机制是以农地经营权市场供需关系为基础，由信托机构行使农地"中间管理权"，整合土地、资金、信息和管理等资源要素，辅以农地整治、规划开发的项目投融资功能，实现多元主体共同参与促进土地流转、提高资源配置效率目标的制度化安排。

表 6-1　不同农地经营权流转模式的运行机制、治理结构与交易成本对比

Tab. 6-1　Comparison of Operation Mechanism、Governance Structure and Transaction Cost of Different Modes of Rural Land Management Right Transfer

流转模式 运行机制	农户间自发流转	一般性规模流转	信托介入流转
交易结构	农户—农户	农户—规模经营主体	农户—信托机构 —规模经营主体

流转模式 运行机制	农户间自发流转	一般性规模流转	信托介入流转
契约类型	口头契约为主	书面契约为主	农地产权登记+ 规范信托契约
治理结构	市场治理为主	市场治理或政府 主导下的科层治理	"市场+政府" 混合治理
交易成本① 信息搜寻成本	★★★	★★★★	★★
谈判协商成本	★★	★★★★★	★★★
缔约成本	★	★★★★	★★★
执行实施成本	★★★	★★★★	★★
实施机制	非正式规则自我实施	法律强制实施	信托机制调节+ 法律强制实施
财产收益	固定租金为 主，不稳定	固定租金+可能存在 的浮动收益，不稳定	固定租金+土地增值 收益，稳定
交易风险与不确定性	·基于亲缘、地缘等 农村社会网络关系内 部分担交易风险 ·契约短期化、不稳定 ·收益较少且不稳定 ·交易不确定因素多	·缔约双方地位不平等 ·收益风险分配不合理 ·存在较多毁约、道德 风险、机会主义行为 ·政府与市场关系不清	·平衡交易各方权责利 关系 ·合理的收益分配和风 险分担关系 ·政府与市场的职能范 围较为清晰

（一）构建农地信托流转市场化中介平台——减少交易成本

农地经营权权信托土地流转机制设计，首先要解决"信息有效性"问题，降低农地市场供求双方的信息不对称程度，从而降低土地流转交易成本。农户自发流转和传统的一般性规模流转中，农户作为土地转出方获取农地市场需求信息、土地流转价格，以及农地经营者的经营能力、抵御风险能力、机会主义行为、收益分配信息等难以观测或证实的信息，都需要付出较高的信息搜寻成本；规模经营主体对土地供给信息、转入土地的质量、地理区位、周边环境、流转价格、地权稳定性等信息也难以获取。信托流转机制通过构建农地信托流

---

① 表中星号★代表土地流转交易成本大小，星号★越多则表示交易成本越大。不同土地流转模式交易成本的比较参考和总结杨祖德（2014）、张溪（2017）等相关定性研究结论。

转市场化平台，以信托机构联结土地流转供需双方，有效降低了土地转出农户和农地实际经营者的信息搜寻成本（如表6-1所示）。

信托机构具备相对完善的公司治理结构、项目管理和风险控制体系，对受托管理土地的市场价值进行专业评估，确定流转土地的公允价格。对用地需求者的经营能力、信用水平进行合法合规的审查，选择符合土地经营规划要求和具有较强农业生产经营实力的农业经营主体作为土地经营者。信托机构代表众多农户与农业经营主体就租赁土地的面积、价格、期限等事项进行谈判，多元主体共同讨论、起草和订立规范的、具有法律约束力的土地流转合同文本①。这一方面有效避免小农户直面市场时因平均知识占有量不足导致对市场的误判，也规避了个别农户"敲竹杠"的机会主义行为引发的道德风险问题；另一方面以信托机构与规模经营主体的契约替代了小农户与规模经营主体的众多契约，减少了交易次数，降低了土地流转中的谈判和缔约成本，提高了土地流转市场化配置效率。

（二）构建利益联结和权责风险分担机制——降低交易风险和不确定性

农地经营权信托流转机制设计要解决"激励相容性"问题，在不同产权主体之间构建利益联结、权责分配和风险防范机制，平衡各方利益关系。同时，通过市场化契约对农地流转的整个环节和过程实施控制和监督，降低土地流转交易风险和不确定性。信托机构作为土地财产受托人，其市场声誉、经济利益等都与信托土地财产的管理和运用成效直接关联。保障农民的土地经营权财产收益的安全性、稳定性以及收益最大化，向农民分配土地经营权信托收益是信托机构作为专业资产管理机构专业职能的重要体现之一。信托机构收到土地流转收益后，通过会计管理、核算，按照土地流转信托契约收益分配的要求，保障定期足额向农民分配固定土地流转租金；同时利用信托中介机制去调节土地增值收益在相关利益主体之间的合理分配，有效降低了农业经营主体违约损害农民土地收益的风险。

在土地经营权信托财产存续管理期间，信托机构对农地经营者的生产经营、土地利用等情况进行实时监督，定期核查其的财务报表、资金流水等相关财务资料，保障农业经营主体作为土地使用方按照信托流转契约内容正常履约，防范农业经营主体隐匿实际经营情况等信息的"道德风险"行为，以及改变土地用途、破坏耕地质量等影响土地可持续利用的行为，保证受托土地用于农业规

---

① 一般包括《土地经营权信托合同》《土地经营权权属确认协议》《资金信托合同》《委托管理服务协议》及相关担保合同等文书。

模化、专业化、现代化经营目标的要求，降低土地流转中的监督履约成本。此外，多元主体利益联结及风险分担的信托流转机制设计有利于分散风险，改变单一主体承受风险的压力；信托机构通常会引入保险机制，除政策性保险项目外，通过建立风险保证金制度以及引导农业经营主体与保险机构签订农业种植险协议，分散和转移了土地流转及农业规模经营中的风险和不确定性。

（三）构建自由而有激励约束监管的市场——厘清政府和市场的职能边界

农地经营权信托流转机制本质上是引入市场治理机制，优化土地流转市场的资源配置效率。农户、信托机构、村集体组织、地方政府和规模经营主体等参与主体之间的权利、义务及责任，都是由市场化商业合同、契约协议等进行界定和约束的。在尊重不同利益主体自由选择、自由交易的前提下，构建一种兼具激励、约束和监督的土地流转市场治理机制。通过引入信托中介，将当前土地规模化流转中政府作为直接参与者和主导者的角色转变为引导者、服务者和监督管理者的角色。减少政府过度行政干预对市场机制在资源配置作用方面的干扰，也压缩政府部门或人员在土地规模流转中的寻租空间，降低行政化、政治化色彩浓重的土地流转带来的矛盾纠纷、社会不稳定因素。从而更好地发挥信托作为市场机制配置资源要素的功能作用，政府更专注于市场服务、市场监督，从长远来看有利于提升政府的服务质量和管理水平，更好地厘清政府和市场在农地资源市场化配置过程中服务范围，形成良好的治理结构。

二、农地整治投融资机制：治理结构与交易成本

为从前文分析可知，造成农地整治的投融资困境主要原因，一是农地综合整治、农田基础设施配套建设具有公共物品属性和较高的专用性资产特征，导致市场机制在调节资源配置方面难以发挥作用，引发市场失灵；二是农地整治投融资及项目管护方面，单纯依靠以政府为主导"自上而下"的科层治理难以形成有效的激励约束机制，投融资渠道、资金利用效率、利益主体经济激励等方面存在的诸多问题导致政府干预无效。土地综合整治作为农地经营权信托土地流转的重要环节，其投融资机制设计的关键是要解决上述两方面的问题。

农地综合整治及农田基础设施建设是涉及地方政府、信托机构、村集体和农户等多方参与主体的集体行动，包括项目决策、资金使用、项目建设和后期运营管理和维护监督等。因此，农地整治投融资和项目实施过程中既要协调参与主体的利益冲突，也要调动其行动积极性。在土地经营权集中流转的基础上，未避免政府直接干预，通过引入信托机构作为较高层级的参与者来统领各参与

主体之间合作和共同行动，带有一种强制性的协调机制能够有效降低农地综合整治投融资治理中协调、管理和谈判等交易成本；同时，发挥信托机构投融资平台的职能，通过市场治理机制在各参与主体之间建立利益联结关系和约束监督机制，提高相关利益主体的行动积极性，也降低个体参与者的机会主义行为倾向。

总体而言，农地经营权信托土地整治投融资机制设计以"政府引导、部门监管、市场运作"为原则，形成"政府+市场"的混合治理结构。投融资机制设计的核心内容有以下四个方面。一是发挥政府在农地综合整治和基础设施建设投融资治理中的公共服务和监督管理职能。近年来，无论是国家层面还是省级地方层面，都连续出台相关政策为农地综合整治投融资机制创新提供支持。如2017年1月国务院印发《全国国土规划纲要（2016-2030年）》，提出要推进农村土地综合整治，加快田水路林村综合整治。2018年河南省国土资源厅《关于推进全省土地利用综合改革的指导意见》中，提出可通过宅基地复垦券交易筹集脱贫资金，省级国土资源投融资平台加大对贫困县国土综合整治的资金倾斜力度。建立完善补充耕地指标、增减挂钩节余指标交易市场。鼓励利用财政资金联合金融和社会资本，设立国土综合整治发展基金。2019湖北省自然资源厅《关于推进全域国土综合整治和加快推进新增工业用地"标准地"出让两个意见的通知》，要求加大对全域国土综合整治的投入。每年从省级补充耕地指标库拿出部分指标进行交易和统筹，相关收益用于全域国土综合整治项目奖补。在农地综合整治实施过程中，由政府加强对农地综合整治的财政支持，并由政府国土资源、财政等职能部门对信托机构参与开展农地整治项目的工程建设进度和资金使用情况进行监督检查、绩效评价，负责项目验收，并对已验收的项目新增耕地、工程建设质量进行复核。

二是由信托机构牵头承担资金管理及筹措、项目管理及运营的职责，以财政资金①为引导，同时通过市场化方式引入社会资金，形成多元资金投入机制。根据地方农业产业规划以及土地利用规划的要求，将资金投入到土地综合整治和基础设施配套建设中，更好地满足后期农业规模化经营的需要。

三是通过明晰产权关系，建立合理的利益分配机制，将土地综合整治后产生的新增耕地交易收益、土地出租溢价收益、耕地占补平衡指标交易收益（包括数量和质量两种指标）等在农民、村集体、乡镇政府、信托机构及地方政府

---

① 包括年度中央下达资金和省级财政预算安排土地整治专项资金，新增建设用地土地有偿使用费（中央、省级分成部分），农业综合开发资金，农田水利设施建设补助专项资金，新增建设用地土地有偿使用费、用于农业土地开发的土地出让金收入、耕地开垦费和土地复垦费等资金。

之间进行合理分配，形成互利共赢机制，提高农民和集体财产性收入，通过经济激励调动社会公众参与土地流转和农地综合整治的积极性。

四是明确农地整治项目后期管护的主体和责任。信托机构作为土地财产受托人，同时也是土地整治项目的管理者和受益者，兼有管理人、受益人和管护人的三重角色。因此，信托机构既有项目管理的责任，也有追求经济利益的动力，还有加强管护对农业经营主体招租和向农户财产委托人分配信托收益的压力，能够保障做好对土地整治项目的后期管护工作。从而有效解决了政府单独投资承建土地整治项目以及缺乏必要的激励约束机制导致的政府失灵问题。

第四节　实证案例：基于河南省邓州市农地经营权信托实践

一、实践缘起

河南省作为农业大省，当前正处于从传统农业大省向现代农业强省跨越的历史阶段。但是，当前传统农业分散经营方式已经不适应生产力的发展，导致先进农业科技无法推广应用，农业规模经营所需的农业基础设施配套工程无法建设实施，机械化作业受到很大制约。基层农村发展也仍面临着一系列亟待解决的难题，特别是供给侧结构性矛盾成为河南省农业发展主要矛盾后，导致的农产品有效供给不足、农民增收乏力、农村发展缓慢等。

邓州市地处河南省西南部，豫鄂两省交界处，是河南省直管县级市，由南阳市代管。全市区域内耕地面积 244 万亩，是个典型的农业大市。由于该地区处于半丘陵地带，大部分农地为岗坡地，耕地质量等级低，农业基础设施配套不到位，农业综合生产能力不高，农民增收困难。在城镇化进程加速和非农就业比较收益较高等因素驱动下，农村青壮年劳动力加速向城镇流动，"农民兼业化""务农老龄化"等问题日益突出，农业生产效率难以提升，这在一定程度上提升了农民土地经营权流转意愿。但是，由于地块面积狭小、分布零散，田间基础设施不完善，难以进行农业规模化、产业化经营。因此，邓州市迫切需要改变农村生产关系、创新体制机制，来破解传统农业发展困局，解决供给侧结构性矛盾。

在农地"三权分置"改革契机下，为加快推进农业农村现代化，河南省按照国家和省委省政府的部署，积极探索农村承包地"三权分置"的有效实现形式，建立规范高效的"三权分置"运行机制，不断健全农村土地产权制度，更好地维护农村集体、承包农户、经营主体的权益，优化土地资源配置，培育新型经营主体，促进适度规模经营，进一步巩固和完善农村基本经营制度，不断为发展现代农业、增加农民收入、建设社会主义新农村提供保障。2016 年 10 月，河南省开始全面开展深化农业农村改革的实践。邓州市以此为契机，积极探索激活土地经营权、创新农业生产经营体制改革的实现路径。

2016 年 10 月，在完成农地确权颁证工作的条件下，邓州市以政府信用背书的形式，由邓州市人民政府联合河南省国土资源开发投资管理中心（以下简称"省国土投资中心"）共同出资组建土地信托机构——河南邓州市国土开发有限公司（以下简称"国土开发公司"）①。在开展农地经营权信托流转的基础上，依据土地整治规划，以财政资金为引导，融合各类资金开展精准化土地综合整治，完善农田交通水利等配套设施、高标准粮田建设。经过整治后的土地由信托机构推向市场统一招租，将土地经营权再次流转给规模经营主体，从而形成"信托流转—国土综合整治—再流转经营"的农地经营权信托模式。通过以农地经营权信托流转为基础，发挥农地综合整治的引擎作用，将土地整治和高标准农田建设与乡村振兴战略、农业供给侧结构性改革等政策目标进行有机整合，实现"1+N"的综合效应。2018 年 6 月，河南省国土资源厅制定下发的《关于推进全省土地利用综合改革的指导意见》中提出，要积极推广邓州市的土地经营权信托模式，深化农村土地制度改革实践。

二、运行机制

（1）"信托流转"——农民将土地经营权集中信托流转给国土开发公司。2016 年 10 月，国土开发公司选择在邓州市孟楼镇开展土地经营权信托试点工作。国土开发公司作为土地经营权流转的承接主体（受托人），与农户（委托人）签订土地流转合同并支付流转费。首先，坚持群众自愿原则，有意愿流转土地的农户向所在乡镇提出申请，由乡镇政府和村组负责引导、协调农户与国土开发公司签订土地流转三方合同（乡镇政府作为第三方鉴证单位）。根据孟楼镇农业生产发展的实际状况，按照略高于全镇平均亩收益的原则，合同约定以每年 600 元/亩的标准集中流转土地经营权，每年由国土开发公司向农户定期支付。对 166 户不愿意流转土地的农户，由镇政府负责协调，以村组为单位选择距离村民居住地近、地理位置好、水利资源比较丰富的机动地重新按照土地确权面积进行集中分配。

---

① 该公司为国有控股公司，其中河南省国土资源开发投资管理中心占股51%，邓州市人民政府占比49%，注册资本金为 1.5 亿元人民币。

表 6-2 2016 年—2019 年邓州市农地经营权信托流转基本情况

Tab. 6-2 Basic Statuses of Land Management Right Trust from 2016 to 2019 in Dengzhou City

时间	参与乡镇	流转面积（万亩）	当年再流转面积（万亩）	累计再流转面积（万亩）	再流转比例	新增土地面积（万亩）	土地流转比例
2016.10—2016.12	孟楼镇、彭桥镇	6.3	6.18	6.18	0.980	0.16	0.354
2017	腰店镇、十林镇、张村镇	3.2	3	9.5	0.995	0.146	0.367
2018	构林镇、小杨营乡、林扒镇	10	8.8	18.6	0.953	0.232	0.408
2019.01—2019.03	十林镇、张村镇、穰东镇、赵集镇	15	14.2	32.8	0.951	——	0.469

注：表中数据根据邓州市国土开发公司统计数据整理而成。

截至 2016 年 12 月，孟楼镇农户与国土开发公司签订土地经营权流转合同共计 5985 份，占全镇总户数的 97%，流转土地面积 5.77 万亩。自此，孟楼镇的土地经营权信托模式在邓州市其他乡镇得以迅速推广。截至 2019 年 3 月，邓州市已在孟楼镇、张村镇、林扒镇等乡镇完成 34.5 万亩的土地经营权流转，与农户签订土地流转合同 2 万多份，累计投入流转资金 2.1 亿元。不到 3 年的时间区域土地流转比例从 2016 年的 35.4%提高到 2019 年的 46.9%（表 6-2 所示）。

（2）"国土综合整治"——国土开发公司开展土地综合整治和农田配套设施建设。农业基础设施薄弱，地块分散、规模小，耕地质量差是影响农业规模经营的关键问题。实施土地综合整治改善农业基础设施、提升地力肥力是解决该问题的重要举措。为解决农业生产专用性资产投资资金短缺的问题，省国土投资中心作为投融资平台为国土开发公司开展的土地综合整治项目提供贷款，年利率为 5%，用于改良土壤，提高地力等级。截至 2018 年 12 月已累计投入土地整治资金 2.45 亿元，对 10.3 万亩耕地实施土壤改良和地力提升工程。经过集中整治，邓州市流转耕地质量等级得到有效提升①，优质耕地集中连片符合机械化作业的要求、满足了农业规模化经营的条件。

———————————

① 大部分耕地质量由原来的 7 到 8 等级提高到 6 等级。

（3）"再流转经营"——国土开发公司将土地统一招租给农业规模经营主体。在流转到位、整理到位、各类用地规划到位的条件下，国土开发公司通过相关媒体、信息平台对归集的土地进行宣传、发布招租信息，以每年 650 元/亩的标准统一招租给农业规模经营主体。截至 2019 年 3 月，国土开发公司先后与 120 余家新型农业经营主体签订了土地再流转合同，包括种植大户、家庭农场、专业合作社、农业企业以及科研院所等（表6-3）。

表 6-3　2016 年—2019 年土地承租主体类别及特征

Tab. 6-3　Types and Characteristics of Rural Land Leaseholder from 2016 to 2019

主体类别	数量（个）	经营规模（万亩）	经营作物	合同期限（年）	租金水平（元/亩/年）
种植大户	83	0.06	粮经作物	5-10	650
家庭农场	10	0.11	粮经作物	5-10	650
合作社	14	0.42	粮经作物	5-10	650
农业企业	12	1.08	高粱、玉米、水稻、混合养殖等	10+	650
科研院所	1	1.2	杂交小麦	10+	650

注：表中数据根据邓州市国土开发公司统计数据整理而成。

其中，种植大户数量最多，占比规模经营主体总数的近 70%；家庭农场和专业合作社数量共计 24 家，合约期限一般为 5—10 年，大多经营小麦、水稻、高粱等粮食作物，以及艾草、猕猴桃、葡萄等部分高效经济作物；还有包括重庆通威集团、四川合江、郑州豫丰等在内的 12 家大型农业企业，以及北京农林科学院也参与了土地租赁，合约期限一般为 10 年以上，在当地建设有稻鱼混养、红高粱种植、杂交小麦生产等产业基地。

三、运行绩效

邓州市以农地经营权信托流转践行"三权分置"产权制度改革的实践路径，经过近四年的探索实施，在促进土地流转，以土地综合整治为突破口改善农业生产条件，推动规模化经营和农业现代化、产业化发展，增加农民和集体经济组织收入，培育新型农业经营主体和健全农业社会化服务等方面都取得了初步成效。

（一）促进土地流转，增加农民收益

自 2016 年 10 月国土开发公司选择在邓州市孟楼镇开展土地经营权信托试点工作以来，截至 2019 年 3 月，区域内农地经营权信托流转面积累计达到 32.8 万亩，土地流转的规模和速度都有较大幅度提高（表6-1）。根据邓州市农业生产发展的实际状况，按照略高于全镇平均亩收益的原则，合同约定以每年600元/亩的标准集中流转土地经营权。相较于农地经营权信托流转前，农户自发流转土地亩均年收益335.29元而言，土地流转收益平均提高了42.6%（表6-4）；同时，每年收益由国土开发公司向农民定期支付，也保障了农民土地财产信托收益的稳定性和安全性。此外，农民享有经土地整治后新增耕地"占补平衡"指标交易、增量土地出租收益以及土地经营权再流转溢价部分40%的土地增值收益分成，增加了农民的土地财产权收入。

（二）改善农业生产条件，助力农业现代化发展

在集中流转土地经营权的基础上，发挥邓州市国土开发公司作为信托机构的投融资功能，在全市区域内实施土地综合整治项目，进行土地深耕和有机肥补充实施地力提升，改良土壤和提高耕地质量等级；打破村组界限，统筹配套沟、路、渠等农业基础设施，改善农业生产条件。经土地整治后，邓州市参与土地经营权信托流转和土地整治的每个村平均新增耕地面积500亩左右，耕地质量从原来的7至8等级全部提升为6等级，水库、塘坝、机电井以及灌溉和除涝面积等农田基础设施投资建设增幅均高于其所在南阳市和河南省的平均水平。优质耕地集中连片提高了农业机械化服务面积和利用效率，与土地经营权信托流转前相比，邓州市的机耕、机播和机收服务面积分别增长了18.7%、20%和12.2%；也降低了农业生产成本、提高了规模经济效益，以小麦生产为例，亩均成本降低100—200元[①]，小麦产量增幅3%，增加了规模经营主体的生产收益（如表6-4所示）。

表6-4 邓州市农地经营权信托土地流转机制运行绩效及横向区域对比

Tab. 6-4 **Operation Performance and Horizontal Area Comparison of Land Transfer Mechanism of Rural Land Management Right Trust in Dengzhou City**

横向区域 绩效指标		邓州市		南阳市		河南省	
		流转前	流转后	流转前 同期	流转后 同期	流转前 同期	流转后 同期
农业机械 化水平	机耕比 例（%）	78	96 （18.7%）	72	84 （14.3%）	70	85 （17.6%）

---

① 当地农机合作社和劳务合作社提供农业生产服务，农业机械和人工成本与河南省其他地市或周边省份相比普遍偏低，如小麦、高粱等作物收割35—40元/亩，农业雇工每人50—70元/天。由于前期土地经过整理，成方成块，集中连片，也提高了农业机械作业效率、节省了农机作业成本。

续表

横向区域 绩效指标		邓州市		南阳市		河南省	
		流转前	流转后	流转前 同期	流转后 同期	流转前 同期	流转后 同期
农业机械化水平	机播比例（%）	72	90 （20%）	67	86 （22.1%）	69	87 （20.7%）
	机收比例（%）	86	98 （12.2%）	83	92 （9.8%）	75	90 （16.7%）
农业基础设施与生产条件	水库建设数量（座）	18	18 （0）	500	513 （3%）	2648	2654 （2%）
	塘坝建设数量（座）	2715	2715 （0）	18688	21224 （13%）	158514	163655 （3%）
	机电井数量（眼）	26215	27171 （3.5%）	94846	97093 （2.3%）	276594	281071 （2%）
	除涝面积（千公顷）	39	44 （11.4%）	213	221 （3.6%）	2031.69	2136.92 （5%）
粮食（小麦）生产	播种面积（千公顷）	136.69	137.75 （8%）	677.67	724.66 （6.5%）	5406.67	5468.8 （1%）
	平均产量（斤/亩）	768	792 （3%）	740	773 （4.3%）	752	748 （-0.5%）
农民收入（粮食作物种植）	农户土地租金（元/亩）	335.29	583.75 （42.6%）	484.76	554.39 （12%）	513.87	536.39 （4%）
	规模经营主体亩均净收益①（元/亩）	394	454 （13.2%）	413	441 （6.5%）	414.34	446 （7%）
	农业从业人员人均年收入（元）	8145	15185 （46.4%）	9266	13837 （33%）	9416	12840 （26.7%）

注：表中数据来源于河南省统计年鉴（2013—2019）、南阳市统计年鉴（2013—2019），以及南阳市、邓州市国民经济和社会发展统计公报、政府工作报告、邓州市国土开发公司统计资料等公开数据整理而成。表中数据以2016年邓州市推行农地经营权信托实践为界，对比分析相关指标前后3年（即2013—2015年、2017—2019年）均值的变化情况，表中括号内的百分比数据为土地流转前后对应指标增长率（%）。

---

① 小麦亩均产值扣除亩均生产成本。

此外，为解决农业发展的供给侧结构性矛盾，邓州市国土开发公司邀请北京农林科学院对全市农业产业进行总体规划，根据地方农业发展特点和实际需求，科学规划出以杂交小麦制种基地为主的粮食种植业繁育产业区、以水稻种植、稻虾共作为主的水产试验展示区、以果、蔬、花卉生产等为主的设施农业及林下经济产业区，以及休闲农业景观体验区等四个农业产业区域，最大程度地挖掘了农地利用价值和综合产能，优化农业产业结构，推进了农业规模化和产业化发展进程。

（三）促进新型农业经营主体发展，健全农业社会化服务体系

国土开发公司择优选择农业生产经营主体，并为经营主体提供全面的农业服务供给，促进了新型农业经营主体不断发展壮大，同时也健全了农业社会化服务体系。当前国土开发公司的服务内容包括：一是种子、农药、化肥等农资代销代购服务；二是为经营主体提供农业附属设施和配套设施用地（每万亩配套供给 3 亩农业设施用地），包括提供仓储用地等，乡镇粮站也可以为农业经营主体提供生产便利；三是成立了劳务服务公司、农机合作社、植保公司等社会化服务组织，提供农机租赁、农业机械及劳务服务；四是为参与土地经营权信托项目的农业经营主体其生产的农产品提供在省农村土地信托平台上进行宣传、推广，提供市场信息和销售渠道等服务；五是联合国开行、农发行，多渠道引进资金，对符合邓州市产业政策的农业项目以及农村土地开发建设等项目，提供融资担保服务。经过四年的发展，邓州市新型农业经营主体的数量和质量都有很大程度的提高，不少涉农龙头企业在当地建有现代农业产业基地，采用订单农业的形式，通过"企业+基地+农户"的模式带动小农户对接农业现代化。如四川通威①利用当地优质水资源，发展优质水稻种植和稻渔混养，并建立鱼饲料加工企业，延长农业产业链，向其他种养大户和小农户提供稻虾混养的技术、饲料和销售等服务，实现企业带动小农户共同发展，为小农户成长为专业大户提供了可能性。一些农业企业在当地乡镇投资建设有"三产融合"示范基地，增加了长期非农劳动力的需求量，为当地农民提供了更多非农就业岗位。

（四）壮大村集体经济，强化村组织自治功能

当前中国相当数量的农村集体经济发展薄弱，除了土地资产外，并无其他收益来源。统计数据显示，中国有近 50%以上农村集体组织无经济收益，有经

---

① 全称"通威股份有限公司"，以农业、新能源为主业，系农业产业化国家重点龙头企业。

济收益的村集体组织中，收益在 5 万元以下的村占半数以上，该状况一直以来未有大的改变（表 6-5）。集体收入较低导致基层组织没有能力兴办公益事业、村组干部也没有积极性为群众服务，不少行政村成为空壳村。壮大集体经济是破解传统农业农村发展困局的突出问题。邓州市在土地经营权信托流转基础上开展沟坎路渠、田埂荒地的归并整治，参与村集体每村净增耕地数量 500 余亩，以当前最低土地流转价格每年每亩 650 元的标准，村集体可增加经济收入 30 余万元；地力提升、生产条件改善后，土地流转的溢价收益部分将会提高，按照亩均 100—200 元的溢价，每个村增加 5 至 10 万元的土地流转溢价收入。集体经济收入大幅增加改变了村集体经济组织的"虚设"状况，提高了村组集体兴办公益事业的能力，如为农村孤寡老人、妇幼伤残等弱势群体提供安置等，从而提升村级组织的凝聚力和基层党组织的公信力。同时，乡镇和村级组织负责土地流转、再流转的协调与保障工作，如做好群众工作，协调再流转土地交付，为经营主体的正常经营活动提供保障等，也提高了村组织在基层事务管理中的能力。

表 6-5　2011-2015 年中国农村集体经济收入状况

Tab. 6-5　The Income Status of Rural Collectives from 2011 to 2015 in China

年份	2011	2012	2013	2014	2015
汇入本表村数（万个）	58.9	58.9	58.7	58.7	58.4
当年无经营收益的村占比（%）	52.63%	52.80%	54.51%	54.51%	55.31%
当年有经营收益的村占比（%）	47.37%	47.20%	45.49%	45.49%	44.69%
5 万元以下的村占比（%）	56.99%	54.32%	51.31%	51.31%	48.66%
5 万—10 万元的村占比（%）	17.92%	18.71%	19.48%	19.48%	20.38%
10 万—50 万元的村占比（%）	16.13%	17.27%	18.35%	18.35%	19.92%
50 万—100 万元的村（%）	3.94%	4.32%	4.87%	4.87%	4.98%
100 万元以上的村占比（%）	5.02%	5.40%	5.99%	5.99%	6.51%

注：表中数据来源于 2011-2015 年《中国农业统计年鉴》。

四、运行机制的制度经济分析

按照新制度经济学的理论观点，推行农地经营权信托是地方政府通过制度创新，以更高效的制度安排打破以往的制度依赖路径束缚，更好地配置资源要素的过程。那么，作为一种替代性的制度安排，农地经营权信托土地流转机制设计是否能够有效解决土地流转中的"双重失灵"问题，提高资源配置的效率？邓州市能够在较短时间内完成土地规模流转，是地方政府及其信用背书下的信托机构耗费了大量的人力、物力和财力资源推动的结果，同时也离不开农民、乡镇政府及村集体的积极参与，共同保障了农地经营权信托的快速推行。在财政吃紧、事务繁多的情况下，地方政府动用大量资源推动农地经营权信托有着怎样行为逻辑？政府在整个过程中发挥着怎样的作用？参与主体之间又存在怎样的利益联结和激励机制？从政府和市场的角度看农地经营权信托土地流转机制运行中又呈现出哪些治理结构问题？

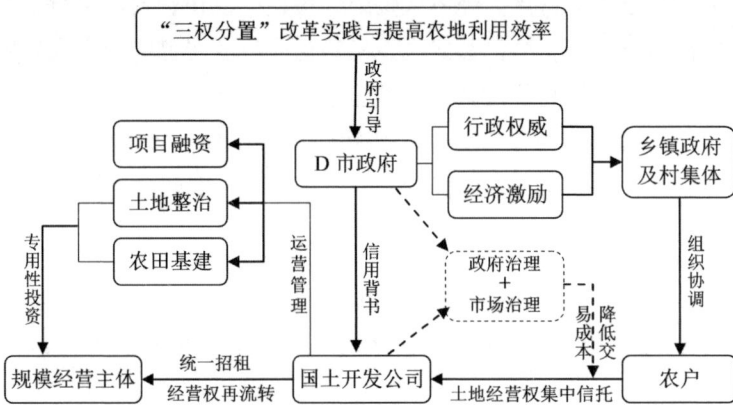

图 6-4 邓州市农地经营权信托土地流转的运行机制与治理结构

Fig. 6-4 The Operation-mechanism and Governance Structure of Land Transfer of Land Management Right Trust in Dengzhou City

（一）引入市场机制——修正"市场失灵"、降低土地流转交易成本

在竞争性市场条件下，有效的资源配置过程是资源的产权能够自由流向更高效率（效用）的生产者（消费者）。在产权充分界定的前提下，零交易成本的世界总是能够实现资源的有效配置。然而，在交易成本为正的产权制度内，交易摩擦出现导致资源无法顺利流动或流动成本较高，使一部分价值损失在公共领域，形成租值耗散。因此，降低交易成本是资源配置效率提高的重要途径：一是进行权利的界定，明晰产权；二是通过合约方式转变，在满足边际最优的条件下，尽量减少资源配置中交易双方的交易频次（颜杰，2017）。

为明晰农地产权，扫除农地资源优化配置的制度性障碍，国家推行了农地"三权分置"和土地确权登记的产权制度改革。在维护农地公有产权属性不变，稳定农户承包权，放活土地经营权的框架下，引导土地流转向适度规模集中，流向生产能力更高的经营主体，以提高农地资源的配置效率和利用效率。但农地产权界定并没改变家庭承包制下土地承包经营权分散于众多小农户的现实状况，规模经营主体要实现土地集中化、规模化经营仍然存在较高的交易成本。这是由于当前农民的组织化和农地流转市场化程度均较低，规模经营主体转入土地过程中不仅需要耗费较多的信息搜寻成本，而且要与一家一户就流转意愿、面积、租金、期限等事宜进行多方谈判，较高的信息、议价以及谈判等流程性交易成本降低了合作成功的概率。

因此，建立农地经营权流转的市场化交易机制，调整政府在农地资源配置中行政干预的方向和力度，是修正农地流转市场机制缺失引发的"市场失灵"问题，降低农地交易成本的主要内容。邓州市以政府信用背书成立国土开发公司，作为土地信托机构对接土地流转市场供求双方，行使土地经营权管理并发挥资源配置功能，降低了土地产权交易中的制度博弈成本和合作福利损失。在邓州市政府的行政力量介入下，由乡镇政府及村委会负责组织宣传，引导、协调土地经营权流转，协助农户与国土开发公司签订土地流转合同，从而提高了土地流转中农户的组织化程度。同时，政府信用背书为农户维护土地权益提供最基本的保障，降低了农户在土地交易中对转入方的不信任，提高了农户参与土地流转的意愿。有意愿承租土地的规模经营主体直接与国土开发公司协商，减少了规模经营主体土地交易中的摩擦和障碍，提高了土地流转的效率。此外，乡镇政府和村组织负责维持后期的生产秩序，保障了规模主体良好的生产经营环境，增强了其土地转入的意愿。

（二）资金整合——缓解农业专用性资产投资激励不足

土地初始整理以及进行专用性资产投资建设，如改善农田水利、田间路桥等基础设施等，是实施农业规模化经营的必要前提。但是，土地经营者往往缺乏对此投资的激励。首先，农业基础设施等专用性资产具有公共物品的属性，存在较强的外部性特征。受制于资金约束，单个经营主体没有足够的资本承担这些建设投入；其次，这些专用性投资很大程度上相当于沉没成本，短期的租赁经营很难收回投资。由于土地流转合约期限大多在3-5年间，规模经营主体通过土地流转所获得的经营权缺乏稳定性。因此，从经济理性的角度考虑，农业规模经营主体会尽量减少此类长期投资。

农地经营权信托为解决该问题提供了新的路径。首先，针对土地综合整治和农田基础设施建设投资资金不足的问题，省国土投资中心为土地流转平台注入资金，提供项目建设贷款；同时，国土开发公司争取到国家开发银行项目资金5000万元，投资于农地综合整治项目，并将邓州市农业、水利、发改委、农办等政府部门涉及农业项目的资金进行整合、统筹调配使用，用于支持农地"三权分置"的改革实践。政府的信用背书动员了大量资本，使项目贷款、支农资金、银行资金等注入农地经营权信托项目中来，有力缓解了农业专用性资产初始投资约束问题。其次，对于投资主体激励不足的问题，按照协议约定国土开发公司可享有土地整治后的增值收益分配权利以及耕地占补平衡的指标交易收入。根据河南省耕地占补平衡指标和耕地质量等级指标调剂收益的政策，占补平衡指标为每亩交易费 10 万元，耕地质量等级指标为每亩交易费 7000~10000元。本案例中，参与土地流转的每个村经土地整治后平均新增耕地 500 亩，耕地质量提升 1~2 个等级，按照上述交易标准将产生巨额的经济收入，从而增强了国土开发公司、参与土地流转的村集体和农户等主体开展土地整治和农田基建，以及做好项目后期管理维护，顺利推向市场招租以获得经济收益等工作的积极性和主动性。

（三）行政权威与经济激励——构建参与主体间的激励约束机制

在我国，乡镇政府扮演"上连国家、下接社会"的独特角色，其既要面对自上而下的体制性压力，又要承担辖区内经济社会发展的要求。作为基层组织，乡镇政府的行为决策很大程度上必须服从上级政府的意志，同时又体现出社会利益和官僚利益的诉求。而村委会作为村集体组织代表，是基层政府与农民的连接点，自然承担起基层政府与农民沟通的中介，也不可避免地受到来自政府行政权威的干预。基层组织和村集体决策者要实现自身的利益目标，主要途径则是执行上级政府的行政命令，以此来获取经济收益或职位晋升上的激励。

邓州市农地经营权信托流转项目得以顺利快速地推进主要取决于两个方面的动力保障。一是来自上级政府自上而下的行政威权外生压力。在农村经济发展考核驱动下，推动地方经济发展，增加政府财政收入，以此来显化政绩成为邓州市政府的主要目标诉求。通过促进土地经营权集中流转和实施土地综合整治，来增加耕地占补平衡指标交易收入和获取更多建设用地指标成为增加地方政府财政收入的有效途径，并将此作为考核基层政府业绩的一个重要指标。而乡镇政府及村集体组织负责人作为政府代表，其行为很大程度上必须服从邓州市政府的行政意志，按照市政府的规划和政策安排，在农地流转、土地整治以及收益分配等方面积极与农户进行沟通协调，并做好组织保障工作，以此来取得上级政府的信任以及职位晋升机会。

二是来自获取较强的外部经济收益的内生动力。根据合同约定，对土地再流转每年 50 元/亩的溢价收益，以及土地综合整治后新增耕地的承包收益，由乡镇政府、农民和村集体、国土开发公司按照协议以 4：4：2 的比例分成。其中，40%作为乡镇农业、农村建设和发展等经费；40%作为村集体经济组织和农民收入；国土开发公司计提溢价收益的20%分成，作为公司的咨询服务和运营费用。这一方面壮大了集体组织经济，改变了集体经济组织对土地所有权长期"虚设"的状况。如孟楼镇通过对沟坎路渠、田埂荒地的归并整治，下辖的每个村新增耕地用于出租可增加集体经济收入30余万元。另一方面参与各方之间建立了较强的利益联结机制，巨大的经济收益获取形成了正向激励机制，诱使基层政府和村集体更有动力做好土地经营权信托流转的组织、协调和服务保障工作，以此获取长期的经济收益。

五、实践存在的治理结构问题

（一）政府行政干预影响市场机制发挥作用导致的土地招租难题

在追求地方经济发展和增加本级财政收入的双重动力驱动下，邓州市政府动用包含政府信用、行政权力、经济激励等各种资源，以信托的形式在较短时间内完成了区域内土地经营权的集中流转。但是，土地经营权信托持续运行的前提条件是土地集中和整理后能够顺利找到承租主体，并且承租者能够接受一定幅度的土地租金上涨。

理论上，农地租赁市场的租金水平和均衡数量都是由市场供需决定的。据当地调查了解，由于耕地质量等级低、耕种条件差，经营收益低、风险高降低了农户的土地转入意愿，农户间流转价格多集中于 300 元—500 元/亩的水平。如图 6-5 所示，农户自发流转的市场均衡点为 E_0，形成农地市场均衡数量 Q_0 和均衡价格 P_0。政府的信用背书和较高的土地流转收益提高了农户参与土地流转的积极性，使得供给曲线 S_0 向右偏移达到 S_1，达到农地经营权集中规模流转的目的。经过土地整治后地力提升和农田基础设施条件改善，预期的土地转入需求将会增加，且规模经营主体直接与国土开发公司对接降低了转入土地的交易成本，土地租金上涨也是规模经营主体可以接受的。所以，预期的土地需求水平将从 D_0 右移至 D_1，市场均衡点为 E_1，形成较高的土地供给量 Q_1 和土地租赁价格 P_1。

但实际上，政府推动下的农地流转是一种对市场的干预，存在对土地流转规模和速度过度追求。短期内土地大规模集中的结果是土地再流转市场供过于求，实际土地市场需求水平 D_2 远远达不到 D_1，市场均衡点下移至 E_2，实际的土地租赁价格 P_2 低于预期均衡价格 P_1。从供给市场来看（如表 6-2 所示），2016年至 2019 年间邓州市土地经营权流转面积从最初的 6.3 万亩增加到 34.5 万亩，

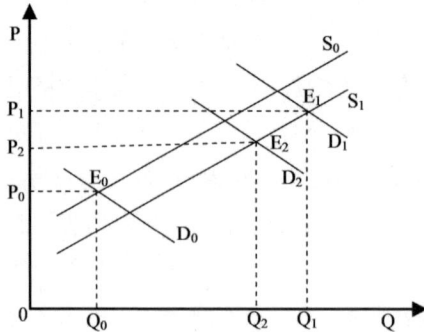

图 6-5　邓州市农地经营权规模集中后的招租问题

Fig. 6-5　The Renting Problems of Rural Land Management Right Scale Concentration in Dengzhou City

不足 3 年间增加了 5 倍多；而从需求市场来看，截至 2019 年 3 月，土地经营权再流转面积累计为 32.8 万亩，土地再流转比例为 95.1%，相比前两年需求增速有所放缓。而且由于受到农产品市场价格下行和严格的土地用途管制影响，规模经营主体的预期收益不会很高，对土地转入需求增加有限，甚至还会因受到不可抗的自然灾害、农产品市场行情不好等因素影响减少对土地的需求。

　　而对国土开发公司而言，尽快完成信托土地对外出租成为首要任务。因为如果土地集中后长期无人承租经营，国土开发公司一方面要面临兑付农户土地流转租金的巨大经济压力，另一方面也会陷入因土地撂荒而导致的社会舆论困境及政治风险。所以，为吸引规模经营主体租种信托流转的土地，国土开发公司不仅会在土地租金方面做出让步，而且还会降低承租主体的市场准入门槛，并提供其他优惠条件。如协助农业经营主体申请相关农业项目补贴；根据承租规模提供一定面积比例的农业附属设施和配套建设用地，如仓储用地等；默许经营主体进行多元化经营，种植果木、蔬菜、花卉等高效经济作物，或开挖一些较浅的地沟符合稻鱼共作的种养殖条件等（南光耀、诸培新等，2020）。其中部分措施游走于国家耕地保护制度边缘，不仅降低了制度的有效性，而且会给后期项目招租带来后患。

　　在实际经营中，受经济利益引导，不少土地经营者选择种植对土地肥力消耗较高的粮经作物，如高粱。据调查，一块土地种植两季高粱后土地肥力就会大幅度下降。一旦土壤肥力严重下降，就需要增施大量有机肥改善土壤肥力，由此可造成每亩约 500 元左右的成本增加。国土开发公司无疑会成为这部分地力改善成本的主要承担者。如果严格限制经营主体种植高粱等高效经济作物，土地经营者的租地意愿就会下降或直接弃租毁约，影响到信托土地再次招租。由此，国土开发公司在土地招租中陷入一个两难困境。

（二）刚性兑付农户租金和偿还巨额项目贷款产生的资金压力

当前，无论是国家政策还是社会舆论都十分重视对农民土地财产权益的保护，所以国土开发公司必须保证土地租金足额按时支付给信托转出土地的农户，否则极易引发群众上访或者其他社会不稳定因素。农户的租金收益主要来自规模经营主体缴纳的土地租金，然而一些经营主体往往因自有资金不足或农产品没有销售变现等各种缘由拖延支付土地租金。这种情况下，为保证农户土地租金的刚性兑付，国土开发公司不得不向银行进行短期性贷款，先行支付给农户，等农业经营主体交付地租后再向银行还款。期间产生的短期借贷利息无疑增加了国土开发公司的资金压力和运营成本。

邓州市土地经营权信托运行中用于土地综合整治项目的资金主要来源于省国土投资中心提供的项目贷款和其他银行信贷资金，目前已投入的资金已近 3 亿元，随着土地流转面积的扩大，投入的资金还将持续增加。国土开发公司偿还这部分项目贷款主要来自三项收入，一是土地再流转溢价收益分成；二是土地整治后增量土地租金收益分成；三是耕地占补平衡指标和耕地质量等级指标调剂收益。前两项收入有赖于土地再流转工作的完成比例和土地承租主体交付租金的能力和及时性，而且相对巨额的土地整治费用而言，这部分收入在总量上也是有限的。因此，通过土地整治确保有一定数量的新增耕地比例，用于获取土地指标交易收益成为来偿还项目贷款的主要来源。但是，土地指标交易收益的总量还要取决于可交易结余指标量的多少以及土地市场对指标价格的支付能力。这并不足以在短期内缓解国土开发公司偿还项目贷款的资金压力。

（三）信托机构"行政+经济"的双重身份引发的风险集聚

政府在土地经营权归集和农业生产专用性资产初始投资中都起到不可或缺的作用，但政府推动下进行大规模土地流转往往饱受诟病。一是过多行政干预和指令性计划导致市场功能难以有效发挥；二是主体资格不明确，权利、责任及义务关系混乱；三是可能带来权力寻租以及农户缺失表达权益的话语权等问题。为避免陷入完全由政府主导的窘境，邓州市以政府信用背书的形式，成立国有控股性质的国土开发公司作为土地经营权信托流转平台，试图将行政主体和市场主体的职能分离开，以厘清各参与主体之间的权责利关系。本案例中，邓州市政府及乡镇政府作为行政主体行使政府职能，具体负责政策制定和土地流转政策宣传、全程组织协调和监督保障工作；而国土开发公司作为市场主体，承担取得和管理流转土地的生产经营权，开展土地整治和依法进行土地经营权再流转，引进资金投资开发农村土地、农业项目等。

但本质上，具有政府背景的国土开发公司①往往被视为邓州市政府的代表，具有行政和市场主体的双重身份和任务职责，在不同的决策情境中转换不同的身份。在土地流转环节，国土开发公司并不负责与农户直接沟通、协调，而是由镇政府和村集体与农户沟通协调，但有意向流转土地的农户最终是与国土开发公司签订的土地流转合同，乡镇政府和村委会在合同中只是作为鉴证单位。在此过程中，国土开发公司依靠地方政府的权威和信用，既动员了基层政府组织的参与，也获取了农户对国土开发公司的信任，在短期内完成了大规模土地经营权的集中流转。然而，事物总有两面性，一旦出现土地流转利益受损或其他纠纷，农户的直接诉讼对象为国土开发公司，直至将矛盾源头指向邓州市政府，进而使政府陷入信用危机。而在土地整治环节和土地再流转环节，国土开发公司又被视为经济主体，不得不承担起土地整治项目融资、租金的按时收取和支付以及偿还项目贷款等职责，承担土地经营权再流转后的盈亏，承受全部的经济压力。因此，邓州市农地经营权信托实践中政府背书下的国土开发公司作为信托机构兼有"行政+经济"的双重身份，使其成为政治、社会、经济等方面风险的直接承担者，而政府又成为风险的最终兜底者。

六、案例总结与讨论

河南省邓州市以农地"三权分置"改革为契机，在政府信用背书下成立信托机构，解决了农地经营权流转中市场机制缺失的问题，降低了土地流转供求双方的交易成本，在较短时期内完成了农地经营权大规模集中流转；并以财政资金为引导，整合和引入各类资金，开展土地综合整治和农业基础设施建设，缓解了农业生产中专用性初始投资不足的问题，为农业规模化、产业化经营提供了基础条件。在土地流转机制运行中，邓州市政府通过信用注入、自上而下行政权威引导，建立地方政府、信托机构、村集体和农户之间的利益联结机制，以"收益共享、风险共担"的激励约束手段，最大程度地保障了基层政府以及村集体行为与邓州市政府目标的一致性，调动了参与主体的行动积极性。"行政性引导+市场化运作"农地经营权信托流转机制设计，较好地弥补和修正了土地资源市场化配置、农地整治项目及专用性资产投融资中的"市场失灵"和"政府失灵"问题。

但是，在邓州市政府行政力量的过度推动下，农地经营权流转的规模较大、

---

① 国土开发公司的核心成员均是从政府部门抽调的行政在编制人员。

速度过快，存在政府干预导致土地流转市场供求机制和价格机制难以发挥作用的问题，引发农地经营权大规模集聚后的土地招租难题。而政府背书下成立的信托机构，虽然具有相对独立的市场主体地位，剥离了地方政府主导土地流转中的部分职能，以稳定的、规范化的信托流转契约形式确定了"政府"和"市场"之间的作用范围和治理结构。但实践中，具有政府背景的信托机构往往被视为地方政府的代表，兼有行政和经济的双重身份特征。模糊的身份定位使得信托机构不得不背负既要偿还巨额土地整治项目贷款和支付农户土地租金的经济压力，又要面临较大的政治、经济和社会等集聚风险挑战。

第五节　本章小结

本章以新制度经济学、公共治理理论为基础，采用理论研究和案例分析相结合的方法，探究农地经营权信托土地流转环节的运行机制和治理结构问题，旨在为完善农地经营权信托流转和农地整治项目投融资的机制设计，以及形成合理的治理结构提供理论参考。为提高土地经营权市场化流转和资源配置效率，实现农地整治、农田基础设施配套建设、农业生产性服务等公共物品供给过程中的投融资机制创新以及拓宽其市场化供给渠道提供实践经验借鉴和反思。研究得出的结论主要有以下几点：

（1）当前农地经营权流转中存在农地产权制度供给不足、农地交易市场机制缺失以及政府过度干预等引发的"政府失灵"和"市场失灵"问题。农地产权主体虚位与权能虚化，以及政府实施的农地产权管制导致农地产权的排他性和可交易性较低；市场机制缺失、供求双方信息不对称增加了土地流转交易成本和交易风险，造成农地资源配置不合理、土地流转效率低下；政府在弥补或修正土地流转"市场失灵"时，过度的行政干预模糊了政府与市场的作用边界，致使政府干预失败。农地经营权流转中政府和市场的"双重失灵"导致农地资源市场化配置的效率损失。

（2）农地综合整治和农田基础设施配套建设是农业现代化发展和规模经营的基础条件，但其较强的专用性资产特征和"准公共物品"属性导致市场机制在调节资源配置方面存在较高的交易成本，引发"市场失灵"问题；在农地整治投融资及项目管护方面，政府作为单一投资承建主体，往往存在过强的行政配置性特点，在缺乏严格的经济激励和约束机制条件下，政府在农地整治项目投融资和后期管护中经常处于干预无效的状态，导致"政府失灵"问题，造成农地综合整治和基础设施建设的投融资困境。

（3）农地经营权信托土地流转机制是以农地经营权市场供需关系为基础，引入市场机制，由信托机构行使农地"中间管理权"，整合土地、资金、信息和管理等资源要素，辅以农地整治、规划开发的项目投融资功能，实现多元主体共同参与促进土地流转、提高资源配置效率目标的制度化安排。农地经营权信托土地流转机制设计的关键在于：一是构建农地信托流转市场化中介平台，解决了农地交易中的信息不对称问题，降低了土地流转交易成本。二是在不同产权主体之间构建利益联结、权责分配和风险防范机制，平衡各方利益。同时，通过市场化契约对农地流转的整个环节和过程实施控制和监督，降低土地流转交易风险和不确定性；三是要构建自由而有激励约束监管的市场，厘清政府和市场在土地资源市场化配置中的职能边界，减少了政府过度行政干预对市场机制作用的干扰，更好地发挥信托作为市场机制配置资源要素的功能作用，从而形成合理的治理结构。

（4）农地综合整治是农地经营权信托土地流转的重要环节。在土地经营权集中流转的基础上，发挥信托机构投融资平台的职能，构建农地整治项目投融资机制的关键在于：一是通过信托机构牵头承担资金管理及筹措、项目管理及运营的职责，以财政资金为引导，同时通过市场化方式引入社会资金，形成多元资金投入机制，缓解农地专用性资产投资不足的问题；二是建立合理的利益分配机制，形成互利共赢机制，提高农民和集体的财产性收入，通过经济激励调动利益相关主体参与土地流转和农地综合整治的积极性；三是明确信托机构作为农地整治项目后期管护的主体和责任，有效解决政府单独投资承建土地整治项目以及缺乏必要的激励约束机制导致的"政府失灵"问题。

第七章　农地经营权信托金融供给
的运行机制与治理结构

　　"三权分置"改革赋予了农地抵押担保权能，激活了农地作为一种资产的流动性，强化了农地的财产权属性和金融功能。旨在为探索农地资本化、金融化的具体实现形式，发挥农地的金融功能，通过抵押、质押、担保等方式为农业经营主体从事规模化、专业化经营提供金融支持，促进农业现代化发展提供制度保障。随着农地制度改革的不断深化和"三权分置"制度实施，农村承包地经营权流转面积不断扩大，农业生产组织化和规模化程度不断提高，新型农业经营主体的数量和质量都有加大幅度提高。然而，由于金融供给不足，农业经营主体融资困难，农业现代化的发展需求长期受到抑制，严重阻碍了农业现代化发展目标的实现。如何破解当前农业生产经营中的"融资难"问题，成为亟需解决的重要课题。

　　本章研究内容和问题聚焦于以下几个方面：首先，随着当前土地流转和农地经营规模的扩大，农业经营主体的融资需求、融资现状以及面临的问题有哪些？当前农地抵押贷款融资作为解决"融资难"问题的主要思路和实践路径，阻碍其有效推行的主要难题有哪些？然后，分析农地经营权信托在满足农业经营主体生产融资需求等方面的融资机制设计和可行路径？以及当前农地经营权信托融资的典型实践模式及运行机制。最后，采用案例分析和比较分析方法，对比分析农地抵押贷款融资和农地经营权信托融资两种不同融资路径，重点分析农地经营权信托金融供给创新中差异化融资机制设计下的治理结构及特征。总结分析不同融资机制设计在降低融资交易成本、防范交易风险、提高融资效率等方面的经验和存在的问题。

第一节　农地金融创新的理论基础、实践成效与困境

一、农地金融创新的理论基础

土地市场和金融市场作为"关联市场"，二者之间的关系历来备受学界关注。农地金融是指为促进农地资源优化配置，发展适度规模经营，在政府监管和政策扶持下，发挥市场机制对资源配置的决定作用，结合农地市场交易和农业生产的特征，由金融机构提供满足农地交易和农业生产过程中的金融产品和金融服务，实现土地市场和金融市场的协调发展。完备的农地金融供给体系应包括政策性金融和普惠性金融，将受传统金融服务排斥的社会群体纳入金融服务范围，使每个人都享有公平获取金融服务机会的权利。在农地金融方面，很多国家通过农地抵押的方式为农户农业生产经营提供信贷服务，通过贷款利率优惠、合理设置贷款期限、政府贷款补贴以及政府授信机构为农户贷款提供担保等支持政策，扶持农业经营主体进行规模投资。

当前学界研究探讨最多的是农地产权对以土地交易为基础的信贷融资支持农业发展的影响。诸多研究表明，明晰农地产权制度，构建健全的农村金融监管制度和社会信用体系，以及规范的政府农地金融支持政策对提高农地流转金融市场的信贷支持力度，增加农地金融供给具有重要促进作用（Bell，1988）。秘鲁的经济学家德·索托（De Soto）认为，赋予土地财产权利、强化土地抵押、担保能力，可以将土地等"僵化"的财产转化为"流动"的资本，从而提高农户在资本市场获得信贷融资的能力促进投资。德·索托的观点成为一些发展中国家进行农地产权制度改革、改善农地金融供给的理论指引。

然而，从各个国家实践来看，农地产权制度的改革完善是否必然增加农地金融供给、提高农业经营主体的信贷水平，实践成效并不完全相同。Santurnino M & Borras J R（2005）在菲律宾的调查研究结果显示，完善的农地产权制度能够促进农地产权交易和健全农地金融支持体系。农地流转市场化很大程度上受到农地产权制度的影响，农地产权不明晰、不完整、缺乏稳定性，土地交易市场机制缺失会不仅会降低交易主体的潜在收益，而且是影响资金需求者信贷能力的主要因素。Santurnino M &Borras J R（2005）利用菲律宾的调研数据，实证检验了灵活的土地流转机制与金融支持体系是保证农业效率的关键。Field 等（2007）认为不明晰的土地产权制度抑制了各种土地产权交易行为，土地流转的

市场化程度影响了土地与金融资本的转化。农地产权的不完整、不稳定以及市场机制的不完善会降低交易双方的潜在收益，降低了资金需求者的借贷能力。

不过也有一些研究得出与之相悖的结论。Besley T J & Hatal M G（2009）研究认为从法律方面提高农地资产的抵押能力对"德·索托效应"发挥，主要与信贷需求者已有的财富积累水平相关。一些研究得出相同的结论，Boucher et al（2007）和 Pearce（2004）认为农户的信贷获取能力与自身财富、金融市场的竞争程度相关，金融机构单方增加信贷融资并不能显著提高农户信贷能力。Conning J & Udry C（2007）认为农地产权改革中赋予农地财产权增进农村信贷的理论假设在实践中并未得到事实经验支撑。影响农村信贷融资的因素是多层面的，既包括农地市场发育不健全，农地作为抵押品发生信贷违约时，金融机构对其进行处置面临较高成本和法律障碍，还包括如非洲一些地区非正规的借贷机构的信贷供给替代了农地抵押担保融资的作用。

中国农地金融市场也得到了很多研究者的关注和讨论。一些研究者指出，中国农地产权不完整，农地产权交易缺乏稳定性、安全性，难以形成一个满足农户信贷需求同时也保障金融机构权利不受损害的信贷市场，农地金融市场的效率低下（Feder，1998；Li G et al，1998；Katerina et al，2011；Kerselaers E et al，2013）。完善农地产权制度，促进农地经营权（或使用权）流转可以提高资源配置效率，激励用地者对土地进行深度开发利用和投资。但是，中国农地产权残缺导致土地资源配置低效，导致正规金融机构不愿进入农地金融市场导致农户信贷供给不足，从而抑制了农地金融市场的发展（Hodge D，2013；Long H，2016）。因此，很多学者建议对农业经营主体所拥有的诸如农地承包经营权和宅基地使用权等财产进行确权登记并赋予其抵押担保权能，以缓解农业经营主体的融资约束，拓宽融资渠道（曾庆芬，2014；王文锋，2015）。

二、农地金融创新的实践效果

现实需求和学界关注得到了积极的政策回应。近些年，国家连续出台了一系列政策支持农村承包土地的经营权抵押融资，并推行了"三权分置"和以"确权赋能"为核心的农地产权制度改革，旨在通过确权赋能为强化农地财产权属性、增加农民的财产性收入渠道，实现承包土地经营权抵押融资提供制度保障。在政策的引导推动下，自 2013 年开始，宁夏同心县、平罗县，陕西高陵县以及重庆江津区和江苏新沂市等地区都陆续开展了不同模式的农地抵押贷款融资创新试点工作。

然而，虽经多年的探索实践，农地抵押贷款在缓解农业经营主体融资难方面成效有限。截至 2016 年底，全国 232 个农地抵押贷款试点县贷款余额 140 亿元，仅占涉农贷款的 1.62%。大多数农业经营主体特别是小农户很难从银行等传统的金融机构获得信贷支持。国内外一些经验研究表明，在没有外部政策支持的条件下，农地产权证书的发放对农户抵押贷款的可得性影响很小；第三方担保以及农户和金融机构的关系在实际放贷过程中发挥着更为重要的作用，成为农地使用权抵押的主要替代品，减少了银行对农户贷款抵押物的需求。当前试点地区实践中，金融机构对农地抵押贷款申请主体每亩获得贷款额度的主要评估标准为亩均经营农作物的预期市场价值。换言之，金融机构审批放贷时看重的并非农地作为抵押物的价值，而是农地附着物及农地经营未来收益的价值。因此，实践中农地抵押融资仅仅流于形式。

国内诸多学者对农地抵押贷款融资问题开展了研究探讨。张龙耀、杨军（2011）以及金媛、林乐芬（2012）等研究认为，农地抵押贷款并不必然改善农户的信贷可得性。允许农地抵押可以在一定程度上降低信贷市场存在的道德风险，但获得贷款更多是与借贷者自身的资金实力、投资项目质量、信贷合约的执行力等因素相关。因此，开展农地金融创新解决农业经营主体的融资难题，农地抵押贷款仅是一个备选项而不是必选项。黄惠春（2014）对江苏省新沂市"农村土地承包经营权抵押贷款试点情况"的调查研究发现，当前银行等金融机构发放的农地抵押贷款是以农户的信用记录为主要依据，放贷对象多是大农户和优质存量客户，农地抵押贷款对解决农户的融资难题并没有显著作用。汪险生、郭忠兴（2017）从制度的生成成本和运行成本两个方面对重庆江津区及江苏新沂市农地经营权抵押贷款实践进行考察，研究认为，流转型土地经营权抵押贷款因土地租金年付制导致土地经营权缺乏稳定性，这与农地抵押贷款的成功运行又依赖于土地经营权的长期稳定性存在内在冲突。而作为替代型制度供给的土地股份制，由于生成成本和运行成本都很高，并且"保租分红"尤其是"保租"年付合约会降低农地经营权抵押性能，导致建立于土地股份制之上的农地抵押贷款实践效果并不理想。

三、金融供给的现状以及问题

2016 年 7 月，中国农业部农村经济研究中心在河南省对农业经营主体的融资需求，金融支持以及政策诉求等情况展开调查①，调查范围覆盖河南省39个县、177个乡（镇）、410个村，包括504个种（养）殖大户、106个家庭农场、231个专业（农民）合作社、137个农业企业等在内的978家农业经营主体。为全面考察当前农业经营主体的融资需求和金融支持情况，本章该节以此次调查数据为基础，具体分析当前农业经营主体的融资需求、金融支持的现状、存在的问题及成因，为本章后文内容分析与破解农业经营主体融资难题提供事实基础和数据支撑。

（一）农业经营主体融资需求与金融支持

1. 正规金融机构融资

融资需求与信贷支持。土地流转和规模经营都需要资金支持。从调查统计来看，有占比75.36%的农业规模经营主体因缺少资金影响农业生产经营的开展，平均每家农业经营主体缺少资金12.18万元，有较强的融资需求。各类型农业经营主体生产资金短缺率均超过60%，种（养）殖大户中有近8成出现资金短缺影响农业生产经营的情况。有融资需求的农业经营主体中，53.32%的主体向银行或者农信社等正规金融机构申请过贷款。从贷款申请的获批情况来看，各类经营主体贷款获批率均超过50%；按贷款获批率从高到低依次为农业企业、家庭农场、专业（农民）合作社、种（养）殖大户，基本呈现出经营主体组织化、产业化程度越高，经营实力和财务状况越好，其贷款获批率越高的现象（表7-1）。

表7-1　农业经营主体正规金融信贷融资情况

Tab. 7-1　The Situation of Scale-Operating Units Obtaining

Loans from Formal Financial Institutions

主体类型	种（养）殖大户	家庭农场	专业（农民）合作社	农业企业
农业经营主体数量（个）	504	106	231	137
生产经营资金短缺数量（个）	403（79.96%）	72（67.92%）	177（76.62%）	85（62.04%）
有过正规借贷经历数量（个）	182（36.11%）	54（50.94%）	99（42.86%）	58（42.34%）
获得贷款批准数量（个）	102（56.04%）	38（70.37%）	64（64.65%）	44（75.86%）

①　该调查是中国农业部农村经济研究中心与河南财经政法大学联合开展的"技术创新、金融支持与农业规模经营主体发展调查"，问卷中数据为调查对象2015年的相关情况，共获得有效问卷数量978份。

融资来源与融资成本。从农业经营主体向正规金融机构贷款融资的总体情况来看，发放贷款的主要金融机构排在前三位的分别是农村信用社、农业银行、邮政储蓄银行，3家金融机构满足了超过70%农业经营主体的融资需求。从融资成本看，农业经营主体向正规金融机构融资的平均贷款期限为8.82月，占93%的经营主体申请贷款期限小于1年；获得贷款平均额度为14.57万元，平均贷款年利率为11.64%；从贷款申请、审核到放贷的平均等待时间为17.04天。

融资条件与贷款用途。对于农业经营主体申请贷款，银行等金融机构普遍要求申请者采用资产抵押、信用担保等方式作为最基本的融资条件。处于规避风险和降低成本的考量，商业性涉农金融机构特别重视信贷申请者的抵押担保资质、财务信息披露和社会信用记录情况。具有较好的抵押担保资质、相对规范的财务管理体系和相对完善的社会信用记录的农业企业等经营主体往往受到金融机构的青睐，更容易获得信贷资金，甚至经常被一些金融机构"劝贷"，而种（养）殖大户、家庭农场和专业（农民）合作社却时常面临较为严苛信贷申请条件，处于"贷款难、贷款贵"的困境。在248家有过正规金融机构融资经历且成功获取贷款的农业经营主体中，以农村土地承包经营权抵押、农户住房财产权抵押获得贷款的数量分别为16家（6.5%）和24家（9.7%）；采用农户"联保贷款"方式的有22家（8.9%）；最为普遍的是以"担保人"担保获得贷款，共有82家（33.1%）。获得贷款主要用于购买化肥、农药、农膜，购买种子、种苗；支付土地租金，支付农机作业费，支付人工费用，农产品收购修建大棚、库房、圈舍、码头等农业生产经营活动。

2. 非正规金融机构融资

在正规金融机构无法完全覆盖和满足农业经营主体融资需求的情况下，私人贷款、小额贷款公司、资金互助社以及互联网平台等非正规金融机构等成为经营主体获取金融支持的渠道之一。调查统计结果显示（表7-2），各类农业经营主体中均有近30%以上有过非正规借贷融资的经历，其中种（养）殖大户236家和家庭农场43家，占比分别达到46.83%和40.57%，成为非正规（民间）借贷市场的主要主体。与正规金融机构融资成本相比，非正规（民间）借贷的平均贷款期限为4.25个月，期限较短；平均借贷年利率为13.3%，高出正规金融机构贷款年利率1.7个百分点，融资成本明显偏高。民间借贷主要基于农村亲缘、业缘等社会网络关系，严重依赖借贷双方在熟人社会中长期积累获得的信誉、信用等。有过非正规借贷经历的农业经营主体中有70%通过亲戚朋友获得贷款。贷款主要用于购买农资和农用机械设备，支付土地租金、农机作业费，以及支付人工费用等。

表 7-2　农业经营主体非正规（民间）借贷融资情况

Tab. 7-2　The Situation of Scale-Operating Units Obtaining Loans from

Informal（Private）Lending Institutions

主体类型	种（养）殖大户	家庭农场	专业（农民）合作社	农业企业
农业经营主体数量（个）	504	106	231	137
有过非正规借贷经历数量（个）	236(46.83%)	43（40.57%）	86（37.23%）	41（29.93%）
借款主要来源	亲戚朋友、民间放贷人等			
主要融资方式	借款者的信誉、信用（熟人社会间的信任）等；担保人担保；资产抵押			

调查中发现，在河南周口、漯河等非正规（民间）借贷较为盛行的地区，农业经营主体之间发展出农地私下"抵押"的融资模式（图7-1）。如农户A家庭有融资需求，将其所持有的承包土地经营权抵押（或转让）给农户B，农户B获得农户A的土地经营权后向其提供一定数额信贷资金。双方约定农户A作为土地出让方和资金需求方不向农户B收取土地租金，农户B作为资金供给方和用地需求方不向A收取贷款利息，即农户A通过农地"抵押"获得"无息贷款"，农户B通过以贷款利息抵扣土地租金的形式获得"无租土地"。双方契约终止以借款方农户A在不影响农户B当季农业生产经营，归还农户B本金为条件。

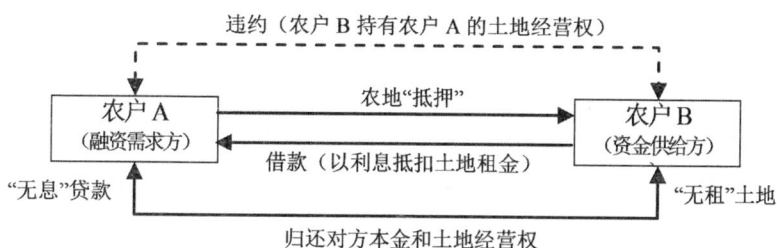

图 7-1　非正规（民间）借贷中的农地"抵押"融资模式

Fig. 7-1　The Financing Mode of Farmland "Mortgage" in Informal（Private）Lending

在民间借贷融资成本和农地流转租金均日益高企的现实条件下，催生了这种农地"抵押"模式。由于借贷手续简便，减去了正规金融机构融资的诸多中间环节，降低了融资交易成本，在一定程度上提高了融资效率，因此在一些地区部分农业经营主体之间得以尝试。但是，毋庸置疑，这种游走在法律之外的农地"抵押"融资模式，由于不合法、不合规，缺乏正规合同手续，极容易引发农地民事纠纷，也可能造成一些社会不稳定因素，应该及时被政府监管并严令禁止。

（二）金融支持的满意度与主要政策诉求

调查中，问及农业经营主体有融资需求而没有向银行等正规金融机构申请贷款的原因时，申请贷款程序复杂，等待时间太长，不能及时满足生产经营中的融资需求，贷款利息太高，贷款可能不会获批，以及抵押担保条件要求太高等是农业经营主体的主要顾虑（图7-2）。调查显示，超过70%的经营主体认为向银行、农信社等金融机构贷款较为困难或很困难，近60%的经营主体认为正规金融机构贷款利率较高，80%以上的经营主体对正规金融机构提供的融资服务评价一般或不满意。从总体来看，较高的贷款条件和融资成本是影响农业经营主体金融支持满意度的主要因素。

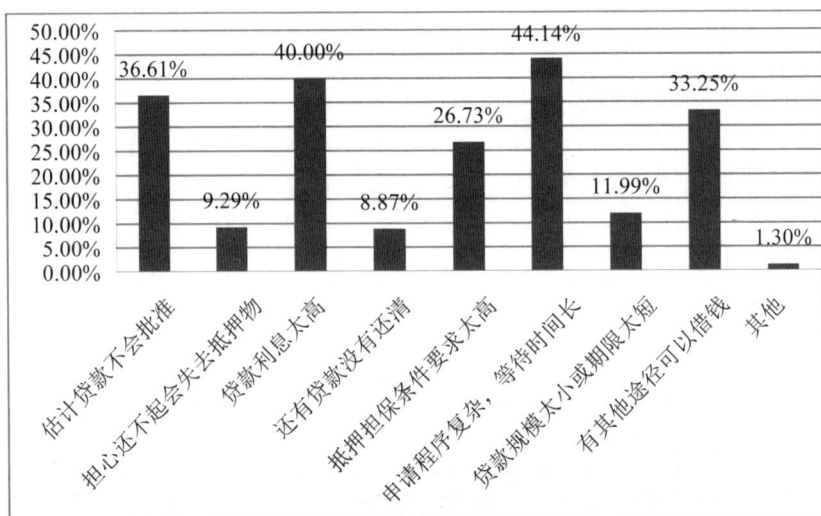

图7-2 农业经营主体向正规金融机构融资的影响因素

Fig. 7-2 The Influencing factors of Scale-Operating Units Loans to
Formal Financial Institutions

在融资风险分担方面，农业保险是分散农业经营主体融资和银行等金融机构涉农信贷风险的主要防范措施。从调查情况看，当前涉农贷款保险覆盖面窄，仅有29.17%的经营主体参保，且多是政策性农业保险，其中农作物灾害保险投保占比62.07%，动物疫病险投保占比20.09%，平均每亩投保费用10~20元，享受65%左右的政府保费补贴。金融机构服务改善方面。调查发现，有超过60%的经营主体提出希望简化申请贷款手续、降低贷款利率，同时增加贷款额度、延长贷款期限、扩大抵押担保物范围等也是经营主体对金融服务改善的迫切要求。

四、农地金融创新的实施困境

结合理论和实践，农地金融创新中以农地抵押贷款融资为主的实践模式推行困难的原因是多方面的。

（一）农地抵押物方面的障碍

虽然农地作为抵押物在试点地区得到了政策支持，但是在现阶段法律上仍然得不到认可，况且目前农村土地流转市场建设处于起步阶段，交易主体较少、交易规模有限，一旦贷款人违约，抵押的农地资产市场价值低、变现困难且交易成本较高，难以满足金融机构对抵押品流动性的要求。在当前的农村法律、经济与社会条件下，流转型土地经营权的处置与一般的不动产抵押物不同，必须征得村委会和农民的许可，这无疑又会增加处置过程中的交易成本。此外，抵押农地产权价值评估低，加之贷款申请程序繁琐，数额较低、期限短，降低了承包经营农户的贷款需求；而规模经营主体拥有的仅是一定承租期限内（租金多是一年一付）的农地经营权，一旦生产投资失败，规模经营主体很容易因这种不完整的担保物权产生贷款违约，弃地"跑路"的道德风险，导致金融机构难以处置农地抵押物用于清偿贷款，这无疑加大了农地抵押贷款的融资风险。

（二）征信不足、融资交易成本高

农地抵押贷款实践中，金融机构对申请贷款的农业经营主体资格考核并不限于农地抵押物，还会对其社会关系、信贷记录以及经营能力等信用状况进行全面审察。由于我国农村征信体系尚未建立，农民的信用数据信息基本缺失。面对小而分散的农业经营主体，金融机构对其征信困难，信息采集成本很高。在征信不足的条件下，为了降低农地抵押贷款的交易成本和信贷风险，金融机构的唯一办法就是放款给少数信用水平较高的种植大户、专业合作社和农业企业等。这也是为什么农地抵押贷款实践中，金融机构放宽对借款担保人和借款人固定资产和社会资本等条件要求的同时，仍将以往的信用记录作为是否向申请农户发放贷款的重要条件。

（三）农业经营风险高、贷款违约可能性大

受生产周期长、产业利润水平低，以及自然灾害多发频发和农产品市场价格波动大等多重风险因素交织的影响，农业天然的弱质性成为银行等金融机构供给服务的屏障；在传统的农业经营体系中，农业经营主体多为分散的小农户

和基础薄弱的农业企业，大多数农业经营主体普遍综合生产能力不强，产业化程度低，农业科技支撑能力弱，抵抗自然风险和市场风险的能力差，很容易导致信贷违约现象发生。除客观因素外，部分农业经营主体还可能因为主观因素，导致违约或延迟还款。由于无法提供金融机构偏好的抵押担保物、信用等级普遍较低，且经营风险过于集中，这不符合金融供给的基本原则，严重降低了农业经营主体获取贷款的成功率。

（四）金融机构供给意愿不足

在试点地区，农地抵押贷款运作大多由政府主导，以指标任务的形式，指定农村信用联社或者地方商业银行发放贷款。金融机构缺乏内在动力，抵押贷款供给意愿不足。受资本逐利性以及利益最大化驱使，商业银行、农村信用社等金融机构将吸纳的大量资金流向城市，即使发放少量的农地抵押贷款或惠农贷款，也因贷款额度低、期限不合理，往往难以满足农业调整生产结构的资金需求。从而造成农地抵押贷款运行缺乏市场性和可持续性。

第二节　农地经营权信托金融供给的融资机制设计

规模经营、农业融资和人地依附是我国农业现代化发展进程中面临的三大难题（李停，2017）。农地经营权信托运行机制的设计既包括构建农地市场化交易平台，促进农地经营权规范、有序流转，为适度规模经营创造基础条件；还包括通过金融供给机制设计，将农地经营权作为信托资产进行资本化、金融化，创新融资机制为增加农民财产性收益、解除人地依附关系，破解农业规模经营主体融资困境、拓宽融资渠道提供新的可选方案。农地经营权信托流转基础上的信托融资机制创新，其核心是通过"农地金融化"的方式，将信托流转的农地经营权作为基础资产，以抵押、质押、担保、证券化等融资方式，解决新型农业经营主体在规模化生产经营中的高额流动性资金需求难以满足的难题。农地经营权信托融资机制创新在解决规模经营主体生产融资需求方面主要有以下可行的机制设计（图7-3）。

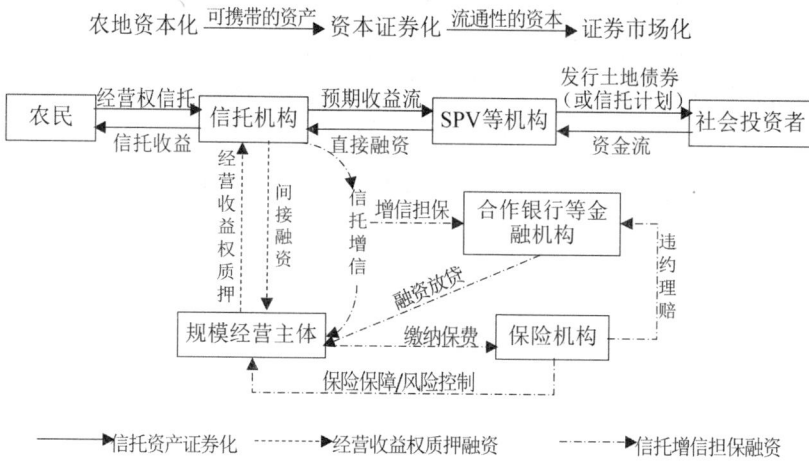

图7-3 农业规模经营主体融资中信托融资机制的创新路径

Fig. 7-3 **The Innovation Path of Trust Financing Mechanism
In Scale-Operating Units Financing**

一、信托土地资产证券化

一项资产被证券化的基础条件是能够产生稳定的现金流（岳意定、黎翠梅，2007）。实践中，资产证券化是通过金融创新将缺乏流动性的资产转化为流动性较强的证券，将这些证券公开发售给市场投资者，完成证券市场化的过程。农地资产证券化是农地金融创新的高级形式，通过发行土地证券的形式吸引社会投资者投资发展现代农业，实现将社会资金引流到农业生产部门的目的。信托土地实现资产证券化具有以下基本的现实可行条件：一是农地经营权信托流转市场化机制的构建，增强土地资产的可流动性，显化了土地资产的市场价值；二是农地经营权集合信托规模较大，农地整治、基础设施建设以及规模经营主体生产融资需求都达到一定量级；三是农地经营权信托流转期限较长，随着农业生产基础条件的改善，农业补贴、农业保险等配套政策的日益完备，使得农地经营收益较为稳定，信托受益权能够产生持续稳定的现金流。

信托流转土地经营权资产证券化的融资机制设计思路：农地经营权集合信托达到一定规模后，形成"农地资产池"；信托机构根据"农地资产池"中农地资产未来可实现的预期现金流进行合理测算，以此作为农地资产证券化的定价基础；信托机构将农地经营权作为基础资产，将其产生的预期收益流通过增信机制出售给SPV（Special Purpose Vehicle）公司，由SPV公司将购入资产打包设计成标准化的土地证券，以发行可上市流通的"土地经营权信托资产管理计划"等方式，向社会投资者公开发售，完成土地资本证券市场化。信托机构以公开募集的社会资金用于支持农地综合整治，和支持农业经营主体从事农业规模化、产业化的资金需求。同时，承诺以约定比例的收益率向购买"土地经营权信托资产管理计划"金融产品的社会投资者支付资金收益。

二、信托财产收益权质押

随着中国农村一二三产业的融合发展，更多家庭农场、合作社、农业企业等新型经营主体融入农业产业链中，特别是信托中介机构的介入，将农业生产不同环节、农业产业链上下游企业以及更多市场资源整合在一起，很大程度上提高了中国农业组织化的程度和效率，订单农业、农业社会化服务等有效联结和延伸了农业产业链，也使参与主体之间的关系更加紧密。在市场环境日益改善的条件下，农地经营收益权质押信托融资是指，在农地经营权信托流转的基础上，为解决规模经营主体生产中融资需求，将其信托土地生产经营农产品未来的销售收益权质押给信托机构，由信托机构或与信托机构合作的银行等金融机构为其提供融资服务。实践中，该融资创新模式广泛应用于订单农业，有融资需求的规模经营主体持信托机构或合作银行等金融机构认可的农产品购销合同，以及农业龙头企业发出的真实有效的农产品购货订单，可向信托机构或合作银行提出贷款申请。该项融资设计程序较为简单易行，融资效率较高，而且农业订单保价收购有效降低了因农产品市场价格出现较大波动而引发的信贷违约风险，降低了信托机构或合作银行等金融机构的融资交易成本和风险。

三、信托增信与担保融资

信托融资机制创新的一条重要路径是通过第三方机构提供增信和担保服务，解决农业规模经营主体融资中的信息不对称、风险分担和担保机制缺失的问题。信托增信担保融资机制设计主要是基于以下核心要点：一是通过对规模经营主体资质审查、生产经营环节的监督控制，减少信贷融资中的信息不对称、弥补信用信息缺失。当前，农业规模经营主体融资困难的原因是多方面的，其中一个很重要的原因是银行等传统的金融机构多采用综合信用评级制度，对信贷需求主体进行评级授信，并需要提供银行认可、合乎法律规定的有价值、可流通转让的资产（王吉鹏等，2018）。然而，当前对农业经营主体的信用评级工作相对滞后，部分农商行和农信社的评级结果并未与其他涉农金融机构共享（林乐芬等，2015）。信息不对称、信用评级缺失导致银行等金融机构对信贷主体的农业生产经营、盈利、负债以及经营风险等情况缺少信用信息支撑，严重影响到农业规模经营主体成功获贷的概率。在农地经营权信托模式中，信托机构对农地进行集中整治后统一推向市场招租，对申请用地的规模经营主体的自有资产情况、农业生产经营能力、盈利水平和偿债能力、流动资金等财务状况等进行资质审查，较为充分地获得规模经营主体的资信水平；后期农业生产经营中，信托机构通过引入农业社会化服务等对规模经营主体的农业生产各环节进行监督、指导和控制，较好地了解农业经营主体的生产情况和盈利水平。这些都为信托机构金融供给服务提供了基础信用信息。

二是信托等第三方机构通过增信机制解决规模经营主体融资担保机制缺失。缺少风险分担机制和信贷担保体系也是形成农业规模经营主体融资困境的一个重要影响因素（张庆亮，2014）。当前，农业规模经营主体融资中的风险分担机制主要是通过农业保险来支持实现的。但是，受到农业经营天然弱质性的影响，较高的经营风险导致商业保险机构不愿涉足农业领域。因此，政策性保险成为农业保险业务的主力。从实践总体情况看，政策性农业保险的覆盖面偏低、险种较少、保险补偿条件较为苛刻且金额不足以弥补因天气等自然灾害不可抗因素给农业生产经营造成的较大经济损失（张龙耀等，2015；林乐芬、法宁，2015）。信托融资机制设计中，基于前期对规模经营主体的经营土地的规模、质量、作物类型、生产经营能力和经营利润以及资信水平等信息搜集，信托机构对规模经营主体的信用水平进行综合评估，并以自身的资金实力、行业信誉等为有信贷融资需求的规模经营主体提供内部增信服务，提高其信用等级并提供融资担保服务，从而增加了规模经营主体从合作银行等金融机构成功获得贷款的概率。

三是引入保险机制构建信托融资的风险分担机制。担保融资作为获得银行贷款的一个主要融资方式，实践中也经常遇冷。同农业保险一样，商业担保为规避较大的担保风险，往往收取过高的担保费用让规模经营主体难以承受；政策性担保是以政府财政出资为银行等金融机构支农信贷做担保，但担保资金较少、后续信贷补偿机制缺失增加了信贷风险，影响到金融机构对规模经营主体的信贷支持力度。信托增信担保融资机制设计中，信托机构通常通过引入保险机构，为申请信贷融资的规模经营主体提供外部增信服务，形成"信托+保险"的多重增信、风险联合控制和风险分担机制，提高规模经营主体信贷融资中的风险保障水平。

第三节 实证案例：农地经营权信托融资的典型模式与运行机制

以上内容先是分析了农业经营主体金融供给的现状、呈现出的问题，以及农地抵押贷款模式融资实践中遭遇到的现实难题。然后分析农地经营权信托在满足农业经营主体生产融资需求方面，理论上可行的融资机制设计和实现路径。由于当前金融信托介入农地流转和开展融资创新尚处于实践探索阶段，上述信托融资供给的可能实现路径并未在实践中得以全面实施。因此，在以上分析的基础上，选取当前实践中已有的具有典型性、代表性的信托融资模式——产业链信托融资进行分析，以期为解决"融资难"问题提供新的思路和可选路径。

一、农地金融创新的市场条件变化

当前我国农业生产经营格局发生着明显的改变，这成为农业融资机制创新的关键点和条件。一是农业生产的组织化程度提高。随着农业市场化、产业化的推进，我国农业经营主体内部呈现出分化和裂变的态势，通过专业化协作和社会化服务，农业生产经营的组织化程度有所提高，形式不断创新，从"公司+农户"这一基本形态的订单农业，逐渐发展到"龙头企业（核心企业）+中介组织（合作社、专业协会、大户）+农户"等多元化的农业产业化组织形态。二是农业产业链条不断扩展和延伸。分布在农业产前、产中、产后的各类经济组织逐步成为连接"小农户"和"大市场"的中间力量，逐步形成生产、购销、加工、服务等系列化的服务体系。农业产业链上的利益相关主体通过土地、资金、技术、劳动力等要素的投入和合作，实现农业生产资源、信息资源共享，进而形成"利益共享、风险共担"的市场交易结构和利益联结关系，使得以往农户单一主体承受多重风险的格局发生了明显的变化。

针对这些变化，政府相关部门为金融支持农业生产发展和创新农业融资机制指出了新方向。如2017年5月中共中央办公厅、国务院办公厅印发的《关于加快构建政策体系培育新型农业经营主体的意见》中提出，要引导新型农业经营主体多元融合发展。鼓励农民以土地、林权、资金、劳动、技术、产品为纽带，促进各类新型农业经营主体融合发展，培育和发展农业产业化联合体。2017年4月农业部发展计划司提出，在农业供给侧结构性改革政策推动下，国家持续加大农业领域投入，推进农村投融资体制机制创新，优化社会资本"入农"投资环境①。鼓励采用土地证券化、资产抵押、信托流转等新型融资方式，扩大企业、合作组织等农业经营主体的融资能力和资金渠道②。这为商业信托脱虚向实，回归本源、服务实体经济提供了重要契机。

二、信托融资典型模式的运行机制

为破解农业经营主体融资难题，一些农业产业化发展程度较高的地区先行探索创新金融支持农业发展的新模式，将金融信托引入农业产业链中，为农业经营主体融资提供了一条新的可选路径。本章选取产业链信托融资的三个典型实践案例，分析不同模式运行过程中形成的融资交易结构，以及各参与主体之间利益联结关系。

（一）信托直接融资——"中信·兰西"模式

1. 案例背景

兰西县位于黑龙江省绥化市，拥有耕地216万亩，人均耕地5.6亩。农业人口38.8万，占总人口比重73.2%；该县盛产玉米、大豆等粮食作物以及亚麻、烤烟、甜菜等经济作物。榆林镇地处兰西县东南部，耕地面积16万亩，辖8个行政村，50个自然屯，人口3.6万人。

近些年，兰西县土地流转面积不断扩大，农业科技含量不断增加。截至2016年底，全县土地流转面积达到133万亩，占全县耕地总面积的61%；各类农业产业示范园区412个，被农业部纳入"国家农业科技创新与集成示范基地"③。但是，由于农业生产风险大、可用于抵押担保物具有不确定性的特点，商业银行以及非银行金融机构开发涉农金融产品的积极性不高，金融服务长期供给不足，严重制约了农业规模化、专业化、集约化经营。为此，2014年11月中信信托、兰西县人民政府、哈尔滨谷物交易所有限公司（以下简称"哈交所"）、黑龙江省农业科学院（以下简称"省农科院"）四方联合签订了中

---

① 周楠. 中共中央办公厅 国务院办公厅印发《关于加快构建政策体系培育新型农业经营主体的意见》［EB/OL］.（2017-05-31）. http：//www. gov. cn/zhengce/2017-05/31/content_ 5198567. htm
② 农业部. 一季度农业投资增速回升［EB/OL］.（2017-04-24）. http：//jiuban. moa. gov. cn/sjzz/jhs/touzi/201704/t20170424_ 5581397. htm
③ 兰西县人民政府. 2017 年政府工作报告（兰西县）》.［EB/OL］.（2017-01-22）. ht-tp：//www. hljlanxi. gov. cn/htm/html/2017/1/7163. htm

信·兰西土地信托化综合改革战略合作框架协议。通过引入信托制度创新土地流转机制，并在此基础上开展农业生产订单式全程社会化服务，构建农业产业链一站式服务体系，发挥各主体在资金信贷、科技创新、销售渠道、规模经营等方面的优势，实现资本、科技、土地和市场的有机结合。从而为拓宽农业生产资金供给渠道，创新农业生产经营的组织形式，提高农业综合生产能力和效益开辟了新路径。

2. 运行机制

2015年2月中信信托、省农科院、哈交所共同出资3000万元成立兰西中信现代农业服务有限公司（以下简称"兰西中信公司"），在兰西县榆林镇建立国家级现代农业科技创新与集成示范园区，将该镇万亩玉米种植纳入土地信托化改革，并积极探索农业全产业链服务新模式①（图7-4）。

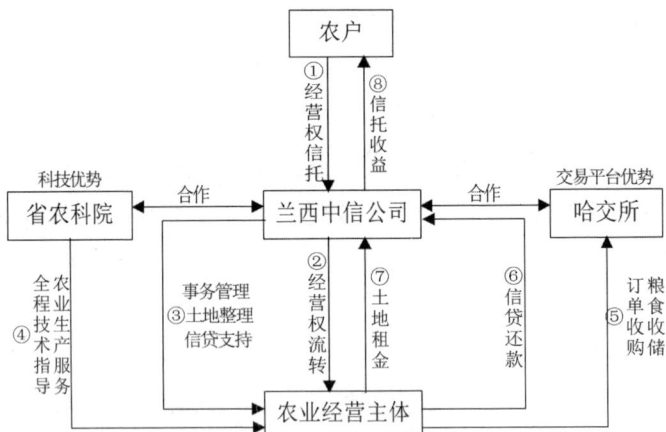

图7-4 全产业链信托融资模式的交易结构

Fig. 7-4 The Transaction Structure of Whole Industry Chain Trust FInancing Mode

该模式运作流程如下：首先，农民将土地经营权信托流转给兰西中信公司，由兰西中信公司向农民发放土地信托收益凭证；兰西中信公司对土地进行整理后，委托租赁给规模实力较强的农业合作社等新型农业经营主体经营，并将土地信托收益以"固定地租+浮动经营收入"形式分配给农民。兰西中信公司在土地流转阶段发挥服务商的作用，对土地流转事务进行管理，为经营主体提供土

---

① 王自文，赵连静．现代农业引入农业信托的运行模式分析［J］．经济师，2016（05）：41-43.

地流转所需的信贷资金，代购种子、化肥、农机具等生产物资及资金垫付。然后，在玉米生产过程中，兰西中信公司联合省农科院为经营主体制定标准化的玉米种植操作规程，提供全程的农业技术指导，以及收割、烘干、仓储、订单收购等农业生产性服务，降低了玉米种植成本（每亩约150元）。最后，兰西中信公司以哈交所为农产品交易平台，畅通玉米销售渠道，稳定玉米销售市场价格。

（二）信托收益权质押融资——"兴业·延津"模式

1. 案例背景

延津县位于河南省新乡市，地处黄河故道区，豫北平原腹地，该县总面积888平方公里，下辖12个乡镇，340个行政村，总人口共计51.1万人，其中农业人口占比77%。延津县地势平坦、土质肥沃，是国家优质小麦生产基地和粮棉主产基地县，常年小麦种植面积达到95万亩，优质弱筋小麦基地50万亩①。

为加快促进农业现代化发展，2013年延津县以优质小麦规模种植基地为基础，依托农业产业化龙头企业带动，聚集现代农业生产要素，推进以小麦生产和食品加工为主的中原经济区农业产业化示范基地建设。2014年在新乡市政府引导推动下，延津县石婆固乡成立了河南省大豫大美现代农业有限公司（以下简称"大豫大美公司"），下设3个农业种植合作社、2个农机合作社，以及2个农业生态园，公司经营范围覆盖农业种植、农业观光、粮食收储、农业服务等。2014年5月公司成立至今，在延津县石婆固乡集北村、王楼乡申湾村及老庄村、城关镇等流转土地面积共计3500亩，提高了农地规模经营面积和农业生产的组织化程度。为解决农业生产中金融供给不足，融资缺乏有效抵押物品的难题，兴业信托②与大豫大美公司下设的农业种植合作社和兴业银行（郑州分行）共同设计出创新抵押品扩展机制，并建立多元主体共同参与、有机衔接的农业产业链生产要素配置模式。在农业生产组织形式创新的基础上，实现了土地、资金、信息、科技等各类生产要素的有效整合。

2. 运行机制

"兴业·延津"模式运行过程涉及多方参与主体，包括农户、合作社、地方政府、兴业银行、科研院所、农业企业、兴业信托，其中政府发挥着主导作用。该模式的运作过程（图7-5）：首先，农户以土地经营权入股加入大豫大美公司

---

① 新乡市统计局. 2020年新乡市统计年鉴. http://tjj.xinxiang.gov.cn/sitegroup/root/html/ff8080814ecd08ed014ecd49de15012a/002c4454e8b1480ab96ad49086f04f2a.html.

② 全称"兴业国际信托有限公司"，成立于2003年。

下属的农业种植合作社，大豫大美公司将农业种植合作社的土地经营权等委托给兴业信托，设立自益型财产权信托；然后，兴业信托将信托土地财产收益权质押给兴业银行作为贷款偿还担保，由兴业银行向农业种植合作社提供贷款；农业种植合作社全体股东和石婆固乡政府为贷款承担连带责任，分别与兴业银行签订了个人保证合同。兴业信托将受托土地返租给农业种植合作社；农业种植合作社与新乡市新良粮油加工有限公司、克明面业股份有限公司等以小麦深加工为主的农业产业化龙头企业签订购销协议，合作社将生产出来的小麦、玉米等粮食销售给合作农业企业；最后，完成粮食收购以后，合作农企按照与兴业银行签订的委托协议，协助兴业银行从粮食收购款中代扣合作社贷款本息，并将剩余的资金转入合作社的账户。兴业信托聘请河南农业大学、河南省农业科学院等科研机构，以及新乡市农业技术推广中心的农业专家对粮食作物生产实行全程化技术指导，新乡市政府为农业产业化经营和合作社生产提供农田基础设施建设专项资金支持和财政补贴。

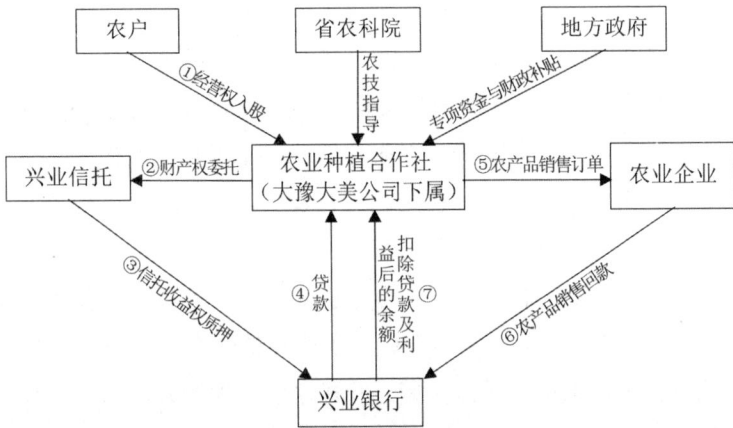

图 7-5 产业链信托收益权质押融资模式的交易结构

Fig. 7-5 The Transaction Structure of Industry Chain Trust Operation Income Right Pledge Financing Mode

（三）增信担保融资——"云南·宝清"模式

1. 案例背景

宝清县，隶属黑龙江省双鸭山市，处于三江平原核心位置，是一个典型的农业大县。全县总耕地面积近 600 万亩，年产粮食 260 万吨，是全国重要的商品粮生产基地，盛产水稻、大豆、玉米、南瓜等粮食作物和经济作物，素有"北国粮仓"的美誉。

宝清县农户土地规模经营面积普遍较大，平均都在 100 亩以上，每年到粮食作物播种期，种子、农药、化肥等农资购买需要一笔不小的开支，农业经营主体资金紧张，有强烈的融资需求。并且东北地区为一季作物区，农时很紧，信贷放款时间对农业经营主体而言非常重要。但是，由于农业种植贷款规模小、风险高，且农民没有稳定的还款来源，加之抵押担保物不足，农业经营主体融资困难。当地传统以社会资本为基础，严重依赖于贷款人信用的"五户联保"模式①，由于农民的信用意识较为薄弱，信用机制很容易被破坏，贷款违约率很高。云南信托摒弃了传统农地抵押贷款或信用担保模式，将供应链金融的交易逻辑引入到农业产业链中，利用产业链上核心企业与农业经营主体之间的交易关系，为农民发放种植贷款。

2. 运行机制

2017 年 3 月，云南信托与黑龙江省线上农业服务平台农加网②合作，推出农业种植贷款信托项目"云南信托会泽 32 号农之家集合资金信托计划"，采用"线上+线下"的互联网普惠金融模式，为农户和规模经营主体提供信贷资金、农资销售、农技指导和农产品销售等一系列的服务③。该项目的运行过程如下（图 7-6）：首先，云南信托与宝清县最大的农资经销商——丰收人谷物种植农民专业合作社（以下简称丰收人合作社）展开合作，由丰收人合作社根据以往的历史交易情况，推荐信用良好、有贷款需求的农户，并为其提供增信担保；在丰收人合作社的协助下，农户通过农加网直接向云南信托提交贷款申请材料。然后，云南信托对贷款申请材料进行在线审核，对资质符合标准的农户发放种植贷款，从申请、审核到放贷仅需要一周时间。根据农户意愿，所贷款项将直接向丰收人合作社采购当年所需的种子、化肥、农药等农资，以满足其在种植阶段的农资需求。最后，丰收人合作社将贷款预购的农资送到农户所在村屯，并提供种植技术指导。同时，丰收人合作社与申请贷款的农户签订粮食回购协议，以解决农户"售粮难"的问题。

---

① 农户之间相互连带担保获取贷款，一户出现信用不良或者相关问题，其他 4 户都有连带责任。在这种模式下担保人从中没有任何的利益所得，反而承担着巨大的风险。

② 农加网是黑龙江省政府主管部门打造的以农地产权流转为核心的土地流转的管理系统及综合信息平台。

③ 证券日报.《闭环操作破解农村征信难 云南信托蹚出农贷新路子》［EB/OL］.（2018-01-19）. http://finance.ce.cn/rolling/201801/19/t20180119_27800168.shtml.

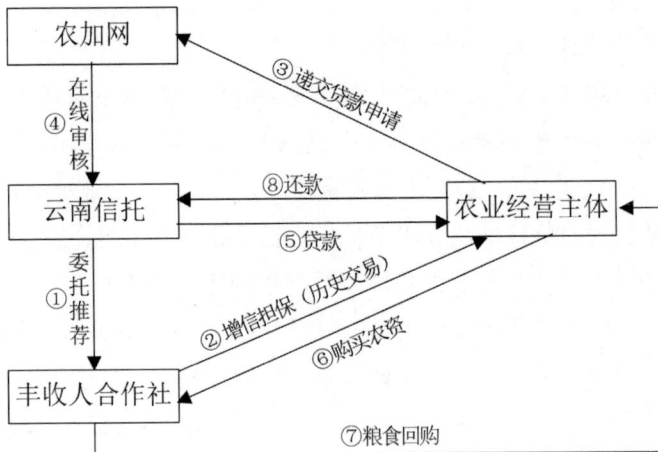

图 7-6 产业链信托增信担保融资模式的交易结构

Fig. 7-6　The Transaction Structure of Industry Chain Trust "Credit Enhancement and Guarantee" Financing Mode

三、信托融资治理结构的比较分析

治理是制定规则、化解冲突、实现参与主体共同利益的行为（陈东平、高名姿，2018）。农地金融供给中的治理结构主要是指相关利益主体之间为实现融资目的所订立的契约关系，以及由融资契约关系引申出的权利、责任及利益的配置。最优的融资机制设计和治理结构应当以最小化的信息成本，缔约、履约和监督执行成本，有效率地完成融资交易（姜美善等，2020）。前文已经述及，在我国农地具有较高的资产专用性、不确定性和较低的交易频率，农地产权交易市场成为一个薄市场（郭忠兴等，2014；李宁等，2016）。在农地细碎化、农地价值评估体系不健全、农地流转市场不完善等约束下，农地流通、变现相当困难，导致农地抵押贷款实施中面临较高的处置成本、贷款监督和契约执行困难、信息不对称等诸多难题（李韬、罗剑朝，2015；胡士华等，2016；梁虎等，2017），这直接限制了"三权分置"产权制度改革中农地融资赋能的权能有效实施。因此，完全通过农业经营主体与银行直接对接的市场治理机制，实现农地金融供给创新、解决农业经营主体生产融资难题并不现实。

以往相关研究表明，一项融资模式运行成功与否的关键在于其融资机制设计是否能够弥补抵押品缺失（张庆亮，2014），是否能够有效降低信息不对称程度、融资交易成本和交易风险（刘西川、程恩江，2013；陈红玲，2016）。农地金融创新中如果无法单纯依赖产权界定和市场交易的市场机制实现资源有效配置，那么则需要政府（层级组织）或介于市场和政府之间的中介组织介入（孙新华、宋梦霜，2021）。通过第三方中介组织的迂回交易来修正和改变制度与交易成本的关系，实现间接定价成本取代并降低直接定价成本的格局（罗必良，2019）。农地经营权信托金融供给的融资机制设计中，通过引入信托机构作为第三方组织，在农地经营权集中信托流转的条件下，建立农业经营主体、信托机构、合作金融机构、政府等主体共同参与的融资交易结构，并形成不同的信托融资治理结构，降低农地经营权信托融资机制运行中的信息、缔约和监督执行等融资交易成本和交易风险。结合上文对农地抵押贷款融资实施困境，以及农业产业链信托融资典型实践模式运作流程和融资交易结构的分析。接下来采用比较分析方法，通过对比农地抵押融资和农业产业链信托融资两种不同融资路径，以农地抵押贷款模式为参照，着重分析农地经营权信托融资典型实践模式中，不同融资机制设计下的治理结构及特征（表7-3）；以及信托融资机制设计对降低融资交易成本和交易风险的影响作用；并进一步总结讨论农地经营权信托融资的实践经验及问题。

（一）直接融资的市场治理结构及特征分析

"中信·兰西"模式采取信托机构向转入土地且有融资需求的规模经营主体直接发放贷款的直接融资方式。该模式借贷双方直接合作的融资治理结构可视为市场治理，即借贷双方在贷款审查、放款后监督、风险管控等主要融资交易环节都是基于市场机制自发调节完成的。"中信·兰西"模式在土地经营权信托流转的基础上，以信托项目所拥有的土地经营权为基础资产，进行土地证券化改革。信托机构基于土地流转环节对规模经营主体进行考察，全面掌握了规模经营主体的信用状况、资金实力、经营能力等信息，为甄别和筛选出符合放贷要求的经营主体提供了依据，降低了借贷双方的信息不对称；中信信托充分利用自身较强的金融服务优势，对符合要求的农业经营主体进行直接融资，突破传统农地抵押贷款模式较为复杂的中间交易环节，降低了融资成本；同时，借助农业产业链上的合作关系和管理技术对贷款主体信贷资金利用情况，如土地租金支付、农资购买等资金动向等实施监督控制。

表7-3　不同融资机制设计下的治理结构及特征对比

Tab. 7-3　Comparison of Governance Structure and Characteristics
under Different Financing Mechanism Designs

融资路径		农地抵押贷款	产业链信托融资		
			"中信·兰西"模式	"兴业·延津"模式	"云南·宝清"模式
融资机制设计		农地经营权抵押或经营权抵押+第三方担保；但受限于农地资产价值低；抵押物流动性、变现能力差、处置难，贷款申请程序繁琐等	①直接融资，突破农地抵押贷款模式较为复杂的中间交易环节②贷前考察和信用信息搜集③贷后信贷资金利用监督控制	①信托收益权质押提高抵押物的流动性和可处置性②合作社股东担保+政府担保③合作农企协助银行从粮食收购款中代扣合作社贷款本息	①以实际发生的历史交易数据为放贷依据②利用核心农资供应企业与农业经营主体间的合作关系设计融资交易结构
治理结构	参与主体①	农户+银行（+担保主体）	农户+信托机构+哈交所+规模经营主体	合作社+信托机构+合作银行+合作农企+政府	农业经营主体+（政府信息平台）+信托机构+核心企业
	结构特征	市场治理为主或引入第三方担保的混合治理	市场治理为主	"市场+层级②"混合治理	网络治理

　　"中信·兰西"模式的融资治理结构，虽然没有直接体现出政府在参与融资交易过程中发挥的作用。但是从农业产业天然的弱质性和政府职能角度来看，必要的财政资金投入是管控和降低农业经营风险、信贷风险不可或缺的重要物质基础。兰西县政府提供专项资金支持和财政补贴、由信托机构牵头开展土地整治及农田基础设施等项目建设，整合分散细碎的土地，提升了耕地质量等级，这有效降低农地地理位置固定的资产专用性程度，使农地经营权流转市场打破村组内部交易限制，扩大了交易半径，提高了农地流转契约缔结成功的概率。农地可交易性提高、处置成本降低有利于增加农地资产评估价值，从而提高金融机构的放贷意愿和放贷额度。从上述案例中可以看出，无论是传统农地抵押

----

① 该处交易结构中的"参与主体"为本章文中典型信托融资模式运行中融资交易环节的参与主体，而非农地经营权信托土地流转和金融供给全过程环节中的参与主体。

② 信托融资治理结构中的"层级"是指除借款主体（如合作社等规模经营主体）和贷款主体（银行等金融机构）之外的第三方组织（如政府、信托机构、担保机构等）。

贷款推行，还是农业产业链信托融资实践，政府在农业融资创新中都发挥了重要作用。但政府在农业融资中发挥作用并不等同于通过行政力量强制性进行干预，因为缺乏利益联结和激励约束机制的金融供给必然导致长远发展动力不足。从"中信·兰西"模式产生和运行的整个过程来看，优化农业金融创新的政策环境、加大农地基础设施建设投入、保障农业社会化服务供给、构建农村信用信息服务平台等是政府发挥作用的重要领域。

（二）信托收益权质押融资的混合治理结构及特征分析

"兴业·延津"模式融资治理结构为市场治理和层级管理的混合治理结构。一是市场治理方面。兴业信托利用信托制度的财产隔离功能，将土地所有权、经营权和收益权"三权"分离，并通过权利转化，将难以抵押的土地承包经营权转换为信托财产收益权，将信托收益权质押给兴业银行为农业经营主体贷款提供担保。在信托收益权质押融资中，贷款质押物为一种权利关系而非农地等不动产实物质押，是以信托财产可带来的预期稳定现金流作为保证，使其成为可在市场上交易的金融产品，因而增强了抵质押物的流动性和可处置性。信托财产收益权嵌入治理结构有效提高了农业经营主体的信用能力，通过对农地经营权进行资产信托化，设立自益型土地财产权信托，有效规避了农地抵押贷款中抵押物不易变现、流动性差以及较高资产专用性等问题。二是联合层级管理的治理结构，在借贷双方主体之外引入第三方担保，由合作社股东和石婆固乡政府为借款人承担连带责任，与合作银行签订个人保证合同，由第三方担保主体对借款人进行监督，减少了机会主义行为发生。

（三）增信担保融资的网络治理结构及特征分析

"云南·宝清"模式的融资治理结构体现出网络治理的特征。新制度经济学中的网络治理结构采用市场机制、层级契约机制和信任合作机制等多种治理机制的有机组合来降低治理成本，达到治理目标。网络治理结构中既包含各方交易主体之间形成的正式契约关系，也包含诸如历史声誉积累、交易惯例、信任等在内的非正式隐含契约关系。网络治理通过发挥正式契约的激励约束机制，协调交易主体各方合作关系，同时也关注整个关系链，强调利益相关主体共同参与，发挥隐性契约的作用，保证交易合作各方协同互动。

在"云南·宝清"模式中，首先云南信托与熟悉当地种植情况的大型农资供应核心企业合作，以丰收人合作社在农业产业链上游与农户真实的历史交易关系为信用依据，通过历史交易数据客观地反映出农户的经营状况和信用状况。

融资交易中采用核心农企为历史信用良好的贷款农户增信担保的形式，发挥非正式隐性契约关系在融资治理中的作用，有效规避了传统农地抵押贷款或严重依赖个人信用的"联保"模式中抵押担保不足等问题。其次，云南信托与政府信息平台"农加网"合作，对农户贷款申请进行审查、管理和监督，体现出层级管理机制的特点，但贷前增信担保环节减少了融资征信的成本，通过在线审核监管也避免了层级管理环节多、效率低等问题。最后，云南信托利用农户和农资供应企业以往交易惯例和合作关系特点设计融资交易结构，通过签订农资采购、农产品回购等契约，强化附着在产业链条上利益主体之间的业务关系和利益联结，产生"相互抵押""多边锁定"的效果，导致契约各方相互监督，充分发挥了市场机制的调节激励作用。因此，"云南·宝清"模式调动了融资交易主体之间的联动性和共赢性，形成农业经营主体获得了价格合理便捷安全的金融服务，核心农业企业扩大了农资销售量，信托机构拓展了业务范围这一多方共赢的局面。

四、信托融资交易成本及风险比较

（一）信托融资交易成本比较分析

农业融资交易成本主要包括：一是贷前的信息获取和审查成本。不同信托融资机制设计对信息获取成本的控制手段是有差异的（表7-4）。"中信·兰西"模式中兰西中信公司作为土地经营权信托财产的集合者和资源整合者，是一个集资金、技术、信息和管理等要素的资源整合平台。在土地经营权规模集中后，兰西中信公司通过对农业经营主体的生产经营能力、资信水平、财务状况等进行评估，在前期获取了农业经营主体较为充分的信用信息，依据获取信息筛选出规模实力较强、信用等级较高的农业经营主体作为合作对象。"兴业·延津"模式采用农户以土地入股成立合作社的形式，提高农业生产的组织化程度，以合作社股东发起人代替农户成为承贷主体，有效解决了传统农地抵押融资面向小农户"单户考察""单笔授信"过程中，因信息不对称导致征信成本过高的难题。"云南·宝清"模式则是采用推荐制度，利用龙头企业与农业经营主体间的合作关系和直接利益关联，由丰收人合作社推荐农户贷款，并利用其信用外溢为申请贷款的农户提供增信担保，有效减少了对申请贷款主体的信息搜寻和信用评估成本，解决了传统农地抵押贷款融资征信难的问题。同时采用"互联网+产业链信托融资"的普惠金融模式，在丰收人合作社的担保和协助下，有贷款需求的农户通过农加网在线提交申请材料，避免了传统线下贷款流程手续复杂、隐性成本高、放贷迟缓等问题。依托农加网，云南信托可以随时在线调取贷款申请人的信用档案并进行审核，对符合申请条件的农户在线签约、放贷，大大缩短了放贷时间，保证了农户贷款获取的及时性，高效率、低成本地满足了农户的融资需求。

表 7-4　不同融资机制设计下的融资交易成本及特点对比

Tab. 7-4　Comparison and Characteristics of Financing Transaction Costs
under Different Financing Mechanism Designs

融资路径		农地抵押贷款	产业链信托融资		
			"中信·兰西"模式	"兴业·延津"模式	"云南·宝清"模式
交易成本	贷前信息获取和审查成本	单户考察、单笔授信，征信成本高	①贷前搜集农地经营主体信用信息，综合评估其信用水平 ②筛选出规模实力较强、信用等级较高的作为放贷对象	土地入股成立合作社，提高了农户组织化程度，降低征信成本	①采用推荐制度，减少对申请贷款主体的信息搜寻和信用评估成本 ②在线申请、审核放贷的形式，简化贷款申请流程
	贷后资金使用监督成本	监督众多小农户的贷款使用，成本高	对农业生产各环节的技术指导、生产管理和信贷资金使用情况的监督控制	集中放贷，对合作社进行监督，降低对信贷资金使用的监督成本	信贷资金专项使用，"见物不见钱"最大程度地节约资金的管理监督成本

　　二是贷后资金的管理监督成本。"中信·兰西"模式中兰西中信公司联合省农科院和哈交所，为农业生产引入高水平的全产业链农业社会化服务，提高玉米种植的科技水平和专业化能力的同时，也实现了对玉米种植各环节的技术指导、生产管理和信贷资金使用情况的监督控制。"兴业·延津"模式中承贷主体是合作社（发起人）而不是小农户，采取集中放贷的形式，改变了传统农地抵押贷款中金融机构对众多小农户贷款使用监督的现状，转变成对合作社的监督，从而降低了信贷资金监督管理的单位交易成本。"云南·宝清"模式中农户申请所获贷款直接用于向丰收人合作社支付农资采购费用，农户"见物不见钱"，防范了信贷资金被挪用的风险，完全实现了信贷资金的专项使用，最大程度地节

约了资金的管理监督成本。

（二）信托融资交易风险比较分析

农业融资信贷风险主要包括影响借款人还款能力的自然风险和市场风险，以及贷款违约风险。传统农地抵押贷款只是暂时缓解了农业经营主体生产中的资金约束，并未提升其农业生产抗风险能力，因而经营失败后抵押贷款违约的可能性较大。农业产业链信托融资模式通过多种举措达到防范信贷风险的目的（表7-5）。

首先，通过农业基础设施建设投入、农业科技服务和农业生产服务提供，增强农业经营主体抵抗自然风险的能力。如"兴业·延津"模式中在市政府的引导支持下成立农业企业并加大对农田水利、道路等基础设施建设改造，提供专项资金支持和财政补贴，并联合科研院所和市农技推广中心对农业生产提供全程指导。"云南·宝清"模式中农之家农业贷款信托项目除了为申请农业种植贷款者提供信贷资金外，还为其提供从农资供应、技术指导等农事服务，从而提高了农业生产的科技水平和专业化能力。

其次，采用订单农业有效规避市场信息不对称造成的农产品滞销，以及农产品价格波动造成的市场风险。三个案例中均是采用与农业经营主体签订粮食采购订单，通过控制和稳定粮食销售从产业链末端保证农业产业链信托融资的良性运行。如"中信·兰西"模式中利用哈交所在市场信息和农产品交易平台的优势，对产后农产品进行订单收购，降低农业经营主体面临的市场风险，增强了其偿还贷款的能力。"兴业·延津"模式中合作农业企业均是颇具实力的大型粮油采购、加工企业，订单农业不仅稳定了公司粮源，而且稳定了玉米收购价格，减轻了市场价格波动对农业经营主体的冲击；并利用自身在市场信息方面的优势，为经营主体提供农产品价格、销售等信息咨询服务，降低农业经营主体面临的市场风险。而"云南·宝清"模式中农户与丰收人合作社之间签订粮食回购协议，解决农户"售粮难"问题的同时，也增强了农户信贷资金还款能力。

表7-5 不同融资机制设计下的融资交易风险及特点对比

Tab. 7-5 Comparison and Characteristics of Financing Risk under Different Financing Mechanism Designs

融资路径		农地抵押贷款	产业链信托融资		
			"中信·兰西"模式	"兴业·延津"模式	"云南·宝清"模式
交易风险	自然风险	农业经营主体抗风险能力差	①建设现代农业示范园区、土地整治 ②引入全产业链农业社会化服务，提高农业种植的科技水平和专业化能力，增强风险能力	①农田水利、道路等基础设施建设改造 ②提供大型农机服务 ③联合科研院所等对农业生产提供全程技术指导	①农资供应 ②农业技术指导
交易风险	市场风险	市场信息不对称，受农产品市场价格波动影响大，农产品销售难	①利用哈交所市场信息和大宗农产品交易平台优势 ②农产品订单收购，降低经营主体的市场风险，增强其偿还贷款的能力	合作农企实行订单收购，稳定玉米收购价格	粮食回购，解决农户的粮食销售难题
	信用风险	违约、延迟还款风险高	信贷资金在产业链上封闭运行，降低农业经营主体贷款违约风险	闭环的信贷资金运行机制，通过"代扣划款"保证了信贷资金回款	农资赊销、粮食回购业务形成一个闭合回路，保证信贷资金的安全性

最后，利用农业产业链上参与各方互利互惠、相互制约的交易关系，使信贷资金在产业链上封闭运行，降低农业经营主体贷款违约风险。在农业产业链信托融资模式下，产业链条上各利益主体间建立的激励约束机制，使各主体形成风险共担、共负盈亏的利益共同体。如"兴业·延津"模式利用农业种植合作社分别与兴业银行的债务关系、与合作农企的购销关系，设计了闭环的信贷资金运行机制，通过"代扣划款"的形式保证了信贷资金回款。而"云南·宝清"模式则是捆绑了丰收人合作社与农户之间的农资供应关系和信用担保关系。云南信托通过控制农业产业链上、下游农资赊销和粮食回购两个环节，业务闭合使信贷资金在产业链上封闭运行，不仅提高了资金的使用效率，而且保证了

信贷资金的还款。

但值得注意的是，这些农业产业链信托融资模式的平稳运行紧密依赖于农业产业链上利益主体之间相互合作、相互制约关系。一旦农业产业链条上某个交易环节出现信用链断裂问题，很可能引发系统性风险。因此，这对农业产业链信托融资融资结构的设计要求很高，必须结合不同地区的现有资源、产业链上、下游参与者之间的交易关系特点等设计具体的融资机制。从国内已有的实践案例及国外其他农业产业链信托融资模式的发展经验来看，借助农业产业链上参与主体间的历史交易关系、建立合理的契约关系，引入商业保险机构以及建立风险保障金制度等都是防范农业产业链信托融资模式运行风险的有效措施。

第四节　本章小结

农地经营权信托以土地经营权流转为核心，为保障农民土地权益、获得稳定的财产收益，使土地真正成为农民可携带的资本提供了可能性。同时，也为灵活运用金融工具、设计融资机制，满足农业经营主体的融资需求提供更多实践创新空间。随着金融信托介入农地经营权流转市场后，土地流转契约期限的延长，农业生产不同环节和上下游产业之间的关联性日益紧密，参与主体的利益联结机制形成等，这些都为信托机构基于长期稳定的交易而进行系统性的融资安排提供了创新可能性。信托机构通过考察农业产业链上参与主体之间的内部交易结构，整合农业产业链上的利益相关主体，包括农户、农业企业、农资公司和农产品收储和加工企业等，创新农业生产组织形式和融资机制，为农业经营主体提供金融服务支持，从而增强其自身的造血功能，这为破解农业经营主体"融资难"问题提供了新的思路。

但不可否认，当前农业产业链信托融资模式多在农业规模化经营、产业化发展程度较高地区进行尝试，分析其原因：一是这些地区农业经营主体的种植能力和盈利水平较高，这直接关系到信贷主体的还款能力，从而降低了贷款违约的发生比率；二是农业经营主体规模经营面积大，农资采购等生产环节的资金需求量大，增强了信托机构的融资意愿；三是农业产业链上下游延伸为信托机构引入资金、信息、管理等要素形成产业链上各主体间紧密的利益联结关系创造了条件。中国各地农地规模化经营程度差异很大，农业产业化发展路径也不尽相同，农业产业链信托融资模式又处于起步发展阶段。因此，实践中不能照搬硬套，应因地制宜地结合各地方实际情况进行探索创新。

总结本章的研究结论有以下几点：

（1）从当前农地金融供给的总体情况来看，大多数农业经营主体的生产融资需求无法从正规金融机构和非正规（民间）借贷中得到满足。农地产权制度改革下农地抵押贷款作为金融供给的主要渠道，在实践推行中普遍面临农地作为抵押物市场价值低、处置变现难，农户小而分散导致融资交易成本高，农业弱质性使得承贷主体违约风险高等因素，并未显著改善农业经营主体的融资状况。（2）农地经营权信托融资机制设计下，通过信托土地资产资本化的方式，可将信托流转的农地经营权作为基础资产，通过信托土地资产证券化、信托财产收益权质押、信托增信担保等融资机制创新，为破解农业规模经营主体融资困境、拓宽融资渠道提供新的路径选择。（3）差异化的信托融资机制设计下形成不同的融资治理结构，如"中信·兰西"模式中信托直接融资下市场治理结构，"兴业·延津"模式中信托财产收益权质押融资下"市场+层级"的混合治理结构，以及"云南·宝清"模式中信托增信担保融资下网络治理结构。信托融资治理弥补了传统农地抵押贷款中抵押品缺失、处置困难、征信不足等融资机制设计缺陷。（4）农地经营权信托融资机制创新中，产业链信托融资作为主要实践路径之一，利用信托制度功能，以及农业产业链上参与主体之间的真实交易关系和利益联结关系，创新融资机制，解决了传统农地抵押贷款融资中抵押担保不足的难题；通过提高农业生产经营组织化程度、保证信贷资金在农业产业链上封闭运行，能够有效降低融资交易成本，提高信贷资金的使用效率。（5）产业链信托融资改变了以往传统农业融资模式中对单一承贷主体的审察监督，转变为对农业全产业链进行风险控制，采取农业基础设施建设、农业生产服务提供、订单农业等多种举措，有效增强了农业经营主体的抗风险能力，减少了信贷违约风险发生。

第八章　总结与政策建议

第一节　研究结论

"三权分置"改革重要突破和创新在于"放活经营权"并对土地"还权赋能"，目的在于激活土地的财产性功能和资本价值，在保障农民土地权益的前提条件下盘活土地资源要素市场，使土地经营权在更大范围内实现优化配置，以及通过土地资本化的方式破解农业融资难题。"三权分置"下农地经营权信托通过构建土地市场化流转机制和创新农地金融供给融资机制，为保障农民土地财产收益、提高农地资源配置效率、拓宽农业规模经营的融资渠道开辟了一条新的实践路径。本书沿着"现实问题—实践模式—形成机理—运行机制—政策建议"的逻辑主线，主要通过理论分析和实证案例梳理总结了"三权分置"下农地经营权信托已有的特征事实和发展演进逻辑；并从参与主体微观角度刻画农地经营权信托形成过程中利益相关主体博弈的动态演化关系，揭示农地经营权信托的形成机理和运行的内在逻辑；重点研究探讨了农地经营权信托以"土地流转"和"金融供给"为核心内容的运行机制和治理结构问题。纵观全篇各章节内容，本书的主要研究结论如下：

（1）农地经营权信托在实践中形成了"经营权流转——土地综合整治——经营权再流转"的基本运作流程，具备了"土地流转"和"金融供给"两项基本功能，契合了农地"三权分置"改革中提高土地资源配置效率、创新金融供给机制等制度设计的目标需求。农地经营权信托模式发展的总体趋向是从"政府主导"到商业信托参与的"市场主导"逐步演变。从形式上看，政府主导型和市场主导型农地经营权信托模式的不同在于是否引入商业信托机构，但本质上利用政府逻辑还是市场逻辑去解决农地流转中遇到问题，以及如何处理好政府和市场的关系，形成良好的治理结构从而更好地配置农地市场要素，提高资源利用效率的问题。土地流转方面，从农地经营权信托模式的实践历程来看，无论是"政府主导型"还是商业信托参与的"市场主导型"农地经营权信托模式，土地流转机制运行基本形成了统一的模式：即将农户分散的土地经营权进行归集整合，作为"财产权信托"集中于信托机构管理，再由信托机构租赁给新型农业经营主体，实现土地规模化经营。无论是政府直接参与推动还是政府引导、组织协调，政府在土地经营权信托财产集中方面都有着不可替代的作用。这既是土地细碎化客观条件约束下降低土地流转交易成本的必然要求，也是政府出于发展地方经济、加强市场监管、平衡各方利益等目标的综合考量。金融供给方面，政府主导下的农地经营权信托模式解决土地整治、农田基础设施建设、农业经营主体信贷等金融供给不足的问题，主要依赖行政手段和政府信用。市场主导下商业信托机构参与的农地经营权信托模式，解决融资问题使得主导力量从以往单一的"政府主导"向"政府与市场并重"的方向发展。但从当前商业信托参与的农地经营权信托实践来看，由于商业信托参与农地流转尚处于实践探索阶段，其业务范围主要以土地流转事务管理为主、资金融资型信托为辅。资金信托介入主要是为了保障土地流转信托项目运行的资金需求，以及为信托收益分配提供流动性支持，仅有少量信托计划为有融资需求的农业经营主体提供金融支持。

（2）农地经营权信托的形成是一个涉及多元参与主体相互博弈的过程，将各主体多元分散的利益诉求进行协调和整合，构建激励与约束、发展与竞争、合作与监督等机制，从而实现利益博弈均衡的"帕累托改进"结果。农地经营权信托的形成离不开政府的政策支持和引导推动，受到"自上而下的强制性制度变迁"的外在推力作用。但从农地经营权信托形成的动态演进过程来看，参与主体基于自身禀赋异质性，出于不同的行为动因和利益诉求，为追求自身收益的改善而寻求合作则是该模式形成的内生动力来源，其本质上是一种具有自发性和内生性的农地流转和金融供给制度创新模式。农地经营权信托的形成是一个涉及地方政府、信托机构、村集体、农户和新型经营主体等多元参与主体相互博弈的过程。在政策制定阶段，地方政府和信托机构基于"鼓励与控制"的博弈关系，以提高农地资源配置效率、创新金融供给机制、追求自身经济收益等为主要目标和利益基点进行博弈。地方政府的支持政策对信托机构参与农地流转金融创新具有典型的信号示范效应。信托机构的策略选择除了受到可获得的直接和间接收益影响外，来自政府的经济激励强度和违规惩处力度也对其策略选择也显现出明显的"奖抑效应"；地方政府的策略选择受到显性政绩提升等正强化积极刺激，同时也受到风险成本及处罚成本增加等负强化厌恶刺激的影响。土地流转组织动员阶段，地方政府和村集体以及村集体和农户分别基于"发展和背离"的、"依赖和竞争"的博弈关系，以降低农地流转中社会治理成本和风险因素，促进村级经济发展、获得职位晋升和经济奖励，争取更多土地财产性收益等为主要目标和利益基点进行博弈。农地经营权信托项目实施具有增加地方政府和村集体组织经济收入的福利衍生效应，同时也自带增加额外隐性收入和非农就业机会等隐性红利预期，这些是影响该阶段地方政府、村集体和农户三方博弈均衡结果实现的关键核心因素。土地流转实施运行阶段，农户与信托机构以及信托机构与规模经营主体分别基于"合作监督""合作与制约"的博弈关系，以追求稳定的土地流转收益、保障土地财产安全，获得财产管理收益和融资收益、维护公共利益，增加土地规模经营收益、获得更多政府补贴、资金支持等为主要目标和利益基点进行博弈。在整个博弈过程中，参与主体在不同阶段平衡相互之间的利益关系，重新配置土地、资本、技术和管理等资源要素，协调、交易以及分配权责利关系，将各参与主体多元分散的利益诉求进行协调和整合，通过构建激励与约束、发展与竞争、合作与监督等机制，促使利益主体之间达成合作共赢的演化稳定策略。

（3）农地经营权信托的土地流转机制设计以及"政府+市场"的混合治理结构，有利于降低土地流转交易成本、提高资源配置效率，并在参与主体之间建立激励约束机制，平衡了各方的权责利关系。由于农地经营权流转中存在农地产权制度供给不足、农地交易市场机制缺失以及政府过度干预等引发的"政府失灵"和"市场失灵"问题，导致农地资源市场化配置的效率损失。农地综合整治和农田基础设施配套建设是农业现代化发展和规模经营的基础条件，但其较强的专用性资产特征和"准公共物品"属性导致市场机制在调节资源配置方面存在较高的交易成本，引发"市场失灵"问题；政府在农地整治项目投融资和后期管护中经常处于干预无效的状态，导致"政府失灵"问题，造成农地综合整治和基础设施建设的投融资困境。农地经营权信托的土地流转机制运行是以农地经营权市场供需关系为基础，以解决土地流转和农地综合整治、基础设施投融资中的政府和市场"双重失灵"的问题为核心。由信托机构行使农地"中间管理权"，整合土地、资金、信息和管理等资源要素，辅以农地整治、规划开发的项目投融资功能，形成"政府+市场"的混合治理结构，实现多元主体共同参与促进土地流转、提高资源配置效率目标的制度化安排。

首先，农地经营权信托土地流转机制设计通过构建农地信托流转市场化中介平台，解决了农地交易中的信息不对称问题，降低了土地流转交易成本；在不同产权主体之间构建利益联结、权责分配和风险防范机制，平衡各方利益。同时，通过市场化契约对农地流转的整个环节和过程实施控制和监督，降低土地流转交易风险和不确定性。其次，构建自由而有激励约束的治理结构，合理划分政府和市场在土地资源市场化配置中的职能边界，减少政府过度行政干预对市场机制作用的干扰，更好地发挥信托作为市场机制配置资源要素的功能作用。最后，在土地经营权集中流转的基础上，发挥信托机构投融资平台的职能，构建农地整治项目投融资机制，形成多元资金投入机制，缓解了农地专用性资产投资不足的问题。建立合理的利益分配机制，形成互利共赢机制，提高了农民和集体的财产性收入，通过经济激励调动利益相关主体参与土地流转和农地综合整治的积极性。同时，明确信托机构作为农地整治项目后期管护的主体和责任，有效解决了政府单独投资承建土地整治项目以及缺乏必要的激励约束机制导致的"政府失灵"问题。但实践中，也存在由于政府过度渗入土地流转和农地整治项目投融资中，造成政府和信托机构职能边界不清，以及过度追求土地流转规模和速度导致市场机制作用难以发挥等问题。因此，完善农地经营权信托土地流转运行机制、形成合理的治理结构其关键问题在于如何处理好政府和市场的关系问题，使市场机制在资源配置中起决定性的作用，更好地发挥政府作用。

（4）农地经营权信托在土地流转的基础上创新融资机制，通过信托土地资产证券化、信托财产收益权质押、信托增信担保等融资机制设计，并在差异化的信托融资机制设计下形成不同的融资治理结构，为破解农业规模经营主体融资困境、拓宽融资渠道提供新的路径选择。当前大多数农业经营主体的生产融资需求无法从正规金融机构和非正规（民间）借贷中得到满足。农地产权制度改革下农地抵押贷款作为金融供给的主要渠道，在实践推行中普遍面临农地作为抵押物市场价值低、处置变现难，农户小而分散导致融资交易成本高，农业弱质性使得承贷主体违约风险高等因素，并未显著改善农业经营主体的融资状况。

农地经营权信托金融供给创新中，引入信托机构作为第三方组织，以信托流转的农地经营权作为基础资产，进行信托土地资产证券化、直接融资、信托收益权质押、信托增信担保等融资机制设计，建立了农业经营主体、信托机构、合作金融机构、政府等多元主体共同参与的融资交易结构；并在差异化的信托融资机制设计下形成不同的融资治理结构，如信托直接融资下市场治理结构，基于市场机制调节融资契约关系中交易主体之间的权责利配置，减少了传统农地抵押贷款融资较为复杂的中间交易环节；信托财产收益权质押融资下"市场+

层级"的混合治理结构，有效规避了农地抵押贷款中抵押物不易变现、流动性差以及较高资产专用性等问题，并引入第三方担保，对借款人进行监督，减少机会主义行为发生。信托增信担保融资下网络治理结构，既发挥非正式隐性契约关系在融资治理中的作用，也避免了层级管理环节多、效率低等问题。并利用农户和农资供应企业以往交易惯例和合作关系特点设计融资交易结构，充分发挥了市场机制的调节激励作用。

农地经营权信托融资利用信托金融服务功能，以及农业产业链上参与主体之间的真实交易关系和利益联结关系，创新融资机制突破了传统农地抵押贷款融资中抵押担保不足的制约。通过提高农业生产经营组织化程度、保证信贷资金在农业产业链上封闭运行，能够有效降低融资交易成本，提高信贷资金的使用效率。改变了以往传统农业融资中对单一承贷主体的审察监督，转变为对农业全产业链进行风险控制，采取农业基础设施建设、农业生产服务提供、订单农业等多种举措，有效增强了农业经营主体的抗风险能力，减少了信贷违约风险发生。但是，农地经营权信托融资机制创新实践还面临诸如农业规模经营和产业化发展程度，农业经营主体信用信息、农业保险体系等客观现实约束，实践中需要因地制宜、审慎推进。

第二节　可能的创新、不足与展望

一、研究可能的创新点

（一）研究视角

要基于经济学、管理学等学科理论基础，从农地经营权信托参与主体微观角度切入，采用动态演化博弈分析方法，对不同参与主体在农地经营权信托形成过程中的角色定位、利益诉求以及博弈关系进行分析，得出影响利益主体行为策略选择及博弈均衡结果的变量，揭示出农地经营权信托形成的内在动因和运行机制，为构建多元主体共同参与的农地经营权信托激励机制与约束机制提供了理论支撑，拓展了相关研究的学科视角。

（二）思路框架

借鉴机制设计理论的基本思想，确立了"机制设计目标—客观现实约束—运行机制设计—治理结构选择"农地经营权信托运行机制的分析思路；并结合农地经营权信托实践，借助机制设计理论对研究问题、内容、涉及的研究理论进行整合，使本书研究具有整体性和一致性；依据机制设计有效性的标准，从"信息有效性"和"激励相容性"两个维度构建了"三权分置"改革下农地经营权信托"土地流转"和"金融供给"运行机制研究的分析框架。为今后相关问题研究提供了思路框架借鉴。

（三）研究选题

围绕农地经营权信托"土地流转"和"金融供给"运行机制的核心内容，探讨了"三权分置"制度改革下农村土地与金融融合发展机制与实现路径。通过"农地经营权流转—土地综合整治—农地经营权再流转"这一农地经营权信托模式的基本运作流程，将农地经营权信托土地市场化流转、土地整治项目投融资以及规模经营主体生产融资的运行机制及治理问题有机衔接，增加了研究问题的整体性和全面性。

二、研究存在的不足与展望

（一）研究内容不足

农地经营权信托是"三权分置"制度改革下农地资本化的具体实践形式，是实现农民财产性收入增加的主要渠道。本书仅就"土地流转机制"运行中如何保障农民获得持续稳定的土地租金和土地增值等收益，以及"融资机制"运行中如何创新融资方式、拓宽规模经营主体的融资渠道进行分析，并未对如何做好农地经营权信托土地资本化制度设计，将农民有形、僵化的土地经营权转化为无形、可流动的资本收益权进行讨论。随着实践的进一步深入，今后研究中可以更多关注土地流转农户层面"活化经营权"的方式，如通过土地信托受益权质押为农户融资提供担保；以及在农民具备"完全市民化"的条件下，构建农地经营权"信托受益权退出机制"，以土地资产资本化的方式为农民市民化提供资金支持，真正将农民从固化的人地依附关系中解放出来，从而实现农村劳动力的永久性迁移。还有农地经营权信托运行中在土地流转和金融供给方面的风险识别、监控和防范等内容都值得进一步关注和讨论。

（二）研究方法局限

农地经营权信托从 2000 年至今已有 20 余年的实践历程，但从总体来看，全国实践地区呈现散状分布，相对于其他传统土地流转形式数量较少，可调查研究的样本数量有限。因此，本书多采用理论分析和案例分析等质性研究方法，对农地经营权信托的形成机理、运行机制和治理问题等进行探讨，缺乏定量方法对研究结论进行实证分析验证。今后研究中可以较多采集农地经营权信托模式实践的样本数据，在扩大样本数量的基础上，运用计量模型等量化分析方法，将访谈调查得出的结论通过定量分析进行验证，提高研究结论的科学性和准确性。

第三节　政策建议

为完善农地经营权信托的运行机制，保障农民土地权益和信托财产收益，提高农地资源配置效率，降低土地流转和金融供给的交易成本和交易风险，助力实现"三权分置"制度目标和农业现代化发展目标，综合全文内容和研究结论，提出以下政策建议。

一、完善农地经营权信托的运行机制

（一）厘清政府和市场的关系

开展土地经营权信托必须坚持"政府引导、市场运作"的原则，地方政府应重点做好服务、监管和保障工作。①宣传引导。在土地经营权信托项目设立初期，政府可从宏观方面提供指引性支持，做好制定扶持政策、开展政策宣传推广等工作，以及为参与各方提供市场信息，降低土地流转的交易成本。②监督审查。在项目运行中，政府应对土地信托机构和规模经营主体加强市场监管，严格参与主体的市场准入，对农地经营权信托参与主体的资质、能力、信誉等进行严格审查，规范市场主体行为，为土地经营权信托发展创造良好的市场环境。同时，地方政府、村集体和信托机构要联合做好农地经营权信托土地利用情况的监督，坚持按照"农地农用"、符合农业产业用地规划要求和土地用途规范开展农业生产经营，杜绝土地非农化现象发生。③税收优惠和风险防范。为参与农地经营权信托和农业产业化经营的公司或企业实行一定比例的退税政策；为规模经营主体提供政策性农业保险项目，降低其经营风险、增强土地租金支付能力；可通过设立土地经营权信托风险基金，由政府、土地信托机构和规模经营主体按照一定比例共同缴存，优先用于支付农户的土地流转租金，为维护农民的土地财产权益提供政策性托底保障。

（二）培育市场化的土地信托机构

土地经营权信托本质上是利用信托制度，将农地所有权、财产收益权和实

际经营权进产权分离，明晰各方权利人的信托法律关系，促进土地要素在更大范围流转，提高资源配置效率；并运用信托金融工具，多渠道融入各类资金，将其引流到农业生产部门。信托制度功能的发挥有赖于市场化的土地信托机构的发展，可借鉴法国的农业土地集团或日本的农业协会组织等经验做法，培育我国兼具"土地流转"和"金融服务"的农村土地信托银行，使其成为独立运行的市场主体，开展土地经营权信托业务，为土地流转供求双方主体提供信息共享、法律咨询；制定科学合理的农地经营权流转价格评估体系，按照市场化的原则，建立动态化的价格调整机制；开展土地整治、农地生态环境保护、融资信贷以及农资购买和农产品销售等综合服务。

（三）构建参与主体之间的利益均衡机制

农地经营权信托形成与稳定运行的关键在于在参与主体之间建立互补互惠、互利共赢和风险共担的交易结构和利益联结关系，构建规范化、制度化的经济激励、监督控制以及信息互动反馈机制。农地经营权信托契约制度构建兼顾多方参与主体利益诉求的同时，也要不断改进和拓展参与主体利益诉求的制度化表达渠道，尽可能减少和避免农地经营权信托形成和运行中的矛盾冲突，促使利益主体之间实现利益均衡。

（四）拓宽土地综合整治项目的融资渠道

针对农地整治的公益性、基础性及投资回报的长期性和低收益性，政府应提供一定的政策资金支持，可尝试引入 PPP 模式，由政府购买服务的方式将土地整治任务和政策资金交于企业进行运营管理。也可以通过特许经营协议（BOT）模式，由企业负责承建土地整治项目以及所需的资金投入，政府根据合作协议可给予企业获得建设用地指标交易收入或新增耕地的使用权，规定特许经营期限并限定最低指标收购标准。企业进行土地整治项目达到标准后由政府验收。从而减少政府在项目建设中的初始资金投入，减轻地方政府的经济压力。

（五）创新农业经营主体融资路径，做好配套服务

为拓宽农业经营主体的融资渠道，政府应继续鼓励通过土地资产证券化等形式，灵活运用信托等金融工具创新融资路径。注重培育农业产业化组织体系，引导和鼓励多元主体合作经营，以提高农业生产的组织化程度，为降低农业融资交易成本创造市场条件；加大农业基础设施建设的投入，健全农业社会化服务体系，提高农业经营主体的抗风险能力，进而提高其偿贷能力、降低融资交易风险；进一步做好支持农业金融创新的制度保障，通过建立健全现代产权制度，为产业链信托融资模式运行中各类资源要素的组合配置、自由流动提供配套的法律制度保障；延长农业产业链，创新融资机制，拓宽融资渠道。信托机

构在农地经营权信托运行中作为各方参与主体的联结者，有利于形成完整的农业产业链条，形成"信托机构+核心企业+上下游经营主体"的模式。信托机构可联合银行等其他金融机构设计符合农业产业链上参与主体融资需求的金融产品，采用信用担保等方式为产业链上信用等级高、经营状况良好的农业经营主体提供融资服务，解决农业经营主体融资缺乏抵押物、担保不足的问题。

（六）科学研判和合理规划农地流转的规模和速度

推进土地经营权集中流转要因地制宜，地方农业机械化水平和农业生产条件等决定了土地流转规模和经营规模，而二三产业发展水平、农村劳动力的转移程度等则决定了土地流转的速度。因此，不能盲目片面追求土地流转的规模和比例，务必要做好土地流转工作的前期市场调研。

二、健全农地经营权信托运行机制的相关法律

（一）制定完善农地经营权信托流转法律法规

农地经营权信托运行是多方主体以"土地经营权"作为信托财产发生的委托、管理和使用的社会经济活动，内容覆盖面广，包含土地产权交易、土地整治、投融资服务等多项业务，涉及农业、财政、金融等多个相关职能部门。该模式的稳定运行离不开法律支持、规范和监督。然而，从目前我国现行法律来看，与农地经营权信托流转相关的法律主要有《农村土地承包法》《土地管理法》《物权法》《信托法》等，但这几部法律中都未有直接针对农地经营权信托流转中的主体权责、实施操作等法律条款，缺少法律依据必然会影响该模式的实践深入开展。反观借鉴其他国家经验，实践比较成熟的国家和地区都有专门立法为农地流转服务提供法律支持，如法国在 19 世纪 60 年代建立了 SAFER（法国土地治理和乡村建设组织），机构主要功能包括土地交易、促进土地可持续发展和环境保护，作为中介机构为交易双方匹配信息、土地开发整理和金融信贷服务等。法国的《土地方向法》和《农村法令》中一些条款对 SAFER 的职能进行直接规定，并随着 SAFER 实践内容的变化对相关法律条款进行不断修正。同样，日本在《信托法》《信托业法》等普通信托法律之外专门设立《土地信托法》为土地信托银行的运行提供法律体系保障。因此，我国也应制定完善与农地经营权信托相关的专门法律，做好相关法律内容衔接，比如在现行的《农地土地承包法》中将农地经营权信托流转以法定形式加以确立；在《信托法》中明确农地经营权信托财产标的、当事人权利、义务、利益分配等内容；或单独设立"农地经营权信托法"为农地财产权信托的设立、运行以及退出等

提供专门法律支持。

（二）明确产权细分后"经营权"的权利内容和权能边界

"三权分置"是农地经营权信托实践中土地有序流转和金融供给创新的制度基础。"三权分置"明确了农地产权结构，各层级产权的功能和制度目标也有清晰的设定，但"承包权"和"经营权"分置后，两项权利的法律关系和权能边界在法律上并未有明确界定。农地经营权信托是在"经营权"上设立的财产权关系，信托机构以土地信托机构设定信托，或以经营权融资等活动开展都需要在法律上明确土地经营权作为独立财产权以及其权利的具体内容。当前农地确权是对农民持有的土地承包经营权进行登记颁证，农地经营权信托设定后，农地实际经营者获得的土地经营权却没有进行产权登记。权利不明确又无产权证书严重制约到农地经营者以经营权融资的实践。相较于对农户土地承包经营权所享有的权利进行确权颁证，在法律上明确农业规模经营主体获得的土地经营权的权能显得更为迫切。因此，"三权分置"制度改革应在厘清农地产权结构的基础上进一步明确各项权利内容和权能边界加以确认，并对信托流转土地经营权进行登记颁证，为信托机构、规模经营主体开展土地经营和融资等活动提供法律支持和产权凭证。

（三）建立健全农地经营权信托登记制度

农地确权颁证是产权制度改革中强化农地物权保护的核心内容之一，也是农地经营权信托顺利推进的基本前提。在农地确权颁证的基础上应进一步建立健全农地经营权信托登记制度。从我国现行法律的相关规定看，《信托法》第十条明确规定"设立信托，对于信托财产，有关法律、行政法规规定应当办理登记手续的，应当依法办理信托登记"，"未依照前款规定办理信托登记的，应当补办登记手续；不补办的，该信托不产生效力"。《物权法》第一百二十九条规定"土地承包经营权人将土地承包经营权互换、转让，当事人要求登记的，应当向县级以上地方人民政府申请土地承包经营权变更登记；未经登记，不得对抗善意第三人"。物权取得、变更或丧失都必须进行登记、公示，是一条基本原则。土地经营权信托登记属于不动产登记的一项具体内容，应对土地经营权信托的目的、信托当事人的法律关系、信托财产管理和处分等内容进行统一登记并公示。这对规范农地经营权信托流转市场秩序，维护信托财产当事人的合法权益，增强农地经营权信托契约的法律效力等具有重要意义。

三、构建完善农地经营权信托运行的政策支持体系

(一) 完善农业保险政策体系

完善农业保险政策体系，发挥农业保险的风险分散机制作用。农业保险一方面能够分散信托机构作为财产受托人管理运营不善所承担的对应责任风险，另一方面保障农民作为委托人获得持续稳定的信托收益，还能够分散农业规模经营主体的生产经营风险，提高农业经营主体的抗风险能力，从而分散农地经营权信托的运行风险。因此，加大农业保险的政策支持力度，增加农业保险覆盖范围，提高财政资金对农业经营主体的保费补贴资金。健全农业经营风险补偿机制，建立由金融机构和财政资金共同缴存的风险补偿资金，对农业规模经营、融资信贷等风险予以补偿。

(二) 健全农村社会保障体系

农地经营权信托解除"人地依附关系"必须有健全的农村社会保障体系做支撑。农地作为农民家庭少有的资产，土地流转后农地承担的生产、生活及就业等社会保障功能被剥离，土地固定租金和增值收益如果不足以弥补农民的生存和发展需求，而农村社会保障体系又不完善，农民家庭很可能因土地流转陷入经济困境。因此，推进农地经营权信托流转需要构建完善的社会保障体系，应健全包括农村养老、医疗、就业以及住房安置等社会保障制度，弱化农地社会保障功能。如对土地流转后本地就业人员应该监督核查就业单位为其缴纳社会保险，提高农民养老补贴档次，特别是提高土地流转后不具备劳动能力的农民的社会福利，缩小城乡社会保障差距，为农地经营权信托实践创造良好的社会条件。

(三) 建设农村征信系统和信用评估体系

尽快建设统一的农村征信数据平台和新型农业经营主体信用评估体系。在农村互联网覆盖面不断扩大的条件下，应多渠道采集农业经营主体的生产经营信息和交易信息，并加强信息共享，为商业信托等金融机构支持农业产业化发展提供信用数据支持，解决金融服务中的信息不对称、信用信息缺失等导致的融资交易成本过高问题。逐步完善农业经营主体的信用档案，由政府和信托、银行等金融机构联合设立专门的农地经营主体信用评级机构，进行统一登记、调查和评级，为农业经营主体融资信贷提供资信证明。并完善信用评级奖惩制度，对失信主体进行惩罚、取消资信证明，增强农业经营主体的信用意识，构建良好的农村金融供给的信用环境。

参考文献

［1］［美］巴泽尔. 产权的经济分析［M］. 费方域，段毅才，译. 第 1 版. 上海：上海人民出版社，2008.

［2］安明锡. 韩国土地信托制度研究［D］. 延吉：延边大学，2015.

［3］［美］威廉姆森. 比较经济组织：对离散组织结构选择的分析［M］//［美］威廉姆森，［美］马斯滕. 交易成本经济学. 李自杰，蔡铭，等译. 北京：人民出版社，2010.

［4］包洋. 我国农村土地信托法律制度建设研究［D］. 广州：华南理工大学，2015.

［5］［英］杰索普，漆燕. 治理的兴起及其失败的风险：以经济发展为例［J］. 国际社会科学杂志（中文版），2019，36（03）：52-67.

［6］毕敏. 农村土地信托流转研究［D］. 长沙：湖南农业大学，2014.

［7］蔡立东，姜楠. 农地三权分置的法实现［J］. 中国社会科学，2017（05）：102-122，207.

［8］蔡荣，马旺林. 治理结构及合约选择：农业企业的货源策略——基于鲁陕两省86家果品企业调查的实证分析［J］. 中国农村经济，2014（01）：25-37.

［9］曾红萍. 地方政府行为与农地集中流转：兼论资本下乡的后果［J］. 北京社会科学，2015（03）：22-29.

［10］曾庆芬. 合约视角下农地抵押融资的困境与出路［J］. 中央财经大学学报，2014（01）：42-47.

［11］曾艳，杨钢桥. 资产专用性、不确定性与农地整治模式选择［J］. 中国土地科学，2016，30（06）：14-22.

［12］柴铎，林梦柔，宋彦. 中国土地保护社会化的路径镜鉴：基于土地信托保护的思辨［J］. 干旱区资源与环境，2018，32（02）：1-7.

［13］柴振国，潘静. "三权分置" 下农地金融创新的制度研究［M］. 北

京：法律出版社，2019.

　　[14] 柴振国，潘静. 农民财产权视阈下的农地经营权流转制度创新研究 [M]. 北京：中国检察出版社，2017.

　　[15] 车裕斌. 中国农地流转机制研究 [D]. 武汉：华中农业大学，2004.

　　[16] 陈敦. 土地信托与农地"三权分置"改革 [J]. 东方法学，2017 (01)：79-88.

　　[17] 陈海青，庆建奎. 基于信托制度的农村土地流转制度创新：青州南小王村案例剖析 [J]. 金融发展研究，2015 (02)：60-64.

　　[18] 陈红玲. 中国农业产业链融资模式与金融服务创新：基于日本模式的经验与启示 [J]. 世界农业，2016，12：201-207.

　　[19] 陈慧. 农村土地整治项目 BOT-TOT-PPP 集成融资模式研究 [D]. 南京：南京农业大学，2016.

　　[20] 陈进. 泛资管格局下土地流转信托研究？[C] //2015 年信托行业研究报告. 郑州：百瑞信托有限责任公司，2015.

　　[21] 陈菁泉，付宗平. 农村土地经营权抵押融资风险形成及指标体系构建研究 [J]. 宏观经济研究，2016 (10)：143-154.

　　[22] 陈珏宇，姚东旻，洪嘉聪. 政府主导下的土地流转路径模型：一个动态博弈的视角 [J]. 经济评论，2012 (02)：5-15.

　　[23] 陈姝洁，马贤磊，陆凤平，等. 中介组织作用对农户农地流转决策的影响——基于经济发达地区的实证研究 [J]. 中国土地科学，2015，29 (11)：48-55.

　　[24] 陈思瑾. 不同模式下农地整治减贫增收效应研究 [D]. 武汉：华中农业大学，2019.

　　[25] 陈田田. 农村土地信托法律机制研究 [D]. 上海：华东政法大学，2016.

　　[26] 陈文. 中国农地利用资本化法律问题研究 [D]. 武汉：武汉大学，2013.

　　[27] 陈霄. 土地资本化在中国经济发展中的作用及转型研究 [M]. 北京：经济管理出版社，2015.

　　[28] 陈旭. 我国土地承包经营权信托的法律研究 [D]. 上海：复旦大学，2014.

　　[29] 陈旭东，田国强. 赫维茨经济思想与奥地利学派的关联比较：基于知识、信息与理性认知的分析 [J]. 经济学动态，2017 (11)：104.

［30］陈旭东，田国强．新古典经济学的创新与超越何以可能：纪念赫维茨百年诞辰［J］．探索与争鸣，2017（12）：110．

［31］陈奕山，钟甫宁，纪月清．为什么土地流转中存在零租金？——人情租视角的实证分析［J］．中国农村观察，2017（04）：43-56．

［32］陈宇飞．我国农村土地信托法律问题研究［D］．北京：中国社会科学院研究生院，2011．

［33］陈振，郭杰，欧名豪．资本下乡过程中农户风险认知对土地转出意愿的影响研究：基于安徽省526份农户调研问卷的实证［J］．南京农业大学学报（社会科学版），2018，18（02）：129-137，161-162．

［34］陈振，欧名豪，郭杰，等．农地资本化流转风险的形成与评价研究［J］．干旱区资源与环境，2018，32（09）：13-18．

［35］陈志，梁伟亮．土地经营权信托流转风险控制规则研究［J］．农村经济，2016，10：25-33．

［36］陈宗义．土地流转改革对我国农村普惠金融发展的影响：基于演化博弈视角［J］．华东经济管理，2015，29（08）：47-54．

［37］程金铭．我国农村土地信托法律问题研究［D］．上海：华东政法大学，2014．

［38］程萍，康陆浩，相洪波．国内外土地整治投入模式的经验借鉴［J］．中国国土资源经济，2014，27（12）：60-63，72．

［39］程世超．土地承包经营权信托中农民权益的法律保障研究［D］．北京：北京工商大学，2015．

［40］笪凤媛．交易成本的测度方法及其在中国的应用研究［M］．北京：中国经济出版社，2011．

［41］代建洪．土地信托：土地流转的节点及其框架构建［D］．南昌：南昌大学，2012．

［42］代少蕊．农村土地承包经营权信托研究［D］．长沙：中南大学，2012．

［43］邓衡山，王文烂．合作社的本质规定与现实检视：中国到底有没有真正的农民合作社？［J］．中国农村经济，2014（07）：15-26，38．

［44］邓宏图，鹿媛媛．同质性农户、异质性大户、基层政府与合作社：经济解释与案例观察［J］．中国经济问题，2014（04）：88-97．

［45］邓晓银．我国农村土地信托制度研究［D］．贵阳：贵州师范大学，2015．

[46] 丁廉业.互联网金融助推农业供给侧结构性改革的路径研究 [J].西南金融, 2018 (05): 37-43.

[47] 丁万宇.农地流转信托定价模型及其应用研究 [D].南京:南京农业大学, 2016.

[48] 杜焱强, 王亚星, 陆万军.PPP模式下农村环境治理的多元主体何以共生?——基于演化博弈视角的研究 [J].华中农业大学学报(社会科学版), 2019 (06): 89-96, 163-164.

[49] 樊明等.土地流转与适度规模经营 [M].北京:社会科学文献出版社, 2017.

[50] 范怀超, 崔久富.农地流转中二维主体的利益博弈:分析西充县 [J].重庆社会科学, 2017 (09): 95-100.

[51] 范永俊.农村产权制度改革的德·索托效应研究:以武汉市黄陂区李集街为例 [J].学海, 2016 (06): 54-59.

[52] 方森林.我国农村土地经营权信托法律问题研究 [D].上海:上海师范大学, 2019.

[53] 房绍坤, 任怡多.新承包法视阈下土地经营权信托的理论证成 [J].东北师大学报(哲学社会科学版), 2020 (02): 33-44.

[54] 冯淑怡, 樊鹏飞, 张兰.乡村振兴背景下农地经营权的法律化表达 [J].南京农业大学学报(社会科学版), 2018, 18 (05): 1-10, 154.

[55] 付海煊.农村土地信托制度的法律问题研究 [D].大连:大连海事大学, 2016.

[56] 付松华.经济法视角下的农村土地信托制度研究 [D].南昌:江西财经大学, 2015.

[57] 甘凤.农业产业化背景下的农地流转机制创新研究 [D].南宁:广西大学, 2014.

[58] 高磊.产权效率的演进逻辑与考量研究 [D].大连:东北财经大学, 2010.

[59] 高强, 高桥五郎.日本农地制度改革及对我国的启示 [J].调研世界, 2012 (05): 60-64.

[60] 高锐.我国农村土地信托制度研究 [D].武汉:武汉大学, 2005.

[61] 高圣平, 刘萍.农村金融制度中的信贷担保物:困境与出路 [J].金融研究, 2009 (02): 64-72.

[62] 耿传辉.中国农村土地金融改革与发展研究 [D].长春:吉林大

学, 2016.

[63] 耿宁, 尚旭东. 产权细分、功能让渡与农村土地资本化创新: 基于土地"三权分置"视角 [J]. 东岳论丛, 2018, 39 (09): 158-166, 192.

[64] 耿旖旎. 基于三策略视角下的演化博弈动力学研究 [D]. 昆明: 云南财经大学, 2018.

[65] 公茂刚, 王学真, 李彩月. "三权分置"改革背景下我国农村土地流转现状及其影响因素研究 [J]. 宁夏社会科学, 2019 (01): 92-101.

[66] 顾曦. 农业规模化经营之—土地流转信托 [D]. 上海: 上海交通大学, 2014.

[67] 关谷俊. 日本的农地制度 [M]. 北京: 生活·读书·新知三联书店, 2004.

[68] 管洪彦, 孔祥智. 农地"三权分置"典型模式的改革启示与未来展望 [J]. 经济体制改革, 2018 (06): 63-69.

[69] 管延芳, 江秋艳. 资管新规背景下农村土地信托与养老保障嵌套模式研究 [J]. 吉林工商学院学报, 2020, 36 (03): 18-22, 119.

[70] 管延芳. 农村土地信托助力农业供给侧结构性改革研究 [J]. 改革与战略, 2017, 33 (12): 127-129, 160.

[71] 郭冠男. "三权分置"内在逻辑研究: 制度供给对格局变迁的契合 [J]. 宏观经济管理, 2019 (01): 50-56.

[72] 郭宇. 威廉姆森对制度经济学的贡献和对中国的启示 [J]. 经济论坛, 2010 (05): 51-54.

[73] 郭珍, 曾福生. 农业基础设施供给不足的根源与破解 [J]. 江淮论坛, 2014 (03): 19-23.

[74] 郭忠兴, 汪险生, 曲福田. 产权管制下的农地抵押贷款机制设计研究: 基于制度环境与治理结构的二层次分析 [J]. 管理世界, 2014 (09): 48-57, 187.

[75] 韩立达, 王艳西, 韩冬. 农地"三权分置"的运行及实现形式研究 [J]. 农业经济问题, 2017, 38 (06): 4-11, 1.

[76] 韩文龙, 朱杰. 承包地"三权分置"的理论实质及实现机制: 基于案例的比较分析 [J]. 西部论坛, 2018, 28 (04): 12-21.

[77] 韩学平. "三权分置"下农村土地经营权有效实现的物权逻辑 [J]. 社会科学辑刊, 2016 (05): 58-65.

[78] 韩延华. 土地整理多元化融资模式探讨 [J]. 现代农业科技, 2012

(18)：340-341.

[79] 何芳，温修春. 我国农村土地银行与农户间存地利益博弈分析 [J].
农业技术经济，2010（10）：4-10.

[80] 何国俊，徐冲. 城郊农户土地流转意愿分析：基于北京郊区6村的实
证研究 [J]. 经济科学，2007（05）：111-124.

[81] 何闪闪. 农村土地信托法律制度的构建 [D]. 石家庄：河北经贸大
学，2015.

[82] 何紫珩. 土地信托模式中的农民权益保护 [D]. 南昌：江西财经大
学，2019.

[83] 贺正楚，张良桥. "泛珠三角经济圈" 区域经济合作的稳定性 [J].
经济地理，2006（06）：912-914.

[84] 胡大武，孙平平，夏晖. 我国农地流转中的粮食安全风险防范机制研
究 [J]. 西南民族大学学报（人文社科版），2010，31（07）：106-110.

[85] 胡风. 浅析日本土地信托特点及对我国的启示 [J]. 安徽农学通报，
2017，25（14）：8-9，17.

[86] 胡柯. 我国农村土地流转融资模式研究 [D]. 合肥：安徽农业大
学，2017.

[87] 胡历芳. 中国农村土地资本化中 "三权" 的权能及边界 [J]. 农村
经济，2020（05）：18-26.

[88] 黄惠春，范文静. 政府功能视角下 "政银担" 贷款模式的运行机制：
以山东和安徽为例 [J]. 南京农业大学学报（社会科学版），2019，19
（02）：131.

[89] 黄惠春，祁艳，程兰. 农村土地承包经营权抵押贷款与农户信贷可得
性：基于组群配对的实证分析 [J]. 经济评论，2015（03）：72.

[90] 黄惠春，陶敏. 农村抵押替代融资模式演进逻辑与发展方向：一个基
于社会资本的分析框架 [J]. 财贸研究，2020，31（02）：47.

[91] 黄惠春，徐章星，祁艳. 农地流转与规模化经营缓解了农户信贷约束
吗？——来自江苏的经验证据 [J]. 南京农业大学学报（社会科学版），2016，
16（06）：109.

[92] 黄惠春，姚珊. 农地经营权抵押的国际经验和启示：以越南和泰国为
例 [J]. 世界农业，2017（04）：16.

[93] 黄惠春. 农村土地承包经营权抵押贷款可得性分析：基于江苏试点地
区的经验证据 [J]. 中国农村经济，2014（03）：48-57.

［94］黄建水.农村土地承包经营权流转制度立法研究［J］.河南大学学报（社会科学版），2011，51（01）：45-53.

［95］黄凯南.论演化经济学与博弈论的关系［J］.社会科学辑刊，2011（03）：72-76.

［96］黄胜忠，伏红勇.成员异质性、风险分担与农民专业合作社的盈余分配［J］.农业经济问题，2014，35（08）：57-64，111.

［97］黄燕芬，张志开，张超.交易成本理论视角的中国农村土地信托模式研究［J］.公共管理与政策评论，2020，9（05）：73-86.

［98］黄祖辉."三权分置"与"长久不变"的政策协同逻辑与现实价值［J］.改革，2017（10）：123-126.

［99］惠献波.农村土地融资模式与保障制度探析：基于典型模式的实证考察［J］.西南金融，2015（02）：48-50.

［100］惠献波.农户土地承包经营权抵押贷款潜在需求及其影响因素研究：基于河南省四个试点县的实证分析［J］.农业经济问题，2013，34（02）：9-15，110.

［101］冀县卿，钱忠好.改革30年中国农地产权结构变迁：产权视角的分析［J］.南京社会科学，2010（10）：73-79.

［102］冀县卿，钱忠好.农地产权结构变迁与中国农业增长：一个经济解释［J］.管理世界，2009（01）：172-173.

［103］冀县卿，钱忠好.中国农地产权制度改革40年：变迁分析及其启示［J］.农业技术经济，2019（01）：17-24.

［104］姜珂，游达明.基于央地分权视角的环境规制策略演化博弈分析［J］.中国人口·资源与环境，2016，26（09）：139-148.

［105］姜美善，李景荣，米运生.第三方组织参与、交易成本降低与农地抵押贷款可得性：基于农地经营权处置的视角［J］.经济评论，2020（04）：97-110.

［106］姜松.农业适度规模经营与金融服务共生演化机理及模式研究：基于农业价值链视角［M］.北京：经济管理出版社，2018.

［107］姜雪莲.日本农地流转信托研究［J］.世界农业，2014（06）：45-50.

［108］姜岩.农村土地资本化改革的路径创新［J］.西北农林科技大学学报（社会科学版），2015，15（06）：25-31.

［109］蒋尚成.土地经营权信托制度研究［D］.合肥：安徽财经大

学，2018.

[110] 蒋媛媛. 绍兴农村土地信托制度的社会学解读 [D]. 南京：南京师范大学，2007.

[111] 焦继伟. 对三权分置下我国农村土地信托问题的法律思考 [D]. 天津：天津大学，2018.

[112] 解红，侯瑞. 土地流转信托：农村土地承包经营权融资方式的新探索 [J]. 西部金融，2014 (10)：41-45，52.

[113] 阚立娜，李录堂，薛凯文. 农地流转背景下新型农业经营主体信贷需求及约束研究：基于陕西杨凌农业示范区的调查分析 [J]. 华中农业大学学报（社会科学版），2016 (03)：104-111，135-136.

[114] [瑞] 沃因.《阿罗—德布鲁范式与现代契约理论：涉及信息和时间特定问题的讨论》评论 [M] // [瑞] 沃因，[瑞] 韦坎德. 契约经济学. 李风圣，主译. 第 2 版. 北京：经济科学出版社，2003.

[115] 李福慧. 土地承包经营权信托流转法律问题研究 [D]. 北京：中央民族大学，2015.

[116] 李光德. 农地"三权分置"制度演进与变迁优化 [J]. 江汉论坛，2018 (11)：58-62.

[117] 李寒凝. 中国农地流转契约安排及实施机制研究 [D]. 杭州：浙江大学，2019.

[118] 李航，秦涛，潘焕学. 农村土地信托利益主体的影响机理与实现机制研究 [J]. 北京联合大学学报（人文社会科学版），2020，18 (04)：106-118.

[119] 李宏岳. 农地流转资产化的特征与演进博弈模型研究 [J]. 华东经济管理，2019，33 (04)：174-184.

[120] 李江涛，熊柴，蔡继明. 开启城乡土地产权同权化和资源配置市场化改革新里程 [J]. 管理世界，2020，36 (06)：93-105，247.

[121] 李景初. 农村土地信托：国际经验与中国机制设计 [J]. 世界农业，2016 (03)：67-71.

[122] 李俊伟. 土地流转方式的新探索 [D]. 沈阳：辽宁大学，2014.

[123] 李孔岳. 农地专用性资产与交易的不确定性对农地流转交易成本的影响 [J]. 管理世界，2009 (03)：92-98，187-188.

[124] 李莉. 土地承包经营权信托流转中承包经营权人的权利保护 [J]. 暨南学报（哲学社会科学版），2015，37 (02)：60-66.

［125］李莉莉．农地信托的农户参与意愿研究［D］．重庆：西南大学，2016.

［126］李林林．农村土地承包经营权信托流转问题研究［D］．开封：河南大学，2016.

［127］李龙浩，张春雨．构建我国土地信托登记制度的思考［J］．中国土地科学，2003（04）：48-51.

［128］李宁，张然，仇童伟，王舒娟．农地产权变迁中的结构细分与"三权分置"改革［J］．经济学家，2017（01）：62-69.

［129］李泉，李梦，鲁科技．"三权分置"视域中的农村土地信托模式比较研究［J］．山东农业科学，2019，51（01）：161-167.

［130］李世杰，刘琼，高健．关系嵌入、利益联盟与"公司+农户"的组织制度变迁：基于海源公司的案例分析［J］．中国农村经济，2018（02）：33-48.

［131］李爽．三权分置下我国农村土地信托制度探索［D］．长春：吉林大学，2017.

［132］李停．我国土地信托模式的选择与实践［J］．华南农业大学学报（社会科学版），2017，16（04）：34-44.

［133］李相芳．中国农地流转信托模式研究［D］．成都：西南财经大学，2014.

［134］李燕燕．土地信托概论［M］．北京：中国金融出版社，2014.

［135］李钊．构建中国农村土地流转的信托机制［J］．学术交流，2014（05）：135-139.

［136］李中，游达明，刘卫柏．农村土地流转路径的动态博弈分析［J］．系统工程，2013，31（04）：103-108.

［137］厉以宁．论城乡二元体制改革［J］．北京大学学报（哲学社会科学版），2008（02）：5-11.

［138］梁秀红．土地承包经营权信托制度研究［D］．武汉：华中师范大学，2014.

［139］梁燕．农村土地信托流转模式研究［D］．重庆：西南政法大学，2015.

［140］林发彬．以土地信托流转推动农民工市民化的路向选择［J］．江汉学术，2017，36（04）：5-11.

［141］林乐芬，法宁．新型农业经营主体融资难的深层原因及化解路径

[J]．重庆：南京社会科学，2015（07）：150-156.

[142] 林乐芬，王步天．农户农地经营权抵押贷款可获性及其影响因素：基于农村金融改革试验区2518个农户样本 [J]．中国土地科学，2016，30（05）：36-45.

[143] 林文声，秦明，郑适，王志刚．资产专用性对确权后农地流转的影响 [J]．华南农业大学学报（社会科学版），2016，15（06）：1-9.

[144] 林艳丽，杨童舒．产业精准扶贫中企业、贫困户和地方政府行为的演化博弈分析 [J]．东北大学学报（社会科学版），2020，22（01）：40-48.

[145] 林一民，林巧文，关旭．我国农地经营权抵押的现实困境与制度创新 [J]．改革，2020（01）：123-132.

[146] 林喆莉．日本土地信托法律制度研究 [D]．长沙：中南大学，2012.

[147] 刘丹，巩前文．农地流转中"去粮化"行为对国家粮食安全的影响及治理对策 [J]．农业现代化研究，2017，38（04）：673-680.

[148] 刘冬文．农民专业合作社融资困境：理论解释与案例分析 [J]．农业经济问题，2018（03）：78-86.

[149] 刘福临．"三权分置"下我国农村土地信托法律问题研究 [D]．武汉：华中农业大学，2019.

[150] 刘光祥．土地承包经营权信托流转主要法律问题研究：以中信——农村土地承包经营权集合信托计划1301期为例 [J]．时代法学，2014，12（05）：75-89.

[151] 刘恒科．农地"三权分置"的理论阐释与法律表达 [J]．南京农业大学学报（社会科学版），2018，18（04）：87-97，158-159.

[152] 刘家园．汉川市农地金融发展研究 [D]．武汉：华中科技大学，2019.

[153] 刘俊杰，张龙耀，吴比．农村产权制度改革的金融市场效应分析：武汉案例调查报告 [J]．经济体制改革，2015（03）：82-87.

[154] 刘启明，李晓晖．关于如何完善土地流转的制度探讨：基于日本农地中间管理制度的分析与启示 [J]．中国农业大学学报（社会科学版），2018，35（02）：95-105.

[155] 刘守英，高圣平，王瑞民．农地三权分置下的土地权利体系重构 [J]．北京大学学报（哲学社会科学版），2017，54（05）：134-145.

[156] 刘婷婷．新型农业经营主体的融资困境与金融支农改革路径 [J]．

农村经济, 2016 (03): 73-77.

［157］刘卫柏, 李中. 新时期农村土地流转模式的运行绩效与对策 ［J］. 经济地理, 2011, 31 (02): 300-304.

［158］刘卫柏, 彭魏倬加. "三权分置" 背景下的土地信托流转模式分析: 以湖南益阳沅江的实践为例 ［J］. 经济地理, 2016, 36 (08): 134-141.

［159］刘西川, 程恩江. 中国农业产业链融资模式: 典型案例与理论含义 ［J］. 财贸经济, 2013 (08): 47-57.

［160］刘永锋. 农村土地信托法律制度研究 ［D］. 兰州: 兰州大学, 2006.

［161］刘禹宏, 柳琴. 农村土地确权视域下的土地信托流转方式绩效评价与建议: 以浙江省绍兴市柯桥区为例 ［J］. 天津商业大学学报, 2015, 35 (03): 21-27.

［162］刘禹宏, 杨凯越. 三权分置: 农地产权制度创新的权能分离之法理考量 ［J］. 财贸研究, 2019, 30 (01): 65-73.

［163］刘志仁. 我国农村土地信托保护的组织形式选择 ［J］. 中南大学学报 (社会科学版), 2007, 13 (05): 562-567.

［164］柳琴. 农村土地信托流转机制的综合评价 ［D］. 天津: 天津商业大学, 2015.

［165］柳志杨. 四川省南充市金融支持农地流转问题研究 ［D］. 成都: 西南财经大学, 2013.

［166］楼建波. 农户承包经营的农地流转的三权分置: 一个功能主义的分析路径 ［J］. 南开学报 (哲学社会科学版), 2016 (04): 53-69.

［167］陆文昊. 农地经营权资本化对农户福利效应的影响 ［D］. 咸阳: 西北农林科技大学, 2018.

［168］栾宏, 何艳桃. 金融支持农业供给侧结构性改革的创新路径 ［J］. 西北农林科技大学学报 (社会科学版), 2018, 18 (05): 121-127.

［169］罗必良, 李尚蒲. 农地流转的交易成本: 威廉姆森分析范式及广东的证据 ［J］. 农业经济问题, 2010, 000 (012): 30-40.

［170］罗必良, 邹宝玲, 何一鸣. 农地租约期限的 "逆向选择": 基于 9 省份农户问卷的实证分析 ［J］. 农业技术经济, 2017 (01): 4-17.

［171］罗洁. 农村土地信托流转机制究 ［D］. 武汉: 华中师范大学, 2015.

［172］［美］科斯. 企业的性质 ［M］// ［美］威廉姆森, ［美］马斯滕.

交易成本经济学. 李自杰, 蔡铭, 等译. 北京: 人民出版社, 2010.

[173] 罗兴, 马九杰. 不同土地流转模式下的农地经营权抵押属性比较 [J]. 农业经济问题, 2017, 38 (02): 22-32, 1.

[174] 罗颖, 郑逸芳, 许佳贤. 土地信托流转主体行为分析及风险管理: 基于复合生态系统视角 [J]. 中南林业科技大学学报 (社会科学版), 2017, 11 (04): 41-46.

[175] 骆舒晴. 农村土地信托的法律问题研究 [D]. 上海: 华东政法大学, 2015.

[176] 吕厚磊. 我国农村土地流转融资问题研究 [D]. 成都: 西南财经大学, 2013.

[177] 吕晓彤. 青岛市农村土地信托流转模式构建研究 [D]. 青岛: 中国海洋大学, 2015.

[178] 麻松林. 我国农村土地信托制度构造研究 [D]. 重庆: 西南政法大学, 2018.

[179] 马恒. 土地经营权信托法律问题研究 [D]. 青岛: 青岛科技大学, 2019.

[180] 马建兵, 王旭霞. 农村土地信托受托人主体性分析及立法选择 [J]. 社会科学家, 2018 (12): 136-145.

[181] 马建兵. 论我国农村土地权利的信托性 [J]. 政法论丛, 2017 (01): 131-138.

[182] 马九杰, 吴本健, 郑海荣. 政府作用与金融普惠: 国际经验及中国改革取向 [J]. 福建农林大学学报 (哲学社会科学版), 2016, 19 (04): 7-13.

[183] 马小遐. 我国农村土地流转改革的金融支持研究 [D]. 咸阳: 西北农林科技大学, 2014.

[184] 马验. 我国农村土地信托制度研究 [D]. 西安: 西北大学, 2008.

[185] 毛飞, 孔祥智. 农地规模化流转的制约因素分析 [J]. 农业技术经济, 2012 (04): 52-64.

[186] 孟文辉. 农村土地流转信托比较研究 [D]. 武汉: 华中师范大学, 2015.

[187] 孟珍. 农地商事信托融资障碍及对策 [J]. 现代经济信息, 2019 (21): 286.

[188] 苗绘, 钟刘. 农村土地经营权信托流转模式创新面临的障碍及对策:

以河北省为例 [J]. 河北金融, 2016 (06): 45-49.

[189] 南光耀, 诸培新, 王敏. 政府背书下土地经营权信托的实践逻辑与现实困境: 基于河南省 D 市的案例考察 [J]. 农村经济, 2020 (08): 83-90.

[190] 南光耀, 诸培新. 农地流转中禀赋效应的影响因素分析: 基于江苏省两县区的调查数据 [J]. 经济经纬, 2020, 37 (03): 54-61.

[191] 倪韬. 我国农村土地信托制度研究 [D]. 重庆: 西南政法大学, 2016.

[192] 聂良鹏, 宁堂原, 陈传军, 王芳, 李增嘉, 郭利伟, 赵华桐. 土地流转对粮食安全的影响与对策 [J]. 山东农业大学学报 (社会科学版), 2013, 15 (02): 65-70.

[193] 牛新宇. 农村土地信托流转的运行机制与模式研究: 以浙江省绍兴为例 [J]. 经济研究导刊, 2016 (15): 34-35, 64.

[194] 欧泳如. 论我国农村土地承包经营权信托的实践及启示 [D]. 重庆: 西南大学, 2013.

[195] 潘亮. 农村土地信托的法律障碍及其应对策略 [D]. 重庆: 西南政法大学, 2017.

[196] 庞亮, 韩学平. 构建我国农村土地信托制度的法律思考 [J]. 东北农业大学学报 (社会科学版), 2012, 10 (05): 131-133.

[197] 庞亮. 我国农村土地信托流转机制研究 [D]. 哈尔滨: 东北农业大学, 2013.

[198] 彭正雄. 农村土地信托中村民委员会的法律地位研究 [D]. 兰州: 兰州大学, 2014.

[199] 蒲坚. 解放土地: 新一轮土地信托化改革 [M]. 北京: 中信出版社, 2014.

[200] 钱仁汉, 解红, 侯瑞. 农村土地承包经营权融资方式创新: 基于镇江市土地流转信托实践 [J]. 区域金融研究, 2014 (11): 70-75.

[201] 钱宇. 我国农村土地信托法律问题研究 [D]. 杭州: 浙江大学, 2015.

[202] 钱忠好, 牟燕. 乡村振兴与农村土地制度改革 [J]. 农业经济问题, 2020 (04): 28.

[203] 钱忠好, 牟燕. 中国土地市场化改革: 制度变迁及其特征分析 [J]. 农业经济问题, 2013, 34 (05): 20.

[204] 瞿理铜. 益阳市土地信托流转风险防控机制建设研究 [J]. 中国国

土资源经济，2015，28（05）：24-26.

[205] 曲福田．土地经济学［M］．第3版．北京：中国农业出版社，2011.

[206] 尚旭东，叶云．农村土地承包经营权流转信托：探索实践与待解问题［J］．农村经济，2014，（09）：68-72.

[207] 尚旭东．农村土地经营权流转：信托模式、政府主导、规模经营与地方实践［M］．北京：中国农业大学出版社，2016.

[208] 邵政．论农村土地信托流转法律问题［D］．上海：复旦大学，2014.

[209] 石冬梅．非对称信息条件下的农村土地流转问题研究［D］．保定：河北农业大学，2013.

[210] 史清华，卓建伟．农村土地权属：农民的认同与法律的规定［J］．管理世界，2009（01）：89-96.

[211] 史清华．农户经济增长与发展研究［D］．北京：中国农业出版社，1999.

[212] 宋洪远，石宝峰，吴比．新型农业经营主体基本特征、融资需求和政策含义［J］．农村经济，2020（10）：73-80.

[213] 宋华，周培．发达国家土地信托经验分析及借鉴［J］．世界农业，2015（03）：65-69.

[214] 宋新勇．我国农村土地信托制度研究［D］．合肥：安徽大学，2014.

[215] 苏奇．复杂网络上的合作演化和博弈动力学研究［D］．北京：北京大学，2020.

[216] 孙庆文，陆柳，严广乐，车宏安．不完全信息条件下演化博弈均衡的稳定性分析［J］．系统工程理论与实践，2003（07）：11-16.

[217] 孙新华，宋梦霜．土地细碎化的治理机制及其融合［J］．西北农林科技大学学报（社会科学版），2021，21（01）：80-88.

[218] 谭军，杨慧．信托在供应链金融中的应用探讨［J］．东岳论丛，2013，34（03）：167-170.

[219] 汤婉．基于演化博弈的低碳农业利益相关者行为研究［D］．重庆：重庆大学，2016.

[220] 唐杰．亚洲国家农地流转制度比较与分析［J］．世界农业，2016（06）：86-88.

[221] 唐矞. 论土地承包经营权信托制度之构建 [D]. 广州：华南理工大学，2016.

[222] 田国强. 从机制设计角度思考经济发展 [N]. 联合时报，2016-12-16.

[223] 田国强. 机制设计理论对中国改革的重大意义 [N]. 第一财经日报，2016-12-05.

[224] 田国强. 供给侧结构性改革的重点和难点：建立有效市场和维护服务型有限政府是关键 [J]. 人民论坛·学术前沿，2016 (14)：22.

[225] 田先红，陈玲. "阶层地权"：农村地权配置的一个分析框架 [J]. 管理世界，2013 (09)：69-88.

[226] 万菲. 中国农村土地信托流转模式比较研究 [D]. 上海：华东政法大学，2015.

[227] 汪来喜. 新型农业经营主体融资难的成因与对策 [J]. 经济纵横，2016 (07)：70-73.

[228] 汪莉，彭婷婷. 土地信托流转中的农民权益保障 [J]. 河南工业大学学报（社会科学版），2016，12 (03)：56-60，66.

[229] 汪险生，郭忠兴. 流转型土地经营权抵押贷款的运行机制及其改良研究：基于对重庆市江津区及江苏新沂市实践的分析 [J]. 经济体制改革，2017 (02)：69-76.

[230] 汪险生. 产权管制下的农地抵押贷款机制研究 [D]. 南京：南京农业大学，2015.

[231] 王斌. 论土地承包经营权信托中农户权益之保障 [D]. 重庆：西南政法大学，2015.

[232] 王超. 农村土地经营制度的发展与创新：从"两权分离"向"三权分置"的跨越 [J]. 重庆文理学院学报（社会科学版），2019，38 (02)：16-22.

[233] 王方，沈菲，陶启智. 我国农村土地信托流转模式研究 [J]. 农村经济，2017，01：43-47.

[234] 王恒达. 我国农村土地信托流转法律制度研究 [D]. 石家庄：河北经贸大学，2016.

[235] 王洪. 作为不完全契约的产权：一个注释 [J]. 改革，2000 (05)：53-57+72.

[236] 王洪涛. 威廉姆森交易成本理论述评 [J]. 经济经纬，2004 (04)：

11-14.

[237] 王吉鹏, 肖琴, 李建平. 新型农业经营主体融资: 困境、成因及对策: 基于131个农业综合开发产业化发展贷款贴息项目的调查 [J]. 农业经济问题, 2018 (02): 71-77.

[238] 王珏, 马贤磊, 石晓平. 农村集体资产股份合作社发展过程中政府的角色分析: 基于苏州与佛山的案例比较 [J]. 农业经济问题, 2020 (03): 62-70.

[239] 王骏. 土地经营权信托中农民权益保障研究 [D]. 广州: 华南理工大学, 2018.

[240] 王康. 农地"三权分置"的立法选择 [D]. 郑州: 郑州大学, 2019.

[241] 王磊. 中国农村集体土地承包经营权流转制度研究 [D]. 乌鲁木齐: 新疆师范大学, 2015.

[242] 王鹏鹏. "三权分置"下农地信托的反思与发展 [J]. 农村经济, 2018 (12): 12-17.

[243] 王文锋. 农村土地经营权抵押融资运行机制探索: 基于山东寿光市与宁夏同心县的考察 [J]. 世界农业, 2015 (09): 102-106.

[244] 王湘平. 我国农村土地信托法律制度之研究 [D]. 长沙: 中南大学, 2007.

[245] 王湘平. 论政府在农地使用权信托中的法律地位: 以浙江绍兴模式和湖南益阳模式为例 [J]. 湖南农业科学, 2013 (19): 113-116.

[246] 王晓霞. 我国农村土地信托制度研究 [D]. 海南: 海南大学, 2015.

[247] 王绎维. 三权分置视野下我国农村土地经营权信托制度研究 [D]. 赣州: 江西理工大学, 2018.

[248] 王莹. 基于委托代理理论的宿州市土地信托流转风险研究 [D]. 合肥: 安徽农业大学, 2016.

[249] 王臻荣. 治理结构的演变: 政府、市场与民间组织的主体间关系分析 [J]. 中国行政管理, 2014 (11): 56-59.

[250] 韦克游. 农民专业合作社信贷融资治理结构研究: 基于交易成本理论的视角 [J]. 农业经济问题, 2013, 34 (05): 62-69, 111-112.

[251] 魏鲁彬. 农村土地所有权共享的理论逻辑: 从"两权分离"到"三权分置"[J]. 财经科学, 2018 (04): 39-53.

[252] 吴本健, 申正茂, 马九杰. 政府背书下的土地信托、权能配置与农业产业结构调整: 来自福建 S 县的证据 [J]. 华南师范大学学报 (社会科学版), 2015 (01): 132-138, 191.

[253] 吴彬, 徐旭初. 合作社治理结构: 一个新的分析框架 [J]. 经济学家, 2013 (10): 79-88.

[254] 吴宕. "三权分置" 政策下农地经营权信托研究 [D]. 天津商业大学, 2018.

[255] 吴一恒, 马贤磊, 马佳, 周月鹏. 如何提高农地经营权作为抵押品的有效性? ——基于外部治理环境与内部治理结构的分析 [J]. 中国农村经济, 2020 (08): 40-53.

[256] 吴一恒, 徐砾, 马贤磊. 农地 "三权分置" 制度实施潜在风险与完善措施: 基于产权配置与产权公共域视角 [J]. 中国农村经济, 2018 (08): 46-63.

[257] 吴越. 地方政府在农村土地流转中的角色、问题及法律规制: 成都、重庆统筹城乡综合配套改革试验区实证研究 [J]. 甘肃社会科学, 2009 (02): 65-70.

[258] 伍幸妮, 邓楚雄, 唐禹. 基于利益博弈视角的土地信托流转研究: 以益阳 "草尾模式" 为例 [J]. 湖南农业科学, 2017 (01): 90-94.

[259] 项桂娥, 陈阿兴. 资产专用性与农业结构调整风险规避 [J]. 农业经济问题, 2005 (03): 49-52.

[260] 肖卫东, 梁春梅. 农村土地 "三权分置" 的内涵、基本要义及权利关系 [J]. 中国农村经济, 2016 (11): 17-29.

[261] 肖文韬. 交易封闭性、资产专用性与农村土地流转 [J]. 学术月刊, 2004, 000 (004): 37-42.

[262] 谢静, 马建兵. 论农村土地信托对保护农村妇女土地权益的制度价值: 基于农地有效保护的反思 [J]. 社科纵横, 2017, 32 (03): 129-133.

[263] 辛瑞, 辛毅, 郭静, 谢妮芸. 我国土地信托流转模式及绩效研究: 兼析金融资本与农业产业融合发展关系 [J]. 价格理论与实践, 2019 (12): 83-87.

[264] 熊金武. 农村土地三权分置改革的理论逻辑与历史逻辑 [J]. 求索, 2018 (04): 82-87.

[265] 宿杨, 乔世政. 农村土地经营权信托流转金融支持 [J]. 人民论坛, 2015 (36): 82-84.

[266] 徐程程. 我国农地金融发展模式及运行机制研究 [D]. 青岛：中国海洋大学，2013.

[267] 徐传谌，孟繁颖. 制度变迁内部动力机制分析 [J]. 税务与经济（长春税务学院学报），2006（06）：15-20.

[268] 徐海波. 农村土地信托流转模式构建研究 [D]. 合肥：安徽大学，2015.

[269] 徐海燕，冯建生. 农村土地经营权信托流转的法律构造 [J]. 法学论坛，2016，3105：72-79.

[270] 徐旗. "三权分置"下农村土地经营权信托的困境及对策研究 [D]. 重庆：西南政法大学，2019.

[271] 徐善文. 农村土地经营权信托法律问题研究 [D]. 兰州：兰州大学，2019.

[272] 徐旭初，吴彬. 异化抑或创新？——对中国农民合作社特殊性的理论思考 [J]. 中国农村经济，2017（12）：2-17.

[273] 徐阳. 土地承包经营权信托流转法律风险研究 [D]. 上海：华东政法大学，2015.

[274] 徐园园. 土地使用权信托制度研究 [D]. 长沙：中南大学，2012.

[275] 薛贝妮. 农村土地信托流转机制的构建 [J]. 人民论坛，2016（14）：131-133.

[276] 鄢斌. 中国农地信托中的权利失衡与制度重构 [J]. 中国土地科学，2016，30（01）：40-46.

[277] 闫晓峰. 对农地承包经营权融资运作模式的思考 [J]. 金融理论与实践，2016（09）：107-109.

[278] 杨成林，李越. 市场化改革与农地流转：一个批判性考察 [J]. 改革与战略，2016，32（11）：116-120.

[279] 杨建海. "三权分置"背景下土地养老的信托模式研究 [J]. 中国软科学，2018（02）：78-85.

[280] 杨娇娇. "三权分置"视角下土地承包经营权的解析与重构 [D]. 合肥：安徽大学，2018.

[281] 杨柳. 我国农村土地信托制度研究 [D]. 北京：清华大学，2015.

[282] 杨敏. 我国商业信托公司主导型农村土地信托法律问题研究 [D]. 上海：上海交通大学，2014.

[283] 杨明国. 信托视野下中国农村土地流转研究 [M]. 北京：电子工业

出版社，2015.

[284] 杨瑞龙 . 论我国制度变迁方式与制度选择目标的冲突及其协调 [J] . 经济研究，1994 (05) ：40-49，10.

[285] 杨遂全，韩作轩，涂开均 . "三权分置"下的农地流转主体：激励约束、利益冲突与行动策略 [J] . 农村经济，2020 (01) ：16-23.

[286] 杨鑫 . 农村土地信托流转机制研究 [D] . 郑州：河南农业大学，2013.

[287] 杨亚楠，陈会广，陈利根 . 成都市幸福村土地综合整治中的治理结构改善研究 [J] . 中国土地科学，2014，28 (03) ：46-51.

[288] 杨一介 . 论"三权分置"背景下的家庭承包经营制度 [J] . 中国农村观察，2018 (05) ：82-95.

[289] 杨依山 . 不完全信息、交易成本与农地产权制度博弈 [J] . 制度经济学研究，2014 (02) ：49-67.

[290] 杨钊 . 新形势下我国农村土地承包经营权信托方式探讨 [J] . 经济体制改革，2015 (03) ：94-99.

[291] 杨志海，王雅鹏，麦尔旦·吐尔孙 . 农户耕地质量保护性投入行为及其影响因素分析：基于兼业分化视角 [J] . 中国人口·资源与环境，2015，25 (12) ：105-112.

[292] 姚升 . 美国、日本土地信托流转模式及启示 [J] . 世界农业，2015 (11) ：51-54.

[293] 叶光 . 我国农村土地流转信托的改进路径研究 [D] . 武汉：华中科技大学，2016.

[294] 叶贵仁 . 乡镇行政的逻辑：以个案研究为基础 [J] . 武汉大学学报 (哲学社会科学版)，2008 (03) ：358-364.

[295] 叶剑平，蒋妍，罗伊·普罗斯特曼，朱可亮，丰雷，李平 . 2005 年中国农村土地使用权调查研究：17 省调查结果及政策建议 [J] . 管理世界，2006 (07) ：77-84.

[296] 叶朋 . 农地承包经营权信托流转的发展历程与趋势 [J] . 西北农林科技大学学报 (社会科学版)，2016，16 (01) ：21-25.

[297] 益阳市农村土地信托流转研究课题组 . 农村土地信托流转实证研究 [M] . 长沙：湖南人民出版社，2013.

[298] 尹希果，马大来 . 农民和企业合作经营土地的演化博弈分析：基于不完全契约理论 [J] . 农业技术经济，2012 (05) ：50-60.

[299] 应瑞瑶, 唐春燕, 邓衡山, 徐志刚. 成员异质性、合作博弈与利益分配: 一个对农民专业合作社盈余分配机制安排的经济解释 [J]. 财贸研究, 2016, 27 (03): 72-79.

[300] 于洪洋. 农村土地信托的法律问题研究 [D]. 济南: 山东大学, 2019.

[301] 于立深. 契纳方法论 [M]. 第 1 版. 北京: 北京大学出版社, 2007.

[302] 袁萌萌. 农村土地信托化流转研究 [D]. 延吉: 延安大学, 2015.

[303] 臧玉珠, 刘彦随, 杨园园, 王永生. 中国精准扶贫土地整治的典型模式 [J]. 地理研究, 2019, 38 (04): 856-868.

[304] 翟月玲. 经济转型条件下政府对市场干预政策的合法化析论 [J]. 理论导刊, 2013 (11): 60-65.

[305] 张爱军. 我国土地流转信托的现状、问题及政策建议 [J]. 农村经济, 2014 (09): 73-76.

[306] 张晨. 土地整治资金筹措与风险防范 [D]. 南昌: 江西农业大学, 2012.

[307] 张传良, 刘祥东. 产业链金融信托业务模式与产品设计 [J]. 金融理论与实践, 2016 (04): 90-95.

[308] 张弘杰. 法律视角下的农村土地流转信托化研究 [D]. 成都: 西南财经大学, 2013.

[309] 张红宇. 中国现代农业经营体系的制度特征与发展取向 [J]. 中国农村经济, 2018 (01): 23-33.

[310] 张建, 冯淑怡, 诸培新. 政府干预农地流转市场会加剧农村内部收入差距吗? ——基于江苏省四个县的调研 [J]. 公共管理学报, 2017, 14 (01): 104-116+158-159.

[311] 张建, 王敏, 诸培新. 农地流转政策执行偏差与农民土地权益保护: 以江苏省某传统农业大县 S 县为例 [J]. 南京农业大学学报 (社会科学版), 2017, 17 (02): 82-91, 152.

[312] 张建, 诸培新, 王敏. 政府干预农地流转: 农户收入及资源配置效率 [J]. 中国人口·资源与环境, 2016, 26 (06): 75-83.

[313] 张健涛. 绍兴土地信托流转的运行机制、实施困境与发展策略 [J]. 上海国土资源, 2014, 35 (01): 60-63.

[314] 张军建. 农村土地承包经营权信托流转法律研究: 信托流转与农地

规模化、农业产业化和农村金融［M］．北京：中国财政经济出版社，2017.

［315］张克俊．农村土地"三权分置"制度的实施难题与破解路径［J］．中州学刊，2016（11）：39-45.

［316］张兰，冯淑怡，陆华良，曲福田．农地规模经营影响因素的实证研究：基于江苏省村庄调查数据［J］．中国土地科学，2015，29（11）：32-39，62.

［317］张雷，白永秀．土地信托流转的适应性：基于陕西省杨陵区的案例分析［J］．人文杂志，2017（02）：35-43.

［318］张良桥，冯从文．理性与有限理性：论经典博弈理论与进化博弈理论之关系［J］．世界经济，2001（08）：74-78.

［319］张良桥．进化稳定均衡与纳什均衡：兼谈进化博弈理论的发展［J］．经济科学，2001（03）：103-111.

［320］张龙耀，王梦珺，刘俊杰．农地产权制度改革对农村金融市场的影响：机制与微观证据［J］．中国农村经济，2015（12）：14-30.

［321］张龙耀，王梦珺，刘俊杰．农民土地承包经营权抵押融资改革分析［J］．农业经济问题，2015，36（02）：70-78，111.

［322］张森．关于我国农村土地的信托流转问题研究［D］．沈阳：辽宁大学，2013.

［323］张楠．农村土地信托流转法律问题研究［D］．石家庄：河北师范大学，2016.

［324］张启．我国农村土地信托流转模式研究［J］．西部财会，2016（03）：78-80.

［325］张庆亮．农业价值链融资：解决农业融资难的新探索［J］．财贸研究，2014，25（05）：39-45.

［326］张莎．信托视角下农村土地流转的绩效评价［D］．重庆：重庆工商大学，2016.

［327］张社梅，李冬梅．农业供给侧结构性改革的内在逻辑及推进路径［J］．农业经济问题，2017，38（08）：59-65.

［328］张维迎．所有制、治理结构及委托—代理关系：兼评崔之元和周其仁的一些观点［J］．经济研究，1996（09）：3-15，53.

［329］张溪，黄少安．交易成本视角下的农地流转模式与契约选择［J］．东岳论丛，2017，38（07）：118-126.

［330］张燕，王欢．土地信托：农地流转制度改革新探索［J］．西北农林

科技大学学报（社会科学版），2015，15（02）：31-36.

[331] 张杨，苗绘，田原. 日本土地流转信托模式的优势分析［J］. 世界农业，2016（09）：131-135.

[332] 张颖. 农村土地信托流转中农民权益保护研究［D］. 重庆：西南政法大学，2017.

[333] 张占锋. 农地制度变迁下的土地经营权信托财产属性［J］. 北方法学，2016，10（05）：38-45.

[334] 张征宇. 土地承包经营权信托制度研究［D］. 长春：吉林大学，2013.

[335] 赵翠萍，侯鹏，张良悦. 三权分置下的农地资本化：条件、约束及对策［J］. 中州学刊，2016（07）：38-42.

[336] 赵大伟. 中国绿色农业发展的动力机制及制度变迁研究［J］. 农业经济问题，2012，33（11）：72-78，111.

[337] 赵立新，梁瑞敏. 中国农村土地流转的信托路径及其法律问题［J］. 河北学刊，2014，34（03）：132-136.

[338] 赵谦. 德国农村土地整理融资立法及对中国的启示［J］. 世界农业，2012（07）：74-76，88.

[339] 赵小雪. 土地承包经营权信托流转监管制度研究［D］. 重庆：西南政法大学，2015.

[340] 赵玉川. 天津市农村土地信托流转机制研究［D］. 天津：天津大学，2015.

[341] 郑旭，张琴. 金融支持农地流转：机理及制约因素分析：以新绛县、温江区、杨凌区和益阳市为例［J］. 农村经济，2015（02）：57-61.

[342] 钟杰，魏海丽. 信托制度、信托金融与我国经济可持续发展的探索［J］. 现代经济探讨，2013（06）：39-43.

[343] 钟远平. 我国农村土地信托的法理基础及制度构建［D］. 北京：中国政法大学，2007.

[344] 周建军，陈琦，吴莎. 农村土地信托流转对中国粮食生产的影响研究：基于湖南省益阳市案例的分析［J］. 财经理论与实践，2017，38（03）：135-139.

[345] 周萍. 土地信托银行：农村土地流转的金融模式探索［J］. 西南金融，2014（05）：27-31.

[346] 周翔. 我国农地信托财产权法律制度研究［D］. 广州：华南理工大

学，2016.

［347］朱冬亮. 农民与土地渐行渐远：土地流转与"三权分置"制度实践 ［J］. 中国社会科学，2020 （07）：123-144，207.

［348］朱继胜. "三权分置"下土地经营权的物权塑造 ［J］. 北方法学，2017，11 （02）：32-43.

［349］朱容填. 我国农村土地承包经营权信托流转法律制度研究 ［D］. 北京：首都经济贸易大学，2016.

［350］诸培新，王敏，胡军. 农村土地整治的区域条件与微观农户意愿研究：以南京市万顷良田工程为例 ［J］. 南京农业大学学报（社会科学版），2015，15 （01）：61-67，125.

［351］祝洪章. 农地流转"非粮化"及对粮食安全影响研究述评 ［J］. 人民论坛，2016 （17）：82-84.

［352］邹宁. 构建土地经营权强制信托制度研究 ［D］. 合肥：安徽财经大学，2018.

［353］邹伟，王雪琪，林宝琴. 乡镇政府主导农地流转的经济困境分析：农村土地综合整治中的 D 镇案例 ［J］. 中国行政管理，2017 （09）：58-64.

［354］AERNOUTS N , RYCKEWAERT M. Beyond Housing：on the Role of Commoning in the Establishment of a Community Land Trust project ［J］. International Journal of Housing Policy, 2017：1-19.

［355］SKYRMS B. The Stag Hunt and the Evolution of Social Structure ［M］. Cambridge：Cambridge University Press, 2004.

［356］ARCHETTI M. Cooperation as a Volunteer's Dilemma and the Strategy of Conflict in Public Goods Games ［J］. Biology letters, 2009, 22 （11）：2192-2200.

［357］BACHEV H. Framework for Analysis of Agrarian Contracts ［J］. MPRA Paper, 2010, 2：39-66.

［358］BASTIAN C T , KESKE C M H , MCLEOD D M, et al. Landowner and Land Trust Agent Preferences for Conservation Easements：Implications for Sustainable Land uses and Landscapes ［J］. Landscape & Urban Planning, 2017, 157：1-13.

［359］BESLEY T , GHATAK M. Property Rights and Economic Development ［J］. Handbook of Development Economics, 2010, 5 （01）：4525-4595.

［360］BESLEY T J, GHATAK M. Property Rights and Economic Development ［J］. Review of Social Economy, 2009, 39 （01）：51-65.

［361］BOUCHER S , CARTER M R , GUIRKINGER C . Risk Rationing and

Wealth Effects in Credit Markets: Theory and Implications for Agricultural Development [J]. American Journal of Agricultural Economics, 2008, 90 (02): 409-423.

[362] BOUCHER S R, BARHAM B L, CARTER M R. The Impact of "Market-Friendly" Reforms on Credit and Land Markets in Honduras and Nicaragua [J]. World Development, 2005, 33 (01): 107-128.

[363] BRADDOCK K N, HEINEN J T. Conserving Nature through Land Trust Initiatives: A Case Study of the Little Traverse Conservancy, Northern Michigan, USA [J]. Natural Areas Journal, 2017, 37 (04): 549-555.

[364] BUNCE S, ASLAM F C. Land Trusts and the Protection and Stewardship of Land in Canada: Exploring Non-Governmental Land Trust Practices and the Role of Urban Community Land Trusts [J]. Canadian Journal of Urban Research, 2016, 25 (02): 23-34.

[365] CARTER M R, OLINTO P. Getting Institutions "Right" for Whom Credit Constraints and the Impact of Property Rights on the Quantity and Composition of Investment [J]. American Journal of Agricultural Economics, 2003.

[366] CHEUNG S N S. The Theory of Share Tenancy [J]. Economica, 2010, 37 (147).

[367] CRABTREE L. Community Land Trusts: Embracing the Relationality of Property [J]. Chapters, 2020.

[368] CRAIN B J, SANCHIRICO J N, KROETZ K, et al. Species Protection in Areas Conserved through Community-Driven Direct Democracy as Compared with a Large Private Land Trust in California [J]. Environmental Conservation, 2020, 47 (01): 30-38.

[369] DAVIS J E. Origins and Evolution of the Community Land Trust in the United States [M] //DAVIS J E. In The Community Land Trust Reader. Cambridge: Lincoln Institute of Land Policy, 2010.

[370] DEFILIPPIS J, STROMBERG B, WILLIAMS O R. W (h) ither the Community in Community Land Trusts? [J]. Journal of Urban Affairs, 2018, 40 (06): 755-769.

[371] DEININGER K, JIN S. The Potential of Land Rental Markets in the Process of Economic Development: Evidence from China [J]. Journal of Development Economics, 2005, 78 (01): 241-270.

[372] DOWALL D E, MONKKONEN P. Urban Development and Land Markets

in Chennai, India [J]. International Real Estate Review, 2008, 11 (02): 142-165.

[373] DWYER J, FINDEIS J. Human and Social Capital in Rural Development − EU and US Perspectives Human− und Sozialkapital in Der Entwicklung Des Ländlichen Raums − Perspektiven aus Der EU und Den USA Le Capital Social et Humain Dans Le Développement Rural: Perspectives aux É [J]. Eurochoices, 2008, 7 (01): 38-45.

[374] GARGALLO E. Community Conservation and Land Use in Namibia: Visions, Expectations and Realities [J]. Journal of Southern African Studies, 2020, 46 (01): 1-19.

[375] GIGLIOTTI L M, SWEIKERT L A, CORNICELLI L, et al. Minnesota Landowners' Trust in their Department of Natural Resources, Salient Values Similarity and Wildlife Value Orientations [J]. Environment Systems and Decisions, 2020.

[376] GIL R, ZANARONE G. On the Determinants and Consequences of Informal Contracting [J]. Journal of Economics & Management Strategy, 2018, 27 (04): 726-741.

[377] GRAY K A, MUGDHA G. Keeping "Community" in a Community Land Trust [J]. Social Work Research, 2011, 35 (04), 241-248.

[378] GROSS R B M R. Evolution and the Theory of Games. By John Maynard Smith [J]. The Quarterly Review of Biology, 1984, 59 (02): 172-173.

[379] HARDIN G. The Tragedy of the Commons [J]. Science, 1968, 162 (3859): 1243-1248.

[380] HARE D. The Origins and Influence of Land Property Rights in Vietnam [J]. Development Policy Review, 2010, 26 (03): 339-363.

[381] HOSSAIN M, YOSHINO N. Implementing Land Trust in Bangladesh as a Strategy for Financing Infrastructure and Sustainable Land Management [J]. ADB Economics Working Paper Series, 2019.

[382] HURWICZ L. The Design of Mechanisms for Resource Allocation [J]. American Economic Review, 1973, 63 (02): 1-30.

[383] KLAUS D, HANS B. The Evolution of the World Bank's Land Policy: Principles, Experience, and Future Challenges [J]. World Bank Research Observer, 1999, 14 (02): 247-276.

[384] KLENOSKY D B, PERRY-HILL R, MULLENDORE N D, et al. Dis-

tinguishing Ambivalence from Indifference: A Study of Attitudes Toward Land Trusts A-mong Members and Nonmembers [J]. Land Use Policy, 2015, 48 (11): 250-260.

[385] MARTIN D G, ESFAHANI A H, WILLIAMS O R, et al. Meanings of Limited Equity Homeownership in Community Land Trusts [J]. Housing Studies, 2020, 35.

[386] MENKHOFF L, NEUBERGER D, RUNGRUXSIRIVORN O. Collateral and its Substitutes in Emerging Markets' lending [J]. Journal of Banking & Finance, 2012, 36 (03): 817-834.

[387] MERENLENDER A M, HUNTSINGER L, GUTHEY G, et al. Land Trusts and Conservation Easements: Who Is Conserving What for Whom? [J]. Conservation Biology, 2004, 18.

[388] NOWAK M A, SASAKI A, TAYLOR C, et al. Emergence of Cooperation and Evolutionary Stability in Finite Populations [J]. Nature, 2004, 428 (6983): 646.

[389] OLIVER H, JOHN M. Contracts as Reference Points [J]. ESE Discussion Papers, 2006, 123 (01): 1-48.

[390] OMAR I, DJURJANI W, PRIJONO N. D. Transaction Cost Analysis in Redeveloping Indigenous Lands in Malaysia [J]. Economia seria Management, 2009, 12 (01): 21-40.

[391] OUMA S. From Financialization to Operations of Capital: Historicizing and Disentangling the Finance-Farmland-Nexus [J]. Geoforum, 2016, 72 (06): 82-93.

[392] PACHECO J M, SANTOS F C, SOUZA M O, et al. Evolutionary Dynamics of Collective Action in N-Person Stag Hunt Dilemmas [J]. Proceedings of the Royal Society B: Biological Sciences, 2009, 276 (1655): 315-321.

[393] PARKER D P. Land Trusts and the Choice to Conserve Land with Full Ownership or Conservation Easements [J]. Natural Resources Journal, 2004, 44 (02): 483-518.

[394] RACHEL F, MARIA F, JAMAL H, et al. A Landscape of Conservation Philanthropy for United States Land Trusts [J]. Conservation Biology, 2018, 33.

[395] RISSMAN A R, BUTSIC V. Land Trust Defense and Enforcement of Conserved Areas [J]. Conservation Letters, 2011, 4 (01): 31 - 37.

［396］SPADOTTO B R , SAWELJEW Y M , FREDERICO S, et al. Unpacking the Finance – Farmland Nexus: Circles of Cooperation and Intermediaries in Brazil ［J］. Globalizations, 2020, 17 (04): 19.

［397］THOMPSON M . From Co-Ops to Community Land Trusts: Tracing the Historical Evolution and Policy Mobilities of Collaborative Housing Movements ［J］. Housing, Theory and Society, 2020, 37 (01): 82-100.

［398］WEESIE J, FRANZEN A. Cost Sharing in a Volunteer's Dilemma ［J］. Journal of Conflict Resolution, 1998, 42 (05): 600-618.

［399］WILLIAMS O R . Community Control as a Relationship Between a Place-Based Population and Institution: The Case of a Community Land Trust ［J］. Local Economy, 2018, 33: 026909421878689.

［400］WILLIAMSON O E, et al. The Mechanism of Governance ［M］. New York: Oxford University Press, 1996.